Das Buch der Amulette und Talismane

Richard H. Laarß

Verlag Heliakon

Verlag heliakon

Umschlaggestaltung: Verlag Heliakon
Bild cover: Pixabay (Noupload)

www.verlag-heliakon.de
info@verlag-heliakon.de

Druck und Vertrieb: BoD - Books on Demand, Norderstedt

ISBN 9783943208-62-7

Die Deutsche Nationalbibliothek verzeichnet diese Publikation in der Deutschen Nationalbibliografie; detaillierte bibliografische Daten sind im Internet über dnb.de abrufbar.

Inhaltsverzeichnis

„Gesundheit ringenden Menschen", (Holzschnitte vom sog. Petrarca-Meister, um 1520)

„Gewinnung köstlicher Schätze", Holzschnitte vom sog. Petrarca-Meister, um 1520.

Holzschnitt „Im Frauenhaus", um 1480, auf dem der Mann das Antoniusglöckchen an der Halskette trägt.

„Kurfürst Joachim II. von Brandenburg", porträtiert von Lucas Cranach d. A., mit stark perlenbehängten Schmuck.

„Hexensabbath" von Urs Graf – 1514 –, mit einer Kette aus Spielwürfeln, aufgefädelten Schellen, Totenkopf und ähnlichem.

„Die Cumänische Sibylle" des Andrea del Castagno – um 1450 –, auf der Stirn eine Kristallkugel inmitten des Zwölfer-Diadems.

„Bildnis der Frau von Minckwitz" von Lucas Cranach d.J., 1543. Sie trägt einen herzförmigen Anhänger.

Zeichnung von Hans Holbeins – um 1520 –, das seine Frau mit dem Trinitäts-Ring als Kettenanhänger zeigt.

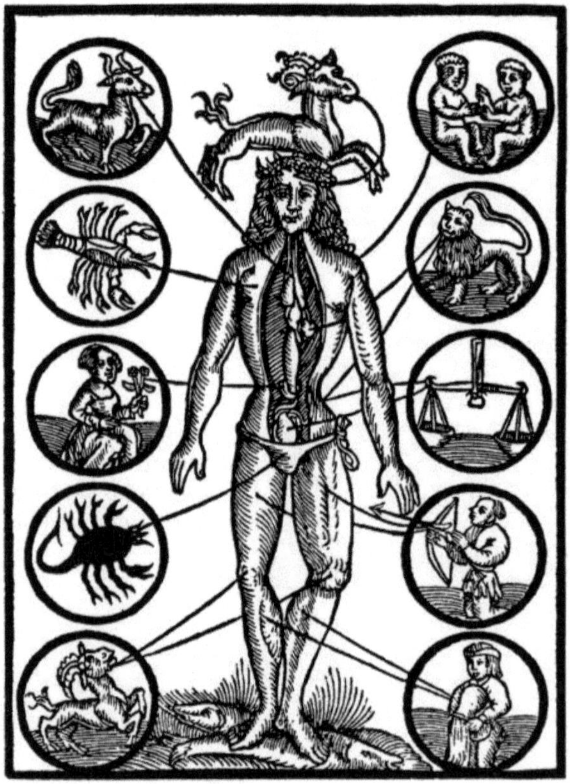

„Tierkreismännchen" – anonymer Holzschnitt um 1480, bei dem den 12 Häusern sog. Monatssteine zugeordnet sind.

Den 12 Häusern des Zodiakus entsprechen:

Stier – Karneol, Krebs – Chalcedon, Jungfrau – Smaragd,

Skorpion – Amethyst, Steinbock – Chrysopras,

Fische – Saphir, Wassermann – Bergkristall,

Schütze – Hyazinth, Waage – Beryll,

Löwe – Jaspis, Zwillinge – Topas, Widder – Sardonyx.

Zur Neuausgabe

Hertz-Schildlein nannte man sie im Frühbarock, gelegentlich auch Giftsteine, Präservativ-Armbänder oder, wenn sie mit Zeichen bemalt und beschriftet waren, *Charaktere*. Sie wurden von jeher als schützende Abwehr (Amulette) wie als Glücksbringer (Talismane) verstanden.

Magische Kräfte wurden den Edel- und Halbedelsteinen, den Perlen, den Buchstabensymbolen zwar schon in der Dürerzeit zugesprochen, und die dem Buch vorangestellten Holzschnitte und Zeichnungen belegen dies: es war eine Zeit tiefgreifenden religiösen Wandels. Stärker noch ließen die Geheimgesellschaften des 16. Jahrhunderts und der mit den *Naturwissenschaften* Alchemie, Astrologie, Medizin aufkommende Okkultismus das Amulettwesen aufblühen.

Der Steinglaube der Orphiker, 1200 Jahre zurück, bildet eine andere mächtige Tradition. Auch damals eine Umwertung aller Werte: altes okkultes Wissen, Magie und Sehertum schossen zusammen zu einer achristlichen Erlösungsmystik. *Orphei Lithika* — das umfasste Anrufung der Götter, medizinische Therapie, magisch-suggestiven Amulettglauben. Schon damals ging eine besondere Faszination vom Bergkristall und seinem *feuerstrahlenden Himmelsglanz* aus. In seiner Wirkung lässt er sich mit dem hier belegten *Sinsho* vergleichen, der in China und Japan als Stein der Konzentration gilt und von dem es heißt, er trage *den Atem der weißen Schlange* in sich.

Auch dieses Buch ist in Umbruchzeiten entstanden und spiegelt diese wider. In die Neuausgabe sind Bibliografie und Sachregister eingefügt.

Vorwort zur dritten Auflage

Dieses Buch erschien in seinen beiden ersten Auflagen unter dem damals zutreffenden Titel „Das Geheimnis der Amulette und Talismane"; von dieser Auflage ab nenne ich es: „Das Buch der Amulette und Talismane" und gebe ihm den Untertitel: „Talismanische Astrologie und Magie", weil dies nach der jetzt erfolgten Umarbeitung die zutreffendere Bezeichnung ist, die der Tendenz des ganzen Buch gerecht wird.

Die zahlreichen Zuschriften aus dem Leserkreise haben mir gezeigt, über welche besonderen Punkte des hier behandelten Gebietes eine erweiterte Darlegung notwendig und erwünscht war. Deshalb habe ich vor allem ausführlicher behandelt die Talismane aus dem Osten und die magischen Kräfte der Edelsteine, über die ich noch besondere Angaben bezüglich ihrer Zuordnung im Mineralreich, ihrer Fundorte und ihres mystischen Charakters hinzufügte. Außerdem gab ich erstmalig einige Winke über die Beziehungen der einzelnen Parfüms und Gerüche zu den Planeten und den verschiedenen Charakteren und zeigte, wie wenig eine schematische Zuordnung hier stattfinden darf.

Bezüglich des am Ende des Buches befindlichen Literaturverzeichnisses möchte ich folgendes bemerken: Ich habe alle Bücher, die ich eingesehen habe, auch aufgeführt, aber nicht im Text jeweils erwähnt, wo ich dies oder jenes fand. Es zeigte sich nämlich, dass vieles von anderen bereits übernommen wurde, sodass gar nicht festgestellt werden konnte, woher es überhaupt stammte und wer als wirkliche Quelle anzusehen war. Außerdem sind manche historische und fachliche Irrtümer in den alten Schriften festgestellt werden, die einer vom anderen ohne Nachprüfung übernommen hat. Ich hielt es nach diesen Erfahrungen für weckmäßig, einfach die benutzten Schriften ohne besondere Angaben der einzelnen Stellen aufzuführen. Dass ich noch einige mit dem Inhalt zusammenhängende Werke, die ich nur zur Information benutzte, mit anführte, geschah aus dem Wunsch heraus, den vielen an mich ergangenen Anfragen nach ergänzender Literatur gerecht zu werden.

Es handelt sich ja hier um kein wissenschaftliches Werk, sondern um ein Buch, das unterhalten und zum Nachdenken über die hier behandelten Fragen anregen soll; es soll den Leser auf den Weg führen, der aus der Unrast des Alltags zur Selbstbesinnung und an seinem Ende zur Selbsterkenntnis emporheben muss.

Auch wenn er nicht vertrauensvoll oder unvoreingenommen, ja skeptisch eingestellt ist, einige Anregungen wird ihm das Buch sicher geben können, das zeigt, wie die *Alten* und wie die *Jetzigen* zu den Amuletten und Talismanen gestanden haben und noch stehen. Es wird für keinen Leser ein Nachteil sein, wenn er den Worten Goethes folgt:

„Wir ehren froh mit immer gleichem Mute Das Altertum und jedes neue Gute."

Dr. R. H. Laarß

I. Glaube und Aberglaube

Quäle dich und raste nie,
Du kommst nicht weit mit deinen Schlüssen,
Es ist das Ende der Philosophie,
Zu wissen, dass wir glauben müssen.
(Geibel)

Wenn wir die uns bekannte Geschichte der Menschheit durchforschen, werden wir unter den bedeutenden Männern, deren Namen und Taten uns überliefert sind, kaum einen einzigen finden, der nicht einen unerschütterlichen Glauben, gepaart mit starkem Willen, besaß, einen sieghaften Glauben an sich selbst, an seine Mission und an sein Glück, so verschieden auch die Wurzeln waren, aus denen dieser Glaube seinen Ursprung nahm.

Andrerseits werden wir unter allen diesen Großen auch kaum einen finden, aus dessen tiefstem Inneren nicht ab und zu jene Seelenstimmung ins Tagesbewusstsein trat, die wir Aberglauben nennen.

Glaube ist heute unmodern, er ist vom Intellekt überwuchert worden, auch Aberglaube wird mitleidig belächelt, im Geheimen aber blüht er üppiger als jemals. „Der Aberglaube selber ist ein Schatten, den innere Wahrheit auf das Leben wirft“, besagt ein alter Spruch. In diesem Schatten wandelten und wandeln heute noch Große und Kleine. Den Kern, von dem dieser Schatten ausgeht, die innere Wahrheit, deren erfühlte Kraft Glaube ist, die ewige Kraft in uns, aus welcher der Wille seine Gestaltung empfängt, diesen Kern spürt der moderne Mensch nicht, er hat ihn ja durch seine Verstandeskräfte mit einer undurchdringlichen Kruste umgeben und sich der Möglichkeit des Erfühlens selbst beraubt.

Es ist dies eine der Errungenschaften unseres Jahrhunderts des Intellektualismus, in dem kein Platz und keine Zeit für Gefühlswerte mehr geblieben ist. Wir leben in einer Zeit ohne Glauben, wir überschätzen den Intellekt und die Technik und verschließen uns dafür die Seelenkräfte, aus denen wir Ewigkeitswerte schaffen könnten.

Wir fühlen uns hocherhaben über die naiven, primitiven Menschen vor unserer Zeit und bedenken nicht, wie viel Weisheit wir ihnen verdanken. Wir glauben die Natur zu beherrschen und bauten doch so vieles erst auf den Errungenschaften auf, die uns, wenn auch oft in verhüllter Form, von den Alten überliefert werden sind.

Auch der primitive Mensch, der Naturmensch, strebte zunächst nach der Herrschaft über die Naturkräfte. Er sah sich den Gewalten der Natur und der Ordnung des Werdens und Vergehens schicksalsmäßig preisgegeben und musste schon aus Selbsterhaltungstrieb nach einem Urheber dieser Schicksalsgewalt und nach Mitteln suchen, sich dieser zu entziehen oder ihren Einfluss auf sein Dasein abzuwenden, sich Möglichkeiten schaffen, um sein Leben und seinen Besitz zu sichern.

Von hier bis zum Glauben an übernatürliche Wesen war nur ein Schritt, zumal sich der Primitive die Naturgewalten nur als personifizierte Wesen vorstellen konnte, welche er als die Urheber der ihn betreffenden guten oder bösen Ereignisse ansah. So musste Glaube und Aberglaube entstehen, so entstand auch der Trieb, sich Abwehrmittel zu schaffen oder Mittel zur Erwerbung der Gunst der von ihnen selbst eingesetzten Götter. Dies geschah in Form von Opfern, Gebeten oder auch durch geweihte Gegenstände, die von den Vertretern dieser Götter, den Medizinmännern oder später den Priestern vermittelt wurden, eben durch Amulette oder Talismane.

Der Gebrauch dieser Schutzmittel hat sich durch die Jahrtausende hindurch erhalten und ist auch in unserer jetzigen *so aufgeklärten Zeit* keineswegs verschwunden, nur die Form und die Herstellungsweise haben sich entsprechend gewandelt. Aus dem wirksamen Amulett, das ein Priester weihte oder ein weiser Magier mit fluidischen Kräften lud, ist ein modernes Schmuckstück geworden, das, fabrikmäßig hergestellt, naturgemäß keine der Wirkungen mehr haben kann, welche die magische Kunst der alten Eingeweihten ihm verlieh.

Indessen gibt es auch heute noch wirkliche Talismane und Amulette, die, nach den Vorschriften der Alten hergestellt, auf den jeweiligen Träger abgestimmt sind und diesem Kräfte übermitteln, von denen der durch keinerlei Wissen um magische Zusammenhänge beschwerte Allesbesserwisser der Jetztzeit sehr gern Gebrauch machen würde, wenn er auch nur zu ahnen vermöchte, was er durch sie erreichen kann.

Bevor wir jedoch auf die Beschreibung und Herstellung dieser *Magneten des Glückes* selbst näher eingehen, wollen wir eine kleine Übersicht über die geschichtlichen Überlieferungen der talismanischen Kunst und Literatur geben und den Gebrauch ihrer Erzeugnisse bei den verschiedensten Rassen im Laufe der Zeiten verfolgen.

II. Geschichtliche Überlieferungen über talismanische Kunst und Literatur

Unter einem Talisman versteht man einen Gegenstand, der unter gewissen Umständen, z. B. unter bestimmten Konstellationen, mit heiligen Gebräuchen, Gebet, Räucherungen oder dgl. aus irgendeinem Stoff, Holz, Metall, Stein, Leder, Pergament angefertigt wird und dadurch geistige Kräfte enthält.

Diese geistigen Kräfte bewirken nach alter Lehre allerhand Gutes, bald Gesundheit, Schönheit, langes Leben, Reichtum und Macht, bald Schutz gegen Krankheiten, Gefahren und andere Übel.

Das Wort Talisman stammt nach Laut und Begriff aus dem Orient; es ist rein morgenländisch und findet sich im Türkischen als Talis, Talism, Tilism, Talismon, was Wunderbild bedeutet. Manche wollen es von dem griechischen *telesma*, Vollendung, ableiten, wahrscheinlicher ist es aber, dass die Griechen die Benennung zusammen mit den ersten Talismanen aus dem Orient übernahmen, und zwar vielleicht über Chaldäa, das mit Indien durch Blutsverwandtschaft eng verbunden war.

In Indien bestand in frühester Zeit und besteht heute noch der Brauch, dass der Bräutigam der Braut bei der Vermählung das *Tali*, eine Art Amulett, umhängt, und dies gilt als die wichtigste und entscheidendste Zeremonie bei der Vermählung.

Die Türken nannten ihre Geistlichen und Gelehrten, die sich mit diesen Dingen beschäftigten, Talismanen, bei den Chaldäern und Persern hießen sie Tsilmenaja, bei den Griechen Telesmata, bei den Römern Amuleta, von Amula, dem Versöhnungsgefäße (Weihkessel) oder von amolire, wegschaffen, abgeleitet.

Das Wort Amulett ist wahrscheinlich auch mit aus dem Orient übernommen worden, denn die Araber nannten die Steine und die mit Sprüchen beschriebenen Zettel, die sie auf einer Schnur aufgereiht um den Hals trugen, Hamalet, Anhängsel, woraus sehr wohl das Wort Amulett entstanden sein kann, das dann in alle europäischen Sprachen übergegangen ist.

Der Unterschied zwischen Talisman und Amulett besteht darin, dass ein Talisman gute Einflüsse heranziehen soll, während ein Amulett zur Abwehr von bösen Einflüssen dienen soll.

Wie dem auch sei, jedenfalls kam der Gebrauch der Talismane aus Chaldäa oder Indien zu den Persern, Arabern, Hebräern und Griechen und verbreitete sich unter verschiedenen Namen über die ganze Welt.

Petr. Friedr. Arpe bezeichnet in seiner 1717 in Hamburg erschienenen „Geschichte der talismanischen Kunst“, deren Gedankengang wir in den nachstehenden Ausführungen folgen, als Erfinder der Talismane einen gewissen Gigant, der vor der sog. Sintflut gelebt haben soll, während die Araber die Erfindung dem ersten Könige der Ägypter, Nacraus, zuschreiben, der zur selben Zeit lebte.

Nach anderen arabischen Quellen soll Cham, ein Sohn des Noah, bereits in dieser Wissenschaft bewandert gewesen sein. Dieser Cham wird von einigen Zoroaster genannt, ein Name, der nach Georg von Tours *lebendiges Gestirn*, nach dem Dinon *Priester des Gestirns*, nach anderen *Sohn und Verehrer der Sterne* bedeutet.

Es kann als sicher angenommen werden, dass besonders die Ägypter, ferner die Chaldäer, Hebräer und Inder sich mit dieser Kunst befasst und in ihr besonders ausgezeichnet haben.

Sie waren die ersten, welche die himmlischen Kräfte der Gestirne unter gewissen Weihungen auf Figuren von Stein oder Metall übertrugen, um durch diese geweihten Gegenstände bestimmte Wirkungen zu erzielen.

Gerade die Ägypter verwendeten die größte Sorgfalt auf diese geheiligten Dinge.

Jedem Orte, jedem Tiere, jeder Pflanze, jedem Metall eigneten sie einen guten oder bösen Genius zu, den sie sich geneigt zu machen oder abzuwehren suchten durch ihm geweihte Statuen, Räucherungen, gewisse heilige Worte und mystische Charaktere oder Buchstaben, die zu vorgeschriebener Zeit und Stunde angewendet werden mussten.

„Es blieb der Ausdruck der Magie
Sogar im Erze, Stein und Vieh.“

Sie waren überzeugt, das Bild des Serapis fördere die Fruchtbarkeit der Erde, das des Kanopus den Austritt des Nils, der Apis wende Dürre ab, der Geier helfe gegen die Pest, usw.

„Wer kennt wohl des
sehr klugen Ägypten Götter nicht?
Der eine betet an das Krokodil, indes
Ein andrer vor dem Schlangenfresser Ibis hebt.
Es glänzt der heiligen Meerkatze Bild
im Golde dort, wo magisch' Saitenspiel
aus Memnons Trümmern tönt."
(Juvenal Sat. 15.)

Die Bilder ihrer Hauptgötter Osiris und Isis trugen sie als Amulett, die 36 Dämonen sowohl als die Schutzgeister, die sie kannten, hatten besondere Namen und letztere wurden angerufen, damit sie sich in den ihnen errichteten Bildsäulen als wirksame und mächtige Gottheiten erweisen könnten.

Diese Bildsäulen werden in dem Buch des Asklepios (das aber dem sagenhaften Hermes Trismegistos zugeschrieben wird) beseelte Statuen genannt, die Geist und Leben gehabt und außerordentliche Dinge bewirkt hätten.

„Doch zahllos sind all diese Bilder, und
die Namen all, die zählen zu wollen, ist
so viel als jene Sandkörner zählen, die
in Lybiens Sandwogen Zephir wälzt."
(Virgil georgic. L. II.)

Aus Chaldäa und Babylonien stammt auch die uralte Wissenschaft der Astrologie und da die Herstellung der Talismane meist auf astrologischer Grundlage beruhte, so ist es erklärlich, dass sich die weisen Priester dieser Länder in dieser Kunst besonders hervortaten.

So soll Thara, der Vater Abrahams, ein geborener Chaldäer, unter Berücksichtigung gewisser Gestirnkonstellationen bereits seltsame Bilder verfertigt haben, Teraphim genannt, mit denen er wie mit Talismanen geheime Wirkungen erzielte.

Von dieser Art waren auch die Götterbilder, die Rahel ihrem Vater entwendete und die nach Rabbi David Kimchi kleine, nach astrologischen Regeln angefertigte Statuen gewesen sind, die zur Verkündung zukünftiger Dinge gebraucht wurden. Rahel soll sie ihrem Vater nicht entwendet haben, um ihn vom Götzendienst abwendig zu machen, sondern weil sie befürchtete, diese Bilder würden ihre Flucht verraten.

Die Hebräer kannten also diese Dinge schon sehr zeitig, und während ihres Aufenthaltes in Ägypten nahm ihr Glaube an solche Teraphim (siehe Abbild. 1. und 2) außerordentlich zu, sodass ihre Neigung wachsen musste, den Sternen mittels solcher Bilder ihre Verehrung zu bezeugen.

Abbild. I. Hebräische Hausgötter.

Deshalb trugen sie auch Aaron die Verfertigung des *goldenen Kalbes* auf, und zwar auf Rat ihrer Astrologen, die dadurch die Gunst der Venus und Luna zu erwerben hofften, die sie gegen den schädlichen Einfluss des ihnen ungünstigen Skorpions und des Mars schützen sollten.

Einige rechnen auch Davids Hausgötter und die *eherne Schlange* hierher, die Moses in der Wüste gegen den Biss giftiger Schlangen errichtete. Das gemeine Volk durfte sich dieser Theraphim, die als Gottheiten ersten Ranges verehrt wurden, nicht bedienen, sondern bekam auf Pergamentstreifen geschriebene Namen Gottes, sogenannte Tephillim, die an die Beobachtung der Gesetze erinnern sollten. Diese Tephillim wurden um die Stirn oder den Arm gebunden oder an den Türpfosten befestigt; daher schalt Christus die Pharisäer, dass sie ihre Denkzettel breit und die Säume an ihren Kleidern groß machten.

Dieser Aberglaube griff in der Folge immer weiter um sich, und die Hebräer glaubten schließlich wirklich in allen Verlegenheiten des Lebens nichts besseres tun zu können, als all ihr Heil und Trost auf einen solchen Zettel zu setzen. Dies wird sowohl von christlichen Lehrern als auch von zahlreichen jüdischen Forschern berichtet. Man war überzeugt, die Namen Gottes brächten außerordentliche Wirkungen hervor, je nachdem die Buchstaben derselben geschrieben, umgesetzt oder ausgesprochen würden.

Über diese Wissenschaft sind eine ganze Anzahl von Büchern geschrieben worden, von denen verschiedene bis auf unsere Zeit gekommen sind. So schrieb vor Christi Geburt ein Sohn des Kana, Nechonias, ein solches Werk unter dem Titel „Arcanum nominis Dei" (Geheimnis des Namens Gottes), dessen Manuskript noch vorhanden ist. Salome und spätere jüdische und christliche Gelehrte haben ebenfalls Bücher über die Gottesnamen geschrieben, z. B., die berühmte „Clavicula Salomonis" und das Werk „Sepher Kakkolot", das von den verborgenen und geheimnisvollen Namen handelt, die in den heiligen

Abbild. 2. Hebräische Hausgötter.

und wundersamen Psalmen Davids vorkommen. Es lehrt den praktischen Gebrauch dieser Psalmen, worauf größtenteils die Verfertigung der jüdischen Amulette beruht.

Auch jene Götterbilder, welche die Juden von ihren Gastfreunden, den Syrern, entlehnten, besaßen nach ihrer Ansicht magische Kräfte und Gewalt über die Gestirne. So stellte Moloch, jener grimmige Kinderfresser, den Saturn vor, Baalgad war der Gott des Schicksals, Astarte oder Astherot repräsentierte die Venus, usw.

Wir geben hier ein Bild des Moloch wieder (Abbild. 3), das Gaffarelli in seinem 1676 erschienenen Werk, auf das wir später noch zurückkommen, abdruckt. Gaffarelli gibt als Quelle verschiedene alte Schriftsteller an, z. B., Lyranus, der berichtet, dass diese grässliche Statue aus Eisen bestand und innen hohl war. Sie wurde durch im Innern angezündetes Feuer erhitzt, und wenn sie rot glühend war, wurden die unglücklichen, zum Opfer bestimmten Kinder, Knaben und Mädchen, ihr in die Arme gelegt. Gleichzeitig schlugen die unmenschlichen Priester die Pauken und ließen möglichst großen Lärm vollführen, um das Wehgeschrei der armen Opfer zu übertönen und etwaiges Mitgefühl der Eltern und Zuschauer zu unterdrücken.

Diese ganze an Scheußlichkeit kaum zu überbietende Zeremonie nannte man „den Moloch küssen". Mit ähnlichen Dingen beschäftigten sich die Nachbarn der Syrer, der Sabäer, die ebenfalls den Gestirnen und den ihnen geweihten Bildern göttliche Kräfte zusprachen und sie verehrten.

Besonders berühmt war im Altertum der Tempel der Diana in Ephesus und deren Bildnis, auf dessen Krone, Gürtel und Fuß jene Charaktere geschrieben waren, die man ephesische Buchstaben nannte. Diese eingravierten Worte lauteten: Aski, Cataski, Hex, Tetrax, Damnameneus, Aesion. Plutarch sagt, diese ephesischen Worte pflegten die Magier über den vom Teufel Besessenen zu rezitieren. (Das Wort Damnameneus finden wir übrigens auch auf einem gnostischen Amulett in der Kollektion De la Turba.)

Abbild. 3. Moloch.

Ähnliche Wunderdinge erzählt Plato von dem berühmten Ring des Lydiers Gyges. Auch in den Werken des Pythagoras finden sich Spuren talismanischer Kunst, die seine Anhänger gewissenhaft verfolgten. Besonders hervor tat sich hierin der Neupythagoreer Apollonius von Tyana, der bei den Arabern wegen seiner besonderen Geschicklichkeit in der Verfertigung von Talismanen in großem Ansehen stand.

Er soll, wie sein Biograf, der ältere Philostratus, berichtet, weite Reisen unternommen und auf einer solchen von dem indischen Weisen Iarchus sieben magische Ringe geschenkt erhalten haben. Er trug an jedem Wochentag den entsprechenden Ring, weil jeder Ring den einem Planeten zugeordneten Stein in das dazu vorgeschriebene Metall gefasst enthielt.

Es sollen dies folgende Steine gewesen sein:

Für Sonntag, den Tag der Sonne, ein Diamant in einem goldenen Ring.

Für Montag, den Tag des Mondes, ein Mondstein in silberner Fassung.

Für Dienstag, den Tag des Mars, ein Hämatit in Eisen gefasst.

Für Mittwoch, den Tag des Merkur, ein rosafarbiger Jaspis in Silberfassung.

Für Donnerstag, den Tag des Jupiters, ein Karfunkel in einem Ring aus Zinn.

Für Freitag, den Tag der Venus, eine Koralle in Bronze gefasst.

Für Sonnabend, den Tag des Saturn, ein Onyx in einem Ring aus Blei.

Apollonius wurde übrigens von Anastasius, dem Bischof von Theopolis, noch besonders gelobt, „weil er seine talismanischen Werke nur durch die Wissenschaft natürlicher Dinge vollbracht habe und weil er sie nur zum Wohle der Menschen anwende, weshalb Gott sie auch geschehen ließe".

Justin der Märtyrer, Heiliger und Kirchenvater, war ebenfalls ein großer Verehrer des Apollonius und berichtet in seinen Schriften begeistert von den Kräften der von diesem verfertigten Talismane. Er schreibt: „die Kraft der Talismane des Apollonius beruhigt die tobende See, hält die

Winde vom Himmel ab und macht wilde Tiere zahm. Gottes Wunder kennen wir nur durch die Überlieferung, aber der Wunder des Apollonius sind unzählige und bezaubern alle, die sie sahen."

So wie Apollonius die Vorschriften des Pythagoras getreulich befolgte, wurden seine eigenen Lehrsätze und talismanischen Werke von den übrigen Philosophen dieser Schule eifrig studiert und zum Vorbild genommen.

Die Griechen suchten in ihren großen und kleinen Mysterien, die zu Eleusis und Samothrazien gefeiert wurden, alle Übel des Lebens von sich abzuwenden und stellten bei diesen gottesdienstlichen Handlungen talismanische Figuren auf, denen sie göttliche und wundertätige Kräfte zuschrieben, um sich dadurch besondere Vorteile zu verschaffen, z. B. die Statue des Apollo Averruncus (Abwender des Bösen), Hercules Averruncator u. dgl. Wir geben hier die Abbildung einer solchen Statue wieder, die wohl zum Stütze eines Hauses oder Gartens aufgestellt gewesen war. (Siehe Abbild. 4.)

Große Verehrer von Talismanen waren auch die alten Römer, welche die Nadel der Mutter der Götter, den vierspännigen Wagen der Vejer, die Asche des Orestes, das Zepter Priams, den Schleier der Ilione, das Palladium und die Ancilien, die Bildsäule des Tanaquil, sowie das Bild der

Abbild. 4. Griechische Hausgöttin.

mit Eichenlaub bekränzten Hekate, die Schlangenhaar hatte, besonders als Talismane verehrten.

Auch Priapus galt als vorzügliches Mittel zur Abwendung von Neid, Missgunst und aller Zauberei, weshalb man sein Bildnis nicht nur Kindern umhing und den Triumphwagen des Kaisers damit schmückte, sondern es auch, wie Plinius berichtet, in den Gärten aufstellte.

„Ihn stellte der Landmann als Hüter in seinen Garten, es sieht ihn das fromme Mädchen und schielt nur durch die Finger nach ihm."

L. Sulla, G. Julius Cäsar, Nero, Galba und andere Oberhäupter Roms pflegten derartige Gottheiten im Geheimen zu verehren und ihre Bilder als Talismane zu benutzen. So berichtet Plutarch von Sulla, dass dieser gewöhnlich ein kleines goldenes Bild des Apollo, das von Delphi nach Rom gebracht worden war, mit in die Schlacht genommen habe. Im Treffen mit den Telesiern entging er seinen Feinden nur mit genauer Not; sein Pferd wurde vom Reitknecht zum Lauf angetrieben und am Schweife desselben fuhren die feindlichen Wurfspeere, die zusammentrafen, in die Erde. Bei dieser Gelegenheit soll er jenes Bild geküsst und ausgerufen haben: Pythischer Apoll, du hast dem glücklichen Cornelius Sulla schon aus manchem Treffen geholfen, willst du ihn denn jetzt verlassen, da er im Begriff ist, im Hafen seines Vaterlandes zu landen?

Diodor erzählt, dass Julius Cäsar das Bildnis einer bewaffneten Venus bei sich trug und es in wichtigen Angelegenheiten um Rat fragte. Der letzte Abkömmling seines Hauses, Nero Claudius, bekam von einem unbekannten Plebejer das Bild eines Mädchens geschenkt, das ihn vor heimlichen Nachstellungen bewahren sollte. Da er nun bald, nachdem er es besaß, eine Verschwörung entdeckte, verehrte er es als seinen Gott und behauptete, dass er von ihm zukünftige Dinge erfahre. Ähnliches wird von Galba, Chrysostomos, Numa und vielen anderen berichtet.

Sogar Galenus, nächst Hippokrates der berühmteste Arzt des Altertums, soll, wie Alexander Trallius berichtet, an die Heilung von Krankheiten durch magische Mittel geglaubt haben; ebenso berichtet der Philosoph Jamblichus in seinem Werke über die ägyptischen Mysterien von göttlichen Bildern, „die wirklich mit einem darin gegenwärtigen Gott erfüllet seien und wundersame Wirkungen hervorgebracht hätten."

Lange hielt sich dieser Aberglaube und die Verehrung dieser Bilder sowohl bei den Heiden als auch bei den Christen, obgleich in den Kirchengesetzen unter Marcus Aurelius (Caracálla) schwere Strafen darauf gesetzt wurden“, die dann Konstantin I. noch verschärfte, um diesem Götzendienst ein Ende zu machen.

(Aus, der ersten Zeit des Christentums wären hier vor allem die verschiedenen Sekten der Gnostiker zu erwähnen, bei denen die talismanische Kunst besonders gepflegt wurde; hier möge jedoch dieser Hinweis genügen, da in einem späteren Abschnitt dieses Buches noch ausführlich über ihr Wesen und ihre Talismane berichtet wird.)

Die bis hierher angeführten Autoren der Alten mögen für unseren Zweck genügen, wir können in dieser kurzen Übersicht so wie so nicht annähernd alle Schriftsteller anführen, die über derartige Dinge berichtet haben; gesagt sei nur, dass es viele Hunderte sind, von denen wir nur noch einige bekanntere aus der mittleren und neueren Zeit erwähnen wollen. Im 13. Jahrhundert, als die beinahe erstorbenen Wissenschaften wieder auflebten, blühte auch die talismanische Kunst von Neuem, und die gelehrtesten Männer befassten sich mit ihr.

So schrieb um das Jahr 1200 Leopold, Bischof zu Freising, der Sohn eines Herzogs von Österreich, ein Werk „Compilatio de Astrorum“, in dem er die Anfertigung von Amuletten lehrte.

Nach dessen Tod tat sich Albertus Magnus, Doktor und Professor an den Akademien zu Paris und Köln, später Bischof von Regensburg hervor.

„Erschien Albertus Lobesan,
ein großer, sehr beredter Mann;
er lehrte das Quadrivium
und Weisheit war sein Eigentum.“

Er war aus dem ritterlichen Geschlecht derer von Bollstadt und aus Lausingen gebürtig. Ihm wurden, nach damaliger Art, seines berühmten Namens wegen die verschiedensten Werke zugeschrieben, z. B. „de virtutibus quarundam herbarum, lapidu metanimalium“, ferner „de mirabilibus mundi“; in deutscher Sprache existieren unter seinem Namen „die XII Siegeln der Zeichen der Tierkreise“, „von den XII Irrsternen, ihren magischen Ringen, Kräften und Eigenschaften“ u. a. m. Man erfand sogar noch einen „Albertus parvus“, einen „kleinen“ Albert, dem man verschiedene Zauberbücher zuschrieb.

(Albertus Magnus wurde am 10. Januar dieses Jahres (1932) durch Pius XI. zum „Lehrer der Kirche" (Doktor ecclesiae) ernannt und gleichzeitig erfolgte seine Kanonisation durch eine päpstliche Bulle, in der es heißt, dass seine Heiligsprechung deshalb „besonders zeitgemäß" erscheine, „weil Albert das vollendete Ideal eines Friedensstifters sei, wie es unsere friedlose Zeit braucht" und „weil er mit seinem ganzen herrlichen Schrifttum den Gottlosen gerade in unseren Tagen die Vereinbarkeit des übernatürlichen Glaubens mit der natürlichen Vernunft und aller weltlichen Wissenschaft predigt".)

Ein berühmter Schüler des Albertus war der aus gräflichem Geschlecht bei Neapel stammende Thomas von Aquino, Doctor angelicus, Doctor universalis, auch Princeps scholasticorum genannt, der 1322 heilig gesprochen wurde. Ihm schrieb man die Bücher „de occultis operibus naturae" und „de imaginibus necromanticis" zu, ob mit Recht oder Unrecht wissen wir nicht. Er starb 1274, zehn Jahre vor dem ebenfalls sehr berühmten Roger Bacon, einem Engländer vom Franziskaner-Orden, der eingehende Kenntnisse in den geheimen Wissenschaften besaß und durch seine Werke über die geheimen Kräfte der Bilder und Steine, praktische Magie und dergleichen in den damals lebensgefährlichen Ruf eines Magiers kam. John Dee schrieb 1551 eine Rechtfertigungsschrift über Roger Bacon, in der er nachwies, Bacon habe nichts durch Beihilfe von Geistern bewirken wollen, sondern sei vielmehr ein großer Philosoph gewesen, der durch natürliche und erlaubte Mittel ganz außerordentliche Dinge zustande gebracht habe, die der unwissende Pöbel gewöhnlich für Teufelskünste zu halten pflege. Roger Bacons Werke sind uns erhalten geblieben und heute noch in manchen Bibliotheken zu finden.

Ähnliche Kenntnisse besaß der Engländer Michael, gewöhnlich Scotus genannt, sowie Petrus Aponensis, die beide in den Ruf von Zauberern kamen wegen ihrer für die damalige Zeit außergewöhnlichen Kenntnisse der Naturkräfte und der Einwirkungen der Gestirne. Besser ging es dem Florentiner Marsilius Ficinus, dem zufolge seines großen Ruhmes vom Rat und Volk von Florenz ein Denkmal gesetzt wurde.

Er hat in seinem Werke „de vita coelibus comparanda" die Anfertigung der Amulette ausführlich beschrieben und erklärt. Seine Schriften wurden 1529, 1595 und 1616 in Basel herausgegeben. Ein Zeitgenosse von ihm, Hieronymus Torella, Leibarzt der Königin von Neapel, veröffentlichte in Valencia 1496 ein Werk über astrologische Bilder, in dem er die Frage behandelt und bejaht, ob in Gold abgedruckte Himmelsbilder die Kraft hätten, Krankheiten zu vertreiben.

Camillus Leonhardus, ein Physiker zu Pisa, schrieb 1502 sein „Speculum lapidum“, das er dem Caesar Borgia, widmete. Dieses Werk erschien später noch mehrfach in erweiterter Ausgabe, in der außer von Steinen auch von der Sympathie der Metalle und Planeten zueinander gesprochen wird.

Ihm wurden, wahrscheinlich unberechtigterweise, auch die unter dem Namen des berühmten Abtes des Klosters Sponheim, Joh. Tritheim (Trithemius), erschienenen magischen und alchimistischen Schriften zugeschrieben, in denen von den Eigenschaften magischer und astronomischer Bilder, von den Zeichen und Konstellationen der Planeten sowie von den Bildern Salomons, Hermes und anderer die Rede ist.

Sicher ist, dass Tritheim eine außergewöhnlich große Sammlung derartiger Werke besaß, die er testamentarisch seinem Schüler Cornelius Agrippa vermachte, der durch sein Werk „de occulta philosophia“ sich bereits einen Namen gemacht hatte. Dieses Buch ist das Schulbuch und der Wegweiser zu einer systematischen Magie geworden, aus dem alle späteren Gelehrten immer wieder geschöpft haben und das auch die späteren Brüder des Rosenkreuzes alten deutschen Systems für ihre Symbole benutzt haben.

Wir kommen nun zu dem berühmtesten Gelehrten seinerzeit, dem Arzt und Weisen Theophrastus Paracelsus, Bombastus von Hohenheim, einem Schweizer von Geburt (1493 – 1541), welcher der Magie sehr ergeben war und in seinen zahlreichen Werken auch die Herstellung und den Gebrauch von Amuletten und Talismanen lehrte. Besonders in seiner „Archidoxis magica“ in 7 Büchern beschreibt er die verschiedenen Gattungen von Amuletten ausführlich.

Auch Dr. Faustus, unter dessen Namen eine Unmenge von Schriften erschienen sind, muss hier angeführt werden. Das „Miracul und Wunderbuch“, genannt „der Höllenzwang“, sein „Praktizierter Geisterzwang“, 1605 zu Passau gedruckt (woher auch der Name Passauer Kunst stammt), sowie das „Haupt- und Kunstbuch, i. e. aller Kabbalisten und Weisen Fundamental-Praxis, zur Lehre im Geheim seinem Diener Christoph Wagnern überlassen“ sind die bekanntesten hiervon. Goethe hat ja in seinem gleichnamigen Werk dem Namen Faust ein unvergängliches Denkmal gesetzt.

Viele hierher gehörende Arbeiten hat auch der 1574 geborene, gelehrte englische Rosenkreuzer Dr. Robert Fludd herausgegeben, ein Mann von bewunderungswürdigem Genie, dessen Werke wegen ihrer Seltenheit heute von Liebhabern sehr teuer bezahlt werden. Seine beiden Hauptwerke sind „Mysterium Cabalisticum" und „Philosophia Sacra".

Der erste Gelehrte, der es wagte, Regeln der talismanischen Kunst aufzustellen und die Rechtfertigung derselben zu übernehmen, war der schon vorher erwähnte Jacob Gaffarelli, der unter anderen Ehrenämtern Rat und Almosenpfleger des Königs von Frankreich und Prior verschiedener Klöster war.

Da er sowohl an Kenntnis der morgenländischen Sprachen als auch durch eingehende Kenntnisse in den Geheimwissenschaften alle Gelehrten seines Zeitalters weit überragte, machte ihn der bekannte Kardinal Richelieu zu seinem Bibliothekar und der König erteilte ihm den Auftrag, ein Werk über sein geheimes Wissen zu schreiben.

Dieses Werk erschien unter dem Titel „Curiosités inouis sur la sculpture talismanique des Persans Horoscope des Patriarches et lecture des étoiles" in Paris 1629, Rouen 1631 und ohne Druckort 1637 und 1650. Eine lateinische Übersetzung dieses Werkes gab 1676 Georg Michaelis, Superintendent der Grafschaft Oldenburg, heraus und versah sie mit ausführlichen Noten. (Dieser Ausgabe sind auch die Abbildungen Nr. 1 – 3 dieses Buches entnommen.)

Das Werk brachte dem Gaffarelli sehr viel Verdruss. Zuerst wurde es mit dem größten Beifall aufgenommen, innerhalb eines Jahres dreimal von Neuem aufgelegt.

Dann aber wurde der Verfasser von den tadelsüchtigen Doktoren der Sorbonne scharf angegriffen; diese behaupteten, er habe sein Buch aus einer alten arabischen zauberischen Handschrift zusammengeschrieben, und er wurde schließlich zum Widerruf genötigt. Gegen ihn schrieb vor allem der königliche Historiograph Claudius Sorellus, für ihn Jacobus Chanfridus. Gaffarelli starb 1681 als ein Greis von 80 Jahren.

Fast zur gleichen Zeit schrieb in Erfurt ein deutscher Gelehrter, Israel Hiebner, ein aus Schneeberg gebürtiger Professor der Mathematik, ein diesbezügliches Werk: „Mysterium sigillorum, herbarum et lapidum."

Er hat sein Buch in vier Abschnitte geteilt: der erste handelt von den Arzneimitteln, die aus Kräutern und Pflanzen unter gewissen Himmelseinflüssen bereitet werden, im zweiten prüft er den Einfluss der Gestirne auf Metalle und Steine, im dritten und vierten zeigt er, wie man Amulette anfertigen und sich derselben gegen Krankheiten bedienen soll. Dieses Werk kam 1651 in Erfurt, 1653 in Leipzig und 1696 nochmals in Erfurt heraus.

Mancherlei hierher Gehörendes findet sich in den Schriften des Jesuitenpriesters und nachmaligen Professors der orientalischen Sprachen zu Rom, Athanasius Kircher, besonders in seinem 1652 erschienenen „Oedipus Aegyptiacus“, worin er die Hieroglyphen und andere geheimnisvolle Dinge erklärt und sehr ausführlich die Herstellung und Anwendung von Amuletten beschreibt.

Auch die Abhandlungen von Samuelis Hentschel, 1659 zu Wittenberg, Jacob Wolf, 1690 zu Leipzig, Vallentin Löscher in Wittenberg, Friedrich Blume, 1710 zu Halle erschienen, gehören hierher; außer diesen haben noch mehrere hundert andere Schriftsteller Werke über talismanische Kunst veröffentlicht, die sämtlich hier anzuführen ebenso unmöglich ist wie die Schriften ihrer nicht minder zahlreichen Gegner.

Größere Werke, die wirklich Neues auf diesem Gebiet brachten, sind seitdem nur wenige erschienen, wohl aber zahlreiche Abhandlungen über diesen oder jenen hierher gehörenden Gegenstand, die zwar meist auf den alten, hier bereits erwähnten Schriften aufgebaut sind, aber zum Teil doch verdienstvolle Forschungen und Ergänzungen enthalten.

Erwähnen wollen wir vor allem das Werk des Hamburger Augenarztes Dr. Seligmann „Der böse Blick und Verwandtes“, welches eine Fülle einschlägigen Materials bringt, das, mit größer Sachkenntnis und bewunderungswürdigem Fleiß zusammengestellt, ausführliche Schilderungen über Amulette und Talismane enthält. Ferner Villiers-Pachinger: „Amulette und Talismane und andere geheime Dinge“, ein ungewöhnlich reichhaltiges Werk, das zahlreiche instruktive Abbildungen bringt. Außerdem finden wir in „Okkultismus und Liebe“ von Laurent-Nagour, in Ernst Tiedes „Urarische Gotteserkenntnis“, in Hagens „Osphresiologie“, Pachingers „Glaube und Aberglaube im Steinreich“ und zahlreichen anderen Werken, sowie in der englischen und französischen Literatur wertvolle diesbezügliche Hinweise. —

Hiermit sei dieser kurze Überblick, den der verfügbare Raum nur erlaubte, abgeschlossen. Er macht natürlich keinen Anspruch auf Vollständigkeit, dürfte aber zur allgemeinen Orientierung genügen. Über die hier nicht besonders aufgeführten germanischen Amulette und Talismane, sowie über die wertvollsten der im Orient von altersher verwendeten Erzeugnisse dieser Art, wird bei den entsprechenden Abschnitten alles Wissenswerte gesagt werden.

III. Amulette und Talismane des Ostens

So weit unser Wissen reicht, stammen die ältesten Talismane *aus dem Osten*; besonders Ägypten, das ehemalige babylonisch-assyrische Reich zwischen Euphrat und Tigris mit Chaldäa, Indien, China, Tibet sind die Fundstätten von Talismanen aller Arten gewesen, und von hier aus hat sich ihr Gebrauch über die ganze Welt verbreitet.

Einer der ältesten und über alle alten und neuen Erdteile verbreitet-en Talismane ist das Sonnenradkreuz, Hakenkreuz, in Indien Swastika, d. i. Glückszeichen genannt. Man kann seinen Ursprung bis auf die neuere Steinzeit zurückverfolgen, da man es auf unzweifelhaft aus dieser Periode stammenden Steinen eingegraben gefunden hat. Es wird in den mannigfachsten Formen dargestellt. (Siehe Abbildung 5.)

In China wird es Wan genannt, was *viel Glück und langes Leben* besagt, und wird sowohl mit den Armen nach rechts wie nach links gerichtet hergestellt. Unsere Abbildung Nr. 6 zeigt links gerichtete Arme, Nr. 7 solche nach rechts. Die in Indien weitverbreitete Sekte der Dschainas (Jainas) betrachtet es als das Symbol der menschlichen Entwicklung; der rechte Arm A (Abbild. 7) stellt die niederste Stufe des Lebens dar (als Protoplasma), der linke Arm B deutet die Entwicklung der Seele an, die durch das Durchleben des Pflanzen- und Tierreichs dann (C) zur Entwicklung als Mensch geführt wird, während D das geistige Leben symbolisiert, den Plan, auf dem die Seele endlich frei geworden ist von der Materie durch die drei Tugenden rechten Glauben, rechte Erkenntnis und rechte Lebensführung.

Namhafte Forscher haben sich bemüht, den Ursprung und die Entwicklung des Hakenkreuzsymbols festzustellen. Zu einem nach wissenschaftlichen Grundsätzen einwandfreien Resultat sind sie aber nicht gekommen.

Sicher wurde festgestellt, dass es bereits 3000 Jahre vor unserer Zeitrechnung da war; lange bevor unsere Germanen es kannten, war es ein Sonnenzeichen. Sicher ist auch, dass es erst im 5. Jahrhundert v. Chr. nach Indien kam sowie dass es bei den Semiten kaum zu finden ist. Selbst der

Abbild. 5. Hakenkreuzformen.

Abbild. 6. Linksgerichtetes (männliches) Hakenkreuz.

Abbild. 7. Rechtsgerichtetes (weibliches) Hakenkreuz.

sumerisch- (indogermanischen) akkadischen Kultur ist es fremd, ebenso auch dem ägyptischen Volk.

Die ältesten Funde von Hakenkreuzen stammen aus dem siebenbürgischen steinzeitlichen Donaugebiet und aus Troja. Aufgrund der Altersvergleiche gelten aber die ersten als die ältesten und man darf annehmen, dass der erste Gebrauch dieses Symbols aus Siebenbürgen stammt, das zur fraglichen Zeit von Süd-Indogermanen bewohnt wurde, also einem arischen Völkerstamm. Über die Bevölkerung Trojas wissen wir ja nichts Genaues, doch ist immerhin festgestellt, dass das Hakenkreuz für die Folgezeit nicht nur in Griechenland, sondern auch in Kleinasien meist nur auf dem Siedlungs- und Durchzugsgebiet ostindogermanischer Volksgruppen erscheint. Hierdurch gewinnt die Behauptung, die Indogermanen hätten das Hakenkreuz auf ihren Wanderungen in den verschiedenen Ländern verbreitet, an Wahrscheinlichkeit, wogegen aber kein Beweis dafür erbracht wurde, dass unsere Vorfahren das Hakenkreuz aus Indien zu uns gebracht haben.

Ein weiteres uraltes talismanisches Symbol ist das sogenannte Siegel Salomonis, dargestellt durch zwei ineinandergeschobene Dreiecke, das eine mit der Spitze nach oben, das andere nach unten zeigend. (Siehe

Abbild. 8.) Dieses Zeichen wurde bis heute in jeder Religion gefunden und stammt keinesfalls von dem weisen König, der es zur Beherrschung der Geister, Menschen und Tiere verwandt haben soll; es wurde lange vor seiner Zeit bereits vorgefunden. Es gilt als ein besonders mächtiger Talisman, der seinen Träger vor allem Missgeschicke bewahren soll. An diesem Symbol ist viel herumgedeutet werden. Das Dreieck mit der Spitze nach oben soll Gott, das mit der Spitze nach unten das Böse, den Teufel, bedeuten; in der christlichen Religion repräsentieren die drei oberen Spitzen die Dreieinigkeit Vater, Sohn und Heiliger Geist, in Indien, China und Japan werden die drei Winkel als Brahma, Vishnu und Shiva, in Ägypten als Osiris, Isis und Horus, ferner als Liebe, Wahrheit und Weisheit gedeutet. Das Dreieck mit der nach unten gerichteten Spitze sollte die Welt des Materiellen darstellen, die profane Welt, das sündige Fleisch und den Teufel, das Ganze aber wohl den Sieg des Geistes über die Materie.

Abbild 8. Siegel Salomonis.

Weitere uns seit Jahrtausenden überlieferte Talismane sind Darstellungen der Schlange und des Tau-Kreuzes in Form des Buchstabens T.

Die Schlange galt von jeher als die Wächterin und Hüterin verborgener Heiligtümer, als Symbol der Ewigkeit, als Talisman für Gesundheit und langes Leben, und wenn sie mit dem Schwanzende im Maul dargestellt war, als Ausdruck für immerwährendes Beginnen, Schaffen und Zerstören. Die ägyptischen Herrscher trugen die Uräus-Schlange um den Kopf gewunden als Zeichen göttlicher Macht, Weisheit und Kraft und jedes bisher geöffnete Königsgrab zeigte am Eingang auf jeder Seite eine aufgerichtete Schlange in den Stein gemeißelt, die als Beschützerin des Körpers des Toten dorthin gestellt war.

Vielleicht ist die Schlange deshalb dem Gott der Heilkunst Äskulapius geweiht, dessen Stab sie doppelt umschließt (siehe Abbild. 9), weil sie die Eigenschaft besitzt, sich jedes Jahr durch Abstreifen ihrer Haut verjüngen zu können. —

Das Symbol des Tau ist ebenfalls eines der älteste überlieferten; es ist in der einfachsten Form als aus einer vertikalen und einer horizontalen

Linie bestehend uns überliefert, wie der Buchstabe T, war aber im Laufe der Zeiten den verschiedensten Veränderungen unterworfen. Zu dieser Form fügten die Ägypter einen Henkel und so entstand das sogenannte Henkelkreuz Crux Ansata, Ankh, welches Wort *ich bin* bedeutet. (Siehe Abbild. 10.) Es wurde im Sinne von *ich bin lebend*, als Symbol des

Lebens gebraucht, und von ihren Königen und Priestern als *lebenspendendes Kreuzchen* geschätzt und getragen. Es sollte seinen Träger gegen Krankheiten entzündlicher Natur, gegen Schlangenbisse, vor allem gegen Ausschlag und Fallsucht schützen.

Als *Sankt Antonius-Kreuz* ist dieses Symbol besonders in Irland bekannt, als Talisman zur Heilung von Hautausschlägen und Epilepsie; in Irland wurde sogar unter Berufung auf den Heiligen Antonius, den Ere-

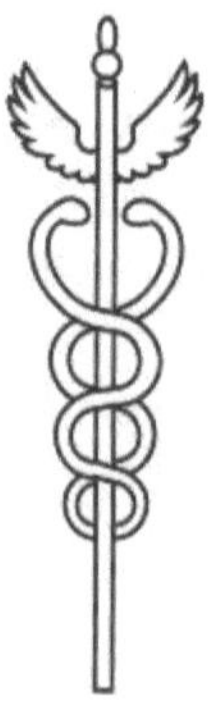

Abbild. 9
Äskulap-Stab.

Abbild. 10
Henkelkreuze.

miten, im Jahre 1035 n. Chr. eine Bruderschaft „Sankt Anthony“ gegründet, die es sich zur Aufgabe gemacht hatte, eitrige Hautausschläge und Epilepsie durch Anrufung dieses Heiligen und Tragen dieses Zeichens zu heilen. Ihre Mitglieder trugen auf ihrem schwarzen Ordenskleid auf der rechten Schulter in blauem Felde das Symbol T und das Wort *Anthon*.

Morgenländische Talismane

In den Denkschriften der Kaiserlichen Akademie der Wissenschaften in Wien und in den „Fundgruben des Orients“ finden wir ein reiches Material über morgenländische Talismane sowie über die damit in Zusammenhang stehenden Siegel der Orientalen.

In diesen Schriften berichtet Freiherr v. Hammer-Purgstall, dass nach seinen Forschungen die ältesten morgenländischen Talismane, die wir kennen, in den Ruinen von Hellah, Borsorippa und Ninive von dem englischen Residenten J. C. Rich bei den von diesem angeregten Ausgrabungen gefunden wurden. Es sind dies teils Zylinder, teils Plättchen aus Elfenbein, Metall oder Knochen, meist mit Keilschrift oder mit astrologischen Inschriften versehen. (Abbild. 11 u. 12.)

Die in Abbild. 13 wiedergegebene Platte besteht aus einem wunderschönen Achat von 35 mm Umfang und soll aus einem Siegelring des zweiten Kaisers der Ssassaniden,

Abbild. 11. Babylonischer Talisman.

Abbild. 12. Babylonischer Talisman mit: astrologischen Zeichen.

Saporis, stammen. Die Inschrift ist eine häufige Wiederholung der Namen Gottes, Jao, Jehova, wie man sie häufig auf den ägyptischen Abraxasgemmen findet.

Dies in Abbild. 14 gezeigten Amulette wurden in den Ruinen von Babylon gefunden und zeigen auf Onyx oder Ziegelsteine eingravierte Figuren, die zweifellos talismanischen Zwecken dienen sollten.

Einen halbbuddhistischen, halb moslemischen Talisman finden wir auf Seite 47 (Abbild. 15) in Gestalt eines sogenannten Gebetsrades in Form einer

Abbild. 13. Achatplatte aus einem alten Siegelring.

Lotosblume dargestellt. Die heilige Lotosblume gilt seit alters her als Sinnbild des ewigen Kreislaufen von Werden und Vergehen. Die Inschrift „Om Mani Padme Hum“ ist das heilige Tetragrammaton der Buddhisten, das ihnen ebenso heilig ist, wie den Hebräern das Wort Jehova. Diese aus vier Worten bestehende Formel bedeutet den die Welt durchdringenden ewigen Geist und ist das Glaubensbekenntnis der Buddhisten. Der Muselmann sagt: *Allah il Allah*, kein Gott als Gott, der Buddhist ruft aus: *Om! Juwele lotos Amen!* Jener bekennt die Einheit Gottes, dieser das Dasein des ewigen Geistes in der Materie.

Diese heilige Formel findet sich nicht nur in der Devanagarischrift des Sanskrit, sondern auch in verschiedenen anderen indischen und tatarischen Alphabeten sowie in den sogen. Gebetsrädern, die bei den Kalmücken Kurda, am Himalaia *Mani* heißen.

Diese Gebetwalzen sind hohle, hölzerne Fässer, in welche die heilige Formel, auf Papierstreifen oder Tuch geschrieben, hineingelegt

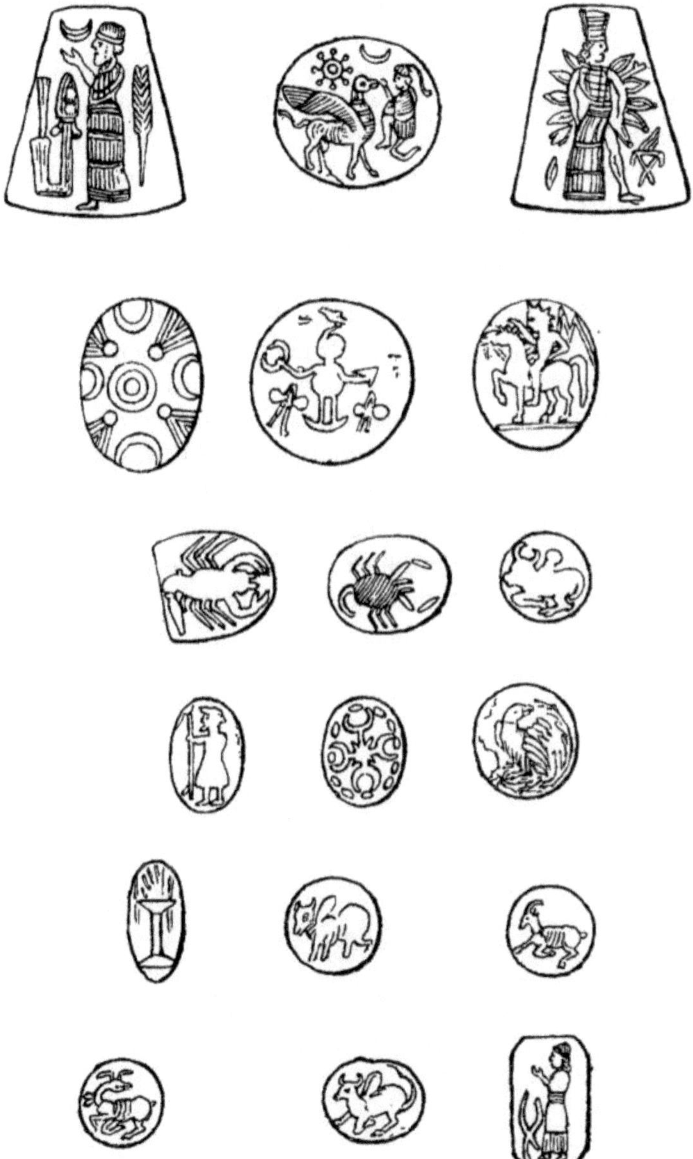

Abbild. 14. In den Ruinen von Babylon gefundene Amulette.

wird, und die immer von Norden nach Osten umgedreht werden. In dieser anscheinend absurden Gebetshaspelei liegt vielleicht doch ein tiefer Sinn verborgen. Das heilige Wort *Om* stellt die indische Dreiheit vor, *Hum* heißt Amen. Zwischen diesen ist das Juwel, die Lotosblume, welche die Welt bedeutet, eingeschlossen, und die kreisförmige Umdrehung bedeutet die Bewegung der ganzen Natur von dem Kreislauf der Sphären bis zu dem des Blutes, mit welcher der Betende durch die Umwälzung des Gebetsrades in Eins verschmilzt.

Über den Sinn des Rades gibt es drei Erklärungen: die Plutarchs, der darin die Unbeständigkeit menschlicher Dinge sieht, die mystische des Missionars Gabet, welcher die Umwälzung des Rades auf die Seelenwanderung bezieht, und endlich die astronomisch-physische vom Kreislauf der Gestirne und dem des Blutes. Aber keine von diesen entspricht der religiösen des Moslems, der in der Umdrehung des Rades nur das Sinnbild des Koranverses sieht: „Wir sind Gottes und wir kehren zu ihm zurück."

Diesen Vers hat ein arabischer Philologe zur Erläuterung des Gebrauches der Vorwörter in vierzehn Zeilen kommentiert, die den vierzehn Speichen des Rades eingeschrieben sind. (Siehe Abbild. 15.)

Um die Übersetzungen neben dem Text anbringen zu können, sind in sieben Speichen zwei deutsche Zeilen statt einer eingeschrieben; sie

Abbild. 15. Buddhistisch-moslimischer Talisman.

enden im deutschen wie im arabischen alle mit dem Worte Gott, das den Mittelpunkt bildet, in dem alle talismanischen Formeln vom Umfang des Rades aus zusammenlaufen.

Diese Formeln lauten:

Wir beginnen mit Gott
Und vollenden in Gott;
Wir glauben an Gott
Wir bauen auf Gott,
Wir wandeln vor Gott,
Wir handeln für Gott;
Wir leben durch Gott
Und streben nach Gott;
Wir lehren aus Gott
Und schwören bei Gott;
Wir kommen von Gott
Und kehren zu Gott;
Wir ruhen und schaffen ob Gott,
Im wachen und Schlafen lob Gott!

Seit Mohammed die Einheit Gottes als Hauptdogma des Islams aufgestellt hatte, war seinen Anhängern der Zugang zu allen dämonischen oder Naturkräften verwehrt, und die Sprüche der heutigen morgenländischen Talismane enthalten lediglich Spuren des Korans, Gebetformeln, welche die Namen Gottes nach seinen Eigenschaften und die Namen der Propheten und seiner jünger verherrlichen. —

Man unterscheidet im Orient die Talismane sehr genau von den Siegeln, den sogen. Prophetensiegeln, die aber vielfach auch als Amulette getragen werden.

Der Unterschied zwischen beiden besteht zunächst darin, dass die Inschriften der Siegel verkehrt gestochen sind, sodass man sie immer erst im Abdruck lesen kann, und dass sie außer dem Koranspruch auch den Namen des Eigentümers enthalten, während auf den Talismanen nur allgemeine Formeln, ohne besonderen Bezug auf den Träger, dargestellt wurden.

Die Siegel trug man in Ringform am Finger oder an einer Schnur um den Hals oder am Busen verborgen, während die Talismane, allen

Teilen des Leibes zum Schutz dienend, auf dem Kopfe, auf den Armen, den Schultern, an den Füßen und um die Mitte des Leibes getragen wurden.

Wenn z. B. die Formel *Meschallah*, d. h. „Was Gott will", in großen Zügen auf dem Saume von Frauenkleidern in Gold gestickt oder mit brillantenen Buchstaben in den Haaren der Frauen auf Agraffen zu lesen ist, so hat sie keinen anderen Zweck, als das böse Auge des Neiders und Feindes zu entwaffnen. Indem dieser mit neidischem, feindlichem Blick die Schönheit der Frau betrachtet, liest er gleichzeitig „Was Gott will" und den „Namen Gottes", den er auf diese Weise, wenn auch nicht mit den Lippen, so doch in Gedanken ausspricht, und dies nimmt seinem bösen Blick nach Ansicht des Orientalen die Kraft; denn den Neid, wenn er nicht von ganz besonders bösartiger Natur ist, muss der Gedanke entwaffnen, dass, wenn es Gottes Wille ist, so viel Schönheit oder Reichtum zu gewähren, der Mensch, der den damit Gesegneten beneidet, sich wider den Willen Gottes auflehnt.

Die Orientalen haben zahlreiche Werke über solche Prophetensiegel verfasst, die hauptsächlich aus talismanischen Formeln bestehen. In einer unter Nummer 360 in der Wiener Hofbibliothek vorhandenen Handschrift befinden sich sogar Abbildungen der Siegel von Jesus, Elias, Salomon und anderen Propheten.

Aus dem Werke: Anonymus Persa de sigillis Arabum et Persarum astronomicis (London, 1648) macht Freiherr von Hammer über die Inschriften der Siegel der alten persischen Herrscher folgende interessante Angaben:

Nach dem Zeugnis Herodots, des Vaters der Geschichte, trugen die Babylonier die ersten Siegelringe, was durch die zahlreichen in Babylons Ruinen gemachten Ausgrabungen bestätigt wird.

Auch die Ägypter trugen Siegelringe; das älteste Siegel, welches die morgenländische Geschichte erwähnt, soll nach der persischen Sage dem mythischen König von Iran, *Dschemschid*, gehört haben, dessen Siegel viel früher als das bekannte Siegel Salomons als Talisman getragen wurde. Die Inschrift auf ihm lautete:

„Beratet in Geschäften Euch,
damit sie gut ausfallen,
und seid zufrieden mit dem Los,
so seid Ihr froh vor allen."

Feridun, dessen Name in den Zendbüchern mit den Talismanen eng verknüpft ist, hatte vier Siegel mit folgenden Inschriften:

I. Langsamkeit und Verstellung.
II. Gerechtigkeit und Kultur.
III. Gradheit und Schnelligkeit.
IV. Strenge und Billigkeit.

Mohammeds Siegel war eine Silberplatte, auf der untereinander die drei Worte eingestochen waren:

Mohamed!
Gottes
Gesandter.

Dieses Siegel ging als Reichskleinod auf seine Nachfolger, die drei ersten Kalifen, über, bis es der dritte, Osman, in einen Brunnen fallen ließ, aus dem es nie wieder zutage gefördert worden ist. Sein Nachfolger führte ein Siegel mit der Inschrift: „Ich glaube an den, der erschaffen und ausgeführt hat.“ Einige der Siegelinschriften der Nachfolger Mohameds lauten:

Das Reich ist Gottes — des Einen — des Rächenden.
Es ist keine Kraft als bei Gott.
Jede Handlung findet ihren Lohn.
Fürchte Gott, mehre Deine Habe und lerne.
Wer das Recht übertritt, dem werden die Pfade zu enge.
Vor der Angst verschwindet die freie Wahl.
Wer sich kennt, kennt seinen Herrn.
Gott ist meine Stütze und meine Hoffnung.
Ich glaube an Gott aufrichtig.
Bitte Gott, er wird Dir vergeben.

Wenig bekannt ist auch, dass der Islam ebenfalls ein Vaterunser hat. Dieses Gebet steht aber nicht im Koran, sondern im „Hadith“, den Worten und Sprüchen Mohameds, die dem Koran angefügt sind.

Es lautet: „Unser Herrgott, der Du bist im Himmel, geheiligt werde Dein Name! Dein Reich ist im Himmel und auf der Erde. Wie Du Deine Barmherzigkeit im Himmel ausübst, so tue auch auf der Erde. Vergib uns unsere Schuld und unsere Sünden, Du Gott der Guten. Sende uns Barmherzigkeit von Deiner Barmherzigkeit und Trost von Deinem Troste.“

Um Liebhabern, die sich orientalische Siegel stechen lassen wollen, hierzu passende Sprüche an die Hand zu geben, bringen wir nachstehend (Abbild. 16/17) die Abbildungen der Siegel einiger türkischer Paschas und einzelner Privatsiegel mit einfachen Sprüchen. Die Stiche stammen von dem Kupferstecher Mansfeld und übertreffen an Vollendung hinsichtlich Sachlichkeit und Schönheit alle bisher in den Werken der Orientalisten veröffentlichten Arbeiten dieser Art.

Als Siegel für Briefbogen und Briefverschlüsse werden von Frauen gern folgende Inschriften gewählt, die gleichzeitig als Talismane dienen sollen:

Nr. 68: Briefwechsel ist halber Genuss.

Nr. 69: Wissen es mehr als zwei, so ist's mit dem Geheimnis vorbei.

Nr. 34 stellt den Namen Gottes, Bduh, dar, dessen Bedeutung ist: Der immer vorwärts Schreitende. Dieses Wort wird häufig auf den Umschlag der Briefe aufgedruckt, und zwar entweder mit den arabischen Buchstaben oder mit den vier Zahlen, welche im arabischen Alphabet, in dem die Buchstaben wie im Griechischen Zahlenwerte haben, diesen Zahlen entsprechen, also da B = 2, D = 4, U = 6, H = 8 ist, die Zahl 2468.

Diese wird aber nicht zweitausendvierhundertachtundsechzig gelesen, sondern in arithmetischer Proportion: 2, 4, 6, 8, wodurch der Sinn des Wortes Bduh, nämlich der immer mit gleichem Schritte Fortschreitende, zugleich arithmetisch ausgedrückt wird. Gewiss für ein Briefsiegel eine sinnreiche Idee.

Für eroberungsliebende Frauen gelten die in Nr. 31 und 67 abgebildeten Siegelinschriften als besonders glückverheißend: „Der Sieg ist von Gott“ — und „die Eroberung ist nahe“.

Eine der beliebtesten talismanischen Inschriften, die besonders gern als Frauensiegel benutzt wurde, ist Nr. 26, das sogenannte Mariensiegel, da es den Anfang des 16. Verses der Marie betitelten Sure des Korans wiedergibt: Erwähne im Briefe Mariens.

Nr. 46: Vor Unglücken sei sicher, Emine, passt für eine Minna; Nr. 52 eignet sich zum Brautgeschenk für eine Amalie, es lautet: „Die Fröhlichkeit meiner Hoffnungen, Amali, liegt in der Erläuterung der Höhen, der Gipfel der Höhen liegt im Bunde meiner Hoffnungen.“

Nr. 19 enthält den Sinn: Wenn sich auch Leidenschaft den Augen will verstecken, so wird man den Beweis doch überall entdecken.

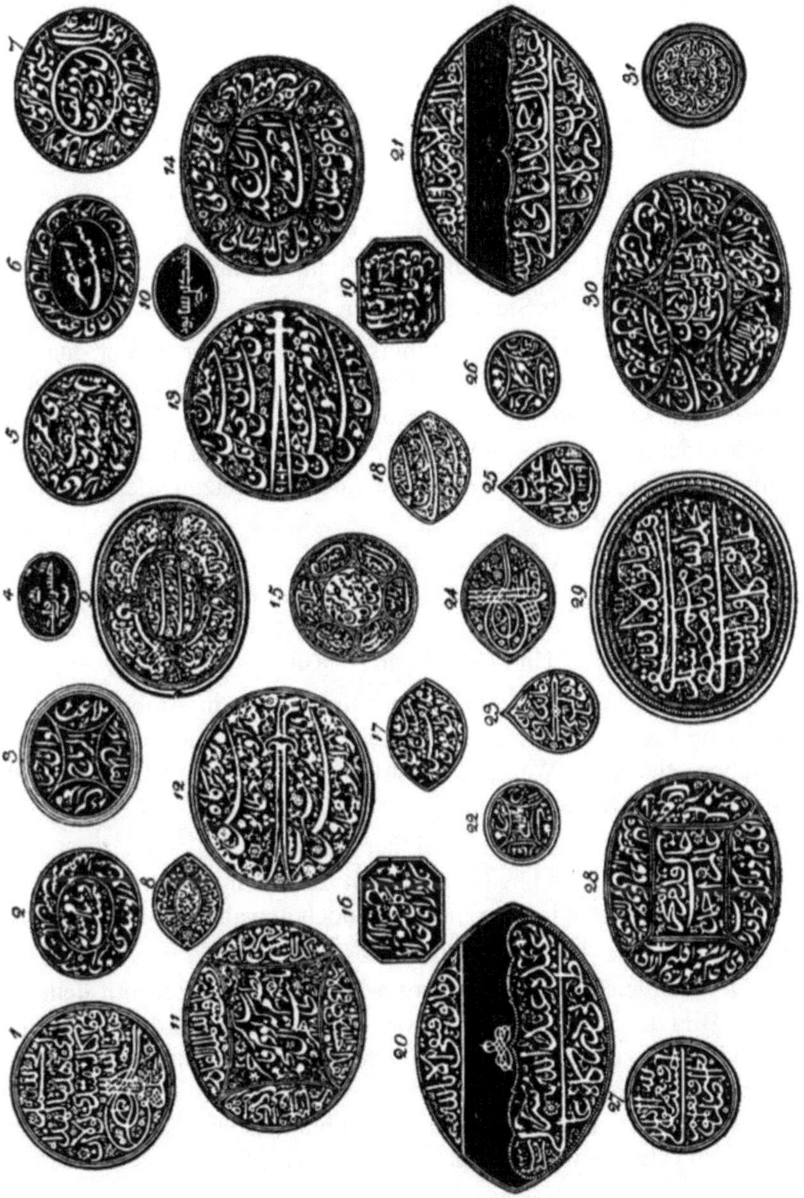

Abbild. 16. Orientalische Siegel.

Nr. 16 passt für eine Rosa: O Gott, bewahre vor allen Befleckungen des Staubes die rote Rose.

Vornehme orientalische Würdenträger benutzten die Sprüche Nr. 72: „Schwinge die Lanze und vertraue auf Gott", im englischen „Stirn the sword and trust the Lord" oder Nr. 66: Mit Ehre und Adel.

Auch der arabische Spruch:

Mit Geduld wirst du den Wunsch erreichen
Und durch Tätigkeit den Stahl erweichen!

wurde vielfach als Siegel gestochen.

Als Steine verwandte man meist Karneole oder Sarder, nur ausnahmsweise findet man bei den für vornehme Frauen bestimmten Siegeln Saphire, Smaragde oder Rubine. Namentlich letztere wurden von den schönen Orientalinnen besonders hoch geschätzt, und in verschiedenen Dichtungen besungen. So finden wir in einer Übersetzung des alten Hafis folgende Lobpreisung:

Wem an der Seligkeiten Born
Ein einz'ger Trank verlieh'n,
Dem wird zur Rose jeder Dorn
Und jeder Stein — Rubin.

Die schönsten Karneole kamen aus Yemen in Arabien, und der yemenische Karneol wird von morgenländischen Dichtern als Bild schöner Lippen oder roten Weines Ebenbild begeistert gefeiert. So singt der älteste persische Dichter Rudegi:

Der Karneol, der rote wein
Sind beide gleich ein Edelstein.
Den Unterschied man doch gewahrt,
Der ist geschmolzen, jener hart!

Der Vergleich rosiger, karneolfarbiger Frauenlippen mit dem Siegel, dem Bild des Stillschweigens, oder zwischen brennendem Wachs und brennenden Küssen, zwischen dem Zauber eines schönen Mundes und dem berühmten Siegel Salomons gab morgenländischen Dichtern Stoff zu unzähligen Vergleichen, wobei die Lippen bald als weicher Karneol, bald als Siegelringstein, bald als Siegel Salomons erscheinen.

Gleichfalls aus dem Morgenlande stammen auch die vier nachstehend abgebildeten Talismane, die J. J. Bellermann in einer 1817 in Erfurt

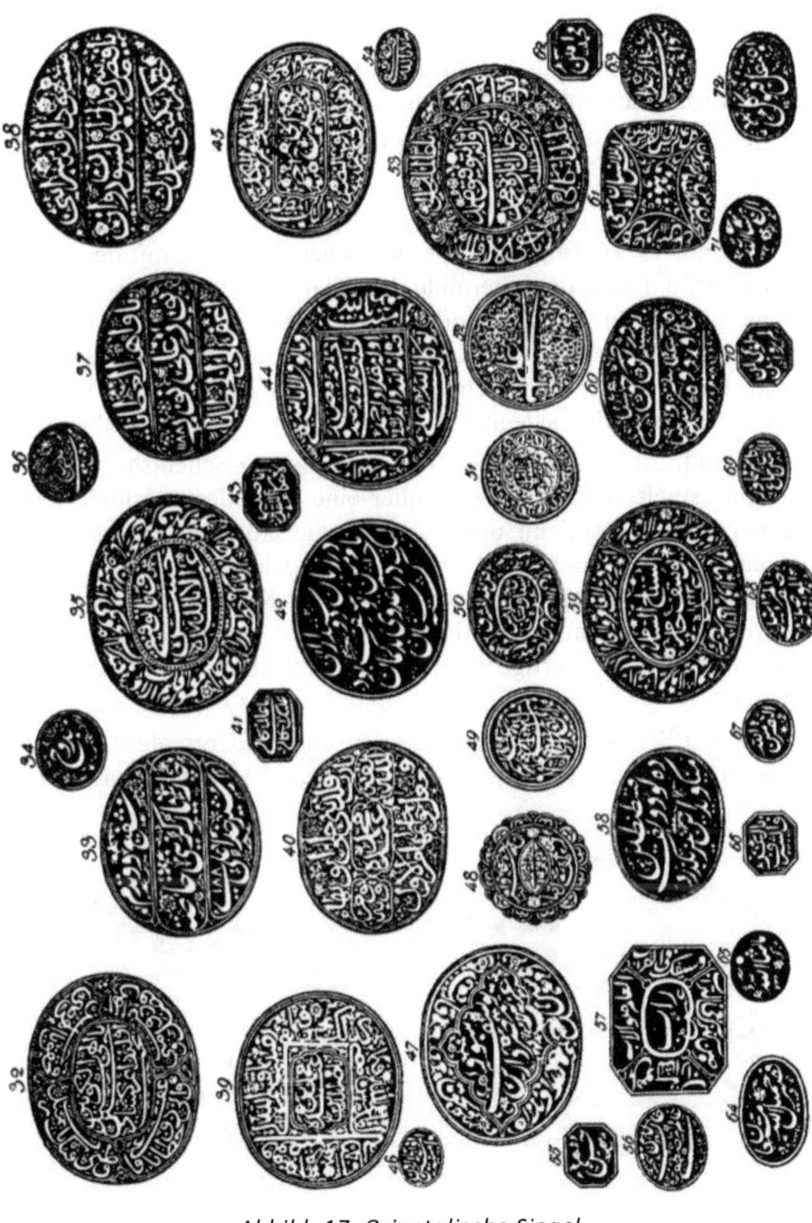

Abbild. 17. Orientalische Siegel.

veröffentlichten Broschüre beschreibt. Sie sollen anscheinend Glückwünsche versinnbildlichen und bestehen aus Echinitenkernen, in deren angeschliffenen Seiten die teils hebräischen, teils lateinischen Schriftzeichen und die astrologischen Charaktere kunstvoll eingraviert sind.

Abbild. 18 stellt einen astrologischen Talisman,vor mit Kescheth, dem Schützen, und soll dem Träger köstliche Speisen und Jagdglück bescheren.

Abbild. 19, ebenfalls ein astrologischer Talisman, mit dem Worte „Monasjim“, d. h. mit dem Sternbild der Waage, hat nach Paracelsus und Agrippa (Occult. Philos. I., III und Reicheltus, S. 55) besonders herrliche Eigenschaften. Er schützt vor Krankheiten, besonders vor Melancholie, bewirkt Freundschaft und sichert Eintracht zwischen Eheleuten und Freunden, denen er Zufriedenheit mit sich und dem Schicksal bringen soll.

Abbild. 20 ist ein Sonnen-Talisman, Semzo-Schemsho = Sonne. Die Sonne spielt auf Amuletten immer eine besonders wichtige Rolle, nicht nur deshalb, weil ihr unter den Himmelskörpern die erste Stelle eingeräumt wird, sondern weil ihr auch der wichtigste Einfluss auf das Wohl und Wehe der Menschen zukommt. Die Kräfte dieses Amulettes sollen also groß und mannigfaltig sein, wenn es unter der richtigen Gestirnkonstellation angefertigt wird. Es soll Reichtum in Hülle und Fülle gewähren.

Abbild. 21 mit der magischen Aufschrift: „Hormalza“ bedeutet: Weihe der Schönheit, Huldigung dem Schönen. Es sind eigentlich zwei

Abbild. 18. Jäger—Talisman.

Abbild. 19. Talismanfür. Harmonie.

Worte: Horma und Iza, die aus dem Hebräischen stammen und Weihe der Schönheit heißen. Der Sinn ist also: Wer diesen Talisman als Amulett trägt, bleibt schön.

Über diese vier Talismane hat der Verfasser der vorerwähnten Broschüre, J. J. Bellermann, am 3. August 1816 in der Akademie der nützlichen Wissenschaften zu Erfurt einen Vortrag gehalten, ein Beweis, dass diese durch einen glücklichen Zufall nach Deutschland gelangten seltenen Exemplare in ihm doch ernsthaftes Interesse genug erweckt hatten, um sie einer so gelehrten Körperschaft vorzulegen.

Der bekannte Hamburger Gelehrte Dr. med. Ferdinand Maack, der auf diesem Gebiete jahrzehntelange Forschungen angestellt hat, erklärt sich (in einer sonst durchaus anerkennenden Besprechung der ersten Auflage dieses Buches) in seiner Zeitschrift „Das Rosenkreuz“ mit den Deutungen Bellermanns nicht einverstanden. Er will die 5 Sterne beim Schützen und die 7 bei der Waage (Abbild. 18/19) als geomantische Punkte angesehen haben und ist der Ansicht, dass wir es hier mit magisch-quadratischen Figuren zu tun haben, zu deren Lösung zunächst das zugrunde liegende Quadrat zu ermitteln sei.

Wir verweisen diesbezüglich auf den späteren Abschnitt „Talismanische Magie“, in dem wir die magischen Quadrate besprechen.

In Indien, China und Japan finden wir vorwiegend Talismane, die auf religiöser Anschauung aufgebaut sind, vielfach direkte Darstellungen der Gottheiten, deren Schutz und Hilfe angerufen wird. So bildet die Dreiheit: Brahma (Schöpfer), Vishnu (Erhalter) und Shiva (Zerstörer) die

Abbild. 20. Sonnentalisman.

Abbild. 21. Talisman für Schönheit.

Grundlage für die gebräuchlichsten Talismane. Ebenso das Bildnis Buddhas, des Begründers des Buddhismus, der von den Priestern dem Brahma der Hindus entgegengestellt wurde, und in ganz Indien, China, Ceylon, Japan, Tibet und Zentral-Asien in den mannigfaltigsten Ausführungen verbreitet ist. Buddha gilt als die neunte Inkarnation Vishnus, und als Sinnbilder seiner acht berühmten Eigenschaften trägt der fromme Buddhist heute noch als Talisman das Rad des Gesetzes, die Muschelschale, einen goldenen Fisch, das Glücksdiagramm, die Lotosblume, einen Regenschirm, eine Vase und die Siegesposaune in allen möglichen Ausführungen.

Als älteste Talismane gelten in China „Tho“ und „Ho-Tu“, zwei Figuren, deren Entstehung auf den mythischen Gründer des chinesischen Reiches, den Kaiser Fu-hi zurückgeführt wird. Dieser soll etwa 2800 v. Chr. Gelebt und unter anderem die Kalenderrechnung und die Schriftzeichen, zu denen auch die acht „Pah-kwa“ genannten Trigramme gehören, eingeführt haben, die auf den beiden Prinzipien Yang (— = männlich) und Yin (— — = weiblich) aufgebaut sind.

„Ho-Tu“ (Abbild. 22), „der Plan vom gelben Flusse“ genannt, stellt die Entstehung der „fünf Wandelzustände“ dar, wie sie sich aus dem Ineinanderwirken der beiden Urelemente Yang und Yin ergeben. Diese Figur wird auf Papier gezeichnet und zum Schutze des Hauses an diesem aufgehängt.

„Tho“ (Abbild. 23) gilt als Talisman für langes Leben und als Schutz gegen teuflische Einflüsse; er wird von allen Ständen sowohl in China als auch in Japan getragen, wobei die Figur mit Vorliebe auf den dort sehr geschätzten Jadestein (Nephrit) eingraviert wurde, da der Nephrit seit den ältesten Zeiten in diesen Ländern als die Gesundheit besonders fördernde Steinart in hohem Ansehen stand.

Ein weiterer in China wie auch in Japan geschätzer Talisman ist der „Ho-Wo“ genannte Vogel, der aus der eigenen Asche sich immer wieder erneuernde Phönix, dessen Abbild als das Symbol für Langlebigkeit, Treue, Gehorsam, Gerechtigkeit und Aufrichtigkeit gilt. Neben diesen gibt es natürlich noch eine Unzahl allgemeiner Talismanformen, Schildkröte, Fuchs, Wolf, Tiger (für Glück im Spiel), Adler, das Glücksschwein, Schlange, Ente, das teuflische Auge, die je nach dem Geldbeutel des Trägers aus Gold, Silber oder einfachem Holz, Ton, usw, hergestellt werden.

Erwähnt sei noch „der Talisman für fortwährenden Wechsel zum Guten“, der *Mitsu-Domoe* genannt wird (Abbild. 24) und die drei Elemente Feuer, Luft und Wasser darstellen soll, ein dreifaches Symbol, das ebenfalls von allen Ständen getragen wird.

Ägypten. Um zu verstehen, wie gerade in diesem alten Wunderlande die Magie der Amulette und Talismane zu solch hoher Blüte kommen konnte, muss man in Betracht ziehen, dass schon in der vorgeschichtlichen Zeit dort der unumstößliche Glaube herrschte, die Erde, die Unterwelt, die Luft und der Himmel wären bewohnt von zahllosen unsichtbaren Wesenheiten, die je nach ihrer Natur den Menschen helfen oder sie schädigen könnten — und deren Gunst oder Abwehr man durch magische Mittel, Amulette, Beschwörungsformeln, dargebrachte Opfer u. dgl. Maßnahmen erreichen könne. Alle diese Gewalt war für sie später im Priester vereinigt, dem sie unbeschränkte Herrschaft über gute und böse Geistwesen zuschrieben; auch als sie an einen Gott zu glauben anfingen, der allmächtig, ewig und unsichtbar war, der Himmel und Erde geschaffen hatte und alles, was da kreucht und fleucht, auch als der Glaube herrschte an ein Weiterleben des Körpers in veränderter, geistiger Form, als Seele, die aber in gewisser Weise ihren alten Leib benötigte, — auch zu diesen Zeiten und bis heute ist der Gebrauch von Amuletten in einer uns Europäern ganz fernliegenden Form und Ausdehnung für den Ägypter eine Selbstverständlichkeit geblieben. Da für sie die Seelen in vergeistigter Körperform in Gesellschaft der Geister und der Seelen der Gerechten ewig weiterleben, in einem Königreich eines Wesens, das göttlichen Ursprungs war, das aber einstmals auf der Erde gelebt hatte, so ist es

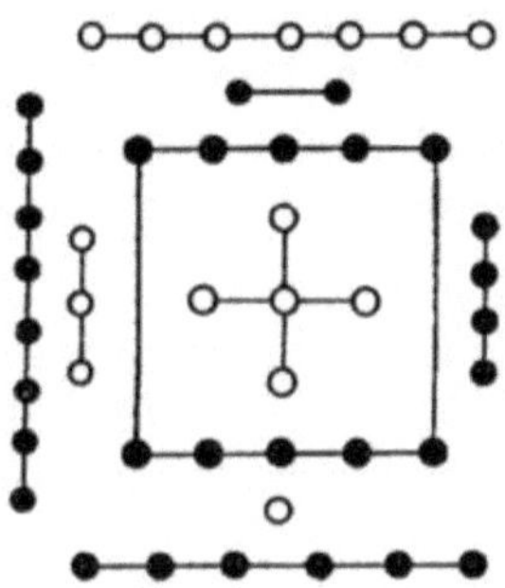

Abbild. 22. „Ho-Tu“-Talisman.

Abbild. 23. „Tho“—Talisman

erklärlich, dass der Ägypter auch für das Dasein nach dem Tode besorgt war und dass sich ein förmlicher Kult hierfür bildete, dessen Ritus in dem „Totenbuch“ niedergelegt war. Sie fanden durchaus nichts Sonderbares in der Verbindung der magischen Handlungen mit der Religion und vertrauten absolut der Wirkung ihrer Amulette und Talismane und zauberkräftigen Namen und Formeln in ihrer Wirkung auf die Lebenden wie auf die Abgeschiedenen.

Nur so kann man verstehen, dass sie für ihre Grabstätten sehr besorgt waren und ihren Toten zauberkräftige Fluchformeln und sicher die Dämonen abwehrende Amulette mit in den Sarg gaben. Ihre Trauerfarbe war auch nicht schwarz, sondern blau, wie die Farbe des Himmels.

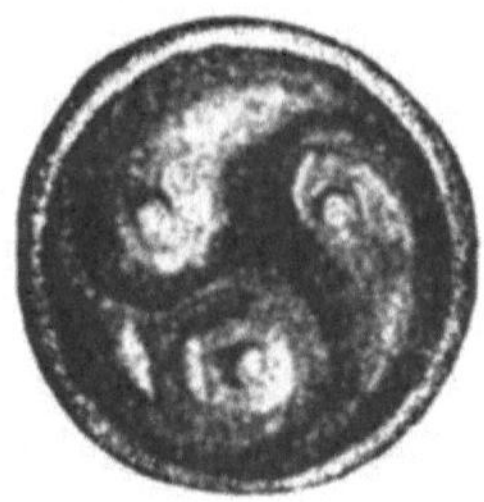

Abbild. 24. Mitsu-Domoe

Auf die Fluchformeln wird später noch eingegangen werden, hier seien zunächst die am meisten verbreiteten Amulette erwähnt.

Die ältesten Amulette, bestehend aus grünem Schiefer, stammen aus der Pyramide des altägyptischen Königs Unas, 3266 v. Chr., und die ältesten unbeschrifteten aus der Zeit des Königs Hesep-ti, 4300 v. Chr. Sie hatten die Form eines Herzens und über sie sollten, bevor sie bei dem Toten an die Stelle, an der sonst das Herz sich befindet, gelegt wurden, gewisse zauberkräftige Worte gesprochen werden, ›die dem Toten den Mund öffnen sollten‹.

Bald wurden diese Worte auf Stein eingraviert, und wir finden zunächst das Herzamulett in Form eines *Skarabäus*, dessen Verehrung in Ägypten bis auf die Zeit des Erbauers der ältesten Pyramide zurückzuverfolgen ist.

Hierbei war folgende Erwägung wohl maßgebend: Vor der Einbalsamierung wurde das Herz des Toten herausgenommen und der Körper besaß nun für sein neues Leben keinerlei Antriebskraft mehr. Dem Skarabäus aber, dem Urbild des Sonnengottes *Khepera*, der die unsichtbare Schöpferkraft, die die Sonne gegen die Wolken vorwärtstreibt, verkörperte, schrieb man bemerkenswerte Kräfte zu, die wohl geeignet waren, nicht nur den Körper des Toten zu beschützen, sondern auch dem Weiterlebenden im Jenseits Kraft zu verleihen, wenn man unter Beobachtung der vorgeschriebenen Zeremonien an Stelle des Herzens einen mit den richtigen Formeln versehenen Skarabäus einsetzte.

Dieser Skarabäus, der heilige Käfer der Ägypter (Ateuchus sacer) (Abbild. 25), war das Ideal aller ägyptischen Glücksbringer. Schon sein Anblick erinnerte den Menschen an seinen göttlichen Ursprung, denn von ihm wurde gesagt, dass die Seele des Gottes Ra sich dem anscheinend trägen Körper des Skarabäus einpräge und ihm eine Lebenskraft verleihe, die ganze Zeitalter nicht zerstören könnten. Er galt als zweigeschlechtlich, männlich und weiblich in einer Person und namhafte Schriftsteller erklärten, dass es keinen weiblichen Skarabäus gäbe. Sein ägyptischer Name *Cheper* deutet dies auch an, denn Cheper besagt nicht nur *der, welcher rollt*, sondern auch *werden, von selbst entstehen*, also ohne Vereinigung von Vater und Mutter geboren werden. Der Gott Cheper (Khepere) ist der Vater aller Götter, der selbsterschaffene Eine, der gleiche wie der Gott Nebertscher.

Ein hieratischer Papyrus im Besitz des britischen Museums in London, den der Gelehrte Dr. Wallis Budge übersetzt hat, besagt: »Ich entwickelte mich selbst aus der Ursubstanz, die ich schuf. Mein Name ist Osiris, der Same der Ursubstanz. Ich bewirkte durch meinen Willen seine Verbreitung auf dieser Erde, ich habe ihn ausgestreut und mit ihm erfüllt … Ich habe meinen Namen als ein Kraftwort ausgesprochen aus einem eigenen Mund, und ich entstand geradewegs durch meine Evolutionen (Entwicklungen). Ich entfaltete mich selbst unter der Form der Entwicklungen des Gottes Khepera und im entwickelte mich selbst aus der Urmaterie, die viele Entwicklungen seit dem Anfang der Zeit durchgemacht hat. Nichts bestand auf dieser Erde vor mir. Ich erschuf alle Dinge und es gab keinen, der zu diesen Zeiten noch wirkte.

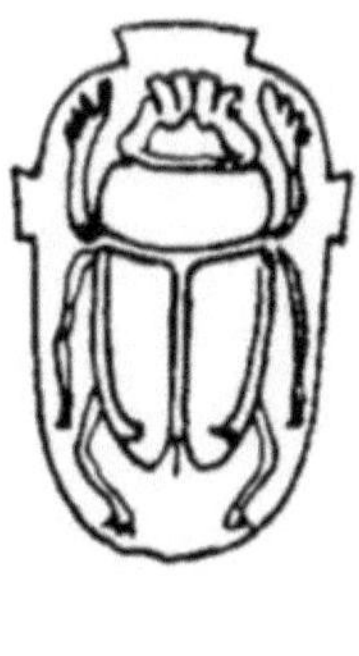

Abbild. 25. Skarabäus.

Ich verursachte alle Evolutionen mithilfe der Seele, die ich aus der Stille des Wassers heraufholte.«

Der Ägypter sagte, der Cheper ist Sich selbst Vater und Mutter, er begattet sich mit sich selbst und legt seinen Samen in die Erde, er mengt ihn mit Lehm zu einer Kugel und rollt diese wie die Sonne von Osten nach Westen. Seine übermäßig langen Hinterbeine befähigen ihn, eine solche bis zu anderthalb Zoll große Kugel über weite Strecken fortzubewegen, bis er einen geschützten Platz findet, an dem er sie in einem Loch für 28 Tage einscharrt. Am 29. Tage öffnet er die Lehmkugel und wirft sie ins Wasser, wo nun die jungen Käfer zum Vorschein kommen.

Die Ägypter sahen in der Zahl seiner dreißig Zehen die Tage des Monats und in den 28 Tagen, die sein Samen bis zum Erscheinen der jungen Tiere benötigt, einen Mondmonat. Den Weg des Balls bzw. der Kugel verglich man mit dem Sonnenball und dessen Wirkung auf die Erde und nahm ihn selbst als Symbol der Auferstehung und des ewigen Lebens, einer Persönlichkeit, die für den Tod verschlossen ist, in sich geschlossen, wie ein vollkommener Kreis oder eine Kugel — hier die Sonnenkugel des Skarabäus.

Wir bringen in Abbild. 26/27 zwei stilisierte Skarabäen, wie sie als heiliges Zeichen auf ägyptischen Amuletten, namentlich auf Ringen gefunden wurden.

Die Abbildungen 28 und 29 zeigen ebenfalls zwei Skarabäen, auf ersterem sind an den Seiten zwei Ansata Kreuze (Henkelkreuze) eingra-

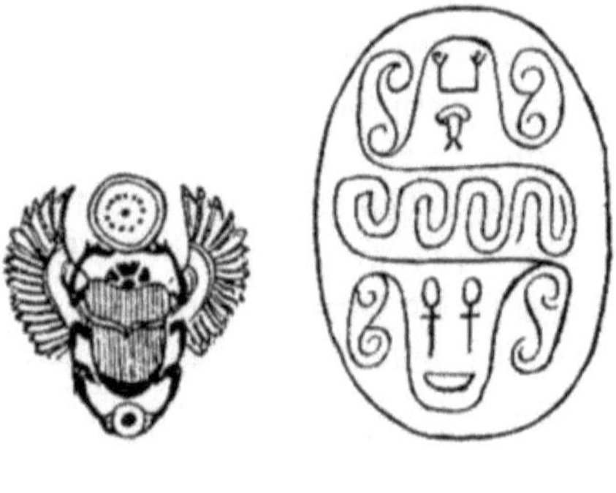

Abbild. 26/27.
Stilisierte Skarabäen.

viert, die ja als Symbol des Lebens galten, auf letzterem mehrere Samenkörner, die das gleiche besagen. Wir ersehen hieraus, wie tief die Vorstellung dieses Käfers als Symbol des Lebens im ägyptischen Volk wurzelte, das seinen Glauben an die Auferstehung und das Weiterleben nach dem Tode immer wieder zum Ausdruck bringen und ein solches Amulett jedem Toten zum Schutz gegen die Dämonen in der Unterwelt auf den Weg ins Jenseits mitgeben musste.

Nach all diesem wird es uns erklärlich, dass der Skarabäus sozusagen Allgemeingut des ägyptischen Volkes war und in ungezählten Tausenden von Exemplaren und zahllosen Formen gefunden wurde, aus dem verschiedensten Material hergestellt, aus grünem Schiefer, Basalt, Granit oder Marmor, aus Porzellan in allen Farben und aus Halbedel- und Edelsteinen aller Art.

In seltenen Fällen gab man dem Käfer ein menschliches Gesicht oder einen ganzen menschlichen Kopf und gravierte auf die Rückseite ein Bild des *Benna-Vogel* genannten Phönix oder auch ein *Auge des Horus*.

Der Gebrauch der Skarabäus-Amulette verbreitete sich von Ägypten aus über Westasien an der ganzen Küste des Mittelmeeres entlang und wurde namentlich in Griechenland allgemein, wo auf einem Papyrus eine ausführliche Beschreibung für die „Zeremonie des Käfers“ gefunden wurde, wie er präpariert und geweiht werden müsse und an welchen Tagen dies zu geschehen habe.

Danach soll der Käfer aus wertvollem Smaragd gearbeitet und an seiner unteren Seite das Bild der Göttin Isis eingeschnitten werden; ferner

Abbild. 28. Skarabäus.

Abbild. 29. Skarabäus.

sollte er drei Tage in eine Paste aus Lilien- oder Myrrhenbalsam gelegt und mit Kyphi und Myrrhedämpfen beräuchert werden, wozu sich nur jeweils der 7., 9., 10., 12., 14., 16., 21., 24. und 25. jedes Monats eignete, die anderen Tage galten als nicht Glück bringend.

Auch die Bilder ihrer Gottheiten Osiris, Isis, Ra, Horus, Nephtys, das Auge des Horus, Bilder eines Schlangenkopfes, einer Leiter, des Geiers, des Falken, des Frosches mit einem goldenen Kopf als Abbild der Gottheit Hept mit der Aufschrift „Ich bin die Auferstehung“, „die Wiedergeburt“, alle diese und noch zahlreiche Varianten von diesen, deren Aufzählung zu weit führen würde, wurden als Talismane getragen und sind größtenteils heute noch im Gebrauch.

*

Gnostische Talismane. Etwa im zweiten Jahrhundert des Christentums entstand die religiöse Sekte der Gnostiker in Kleinasien und verbreitete sich von dort aus über das ganze römische Reich. Gnosis bedeutet Erkenntnis, und die Gnostiker bezeichneten sich als *Erkenntnis-Besitzende*, da sie behaupteten, ein über den Kirchenglauben hinausgehendes tieferes Wissen um die *Letzten Dinge* zu besitzen.

Sie vermengten ihre Lehren von der Erkenntnis Gottes und der Erschaffung der Welt und der Menschen mit denen des Christentums und der jüdischen Kabbala und legten sie in vielen tiefgründigen Symbolen

Abbild. 30. Der Gott Abraxas und die gnostische Schlange.

nieder. Als ihre Hauptgottheit verehrten sie Abraxas, der Allmächtige genannt, der symbolisiert wurde durch eine Figur mit dem Kopf eines Hahnes, dem Körper eines Mannes und mit aus Schlangen gebildeten Beinen. Sein Bildnis finden wir auf vielen talismanischen Gemmen in allen möglichen Variationen.

G. W. King bringt in seinem 1864 in London erschienenen Werke „The Gnostics an their Remains“ auf vierzehn Tafeln eine große Anzahl ihrer Talismane, von denen wir hier einige abbilden.

Die Abbildung 30 zeigt den Gott Abraxas, wie er gewöhnlich dargestellt wird, mit Schild und Peitsche, um die bösen Geister zu verjagen. Auf der Rückseite sehen wir die gnostische Schlange, umgeben von einigen den Ägyptern heiligen Tieren. Diese Gemme, kunstvoll in roten Jaspis geschnitten, wurde in Bombay gefunden und dürfte aus dem 7. Jahrhundert stammen.

Ein altes byzantinisches Amulett aus grünem Jaspis, das als besonders wirksam von den Gnostikern geschätzt wurde, stellt das Gorgonenhaupt dar (Abbild. 31), auf dessen Rückseite nach Mitteilung des Besitzers W. Talbot Ready die heilige Annamit dem Madonnen-Kind im Arm dargestellt ist. Dieser Talisman wurde zum Schutz der Frauen während der Schwangerschaft getragen, wodurch sich auch sein häufiges Vorkommen erklärt.

Abbild. 31. Gorgonenhaupt.

Eine weitere Darstellung des Gottes Abraxas, diesmal mit dem Sonnenwagen, zeigt die Abbild. 32. Auf der Rückseite sehen wir die heiligen Namen „Iao“ und „Abraxas“ eingraviert, umgeben von einer sich in den Schwanz beißenden Schlange, dem Symbol der Ewigkeit. Kunstvoll in einen Sardonyx eingeschnitten ist das in Abbild. 34 wiedergegebene Bild der Isis , die eine Lotusblume an der Stirn trägt und ein Szepter in der Hand hält; eine besonders schöne Arbeit.

Einen Talisman gegen den bösen Blick stellt die Abbild. 35 dar; ein in einen Sardonyx eingeschnittenes, weit geöffnetes Auge, umgeben von den nach chaldäischer Astrologie die Wochentage beherrschenden Zeichen (Löwe für Sonne-Sonntag, Wolf für Mars-Dienstag, usw.), alle vereinigt, um die Kraft des bösen Angreifers unwirksam zu machen.

Abbild. 32 (Vorderseite). Der Gott Abraxas mit dem Sonnenwagen.

Abbild. 33 (Rückseite von Abbild 32) mit den Worten „Jao“ und Abraxas.

Abbild. 34. Isis mit: Lotosblume.

Abbild. 35. Talisman gegen den bösen Blick.

Ein Liebes-Amulett finden wir in den Abbild. 36 dargestellt; Venus, als Sinnbild der weiblichen Kraft, steht unter einem von Säulen getragenen Baldachin, ihr Haar vor einem Spiegel ordnend, den ein Cupido hält; zwei in der Luft schwebende Liebesgötter halten eine Myrtenkrone über ihr Haupt. Auf der Rückseite sehen wir den Gott Horus auf einer Lotusblume sitzend, mit dem Sonnen-Symbol zu seiner Rechten, umgeben von den in Ägypten als heilig verehrten Tieren.

Dieser Talisman galt als besonders geeignet, um Liebe hervorzurufen.

Abbildung 37 zeigt den über dem Portal des berühmten Tempels zu Delphi eingemauerten Buchstaben „E“(PSILON), der im Griechischen

Abbild. 36 (Vorder- und Rückseite). Liebes-Amulett.

Abbild. 37. Inschrift über dem Tempel zu Delphi.

„Du bist“ bedeutet und von den Gnostikern als Bezeichnung „für Heiland“ vielfach als Amulett in Form einer Kamee getragen wurde.

Frühchristliche und mittelalterliche Talismane

Bereits in den ersten Jahrhunderten des Christentums bis zum Mittelalter finden wir einige Symbole, die als Amulette anzusehen sind und auch zweifellos als solche getragen wurden. Das älteste bekannt gewordene ist „der Fisch“.

Einzelne Forscher nehmen an, dass dieses Symbol deshalb gewählt wurde, weil das griechische Wort „IXΘYS“ (Ichthys) die Initialen des Namens des Heilandes ergeben, anderen leiten es von dem Worte TAG, der Fisch, ab, das im Talmud vorkommen und das Zeichen für die Wiedergeburt des Erlösers sein soll, wenn Saturn und Jupiter in dem Tierkreiszeichen Fische zusammenkommen. Vielleicht ist es auch auf Petrus und die anderen Fischer-Apostel zurückzuführen oder auf Christus selbst als Menschenfischer. Für letztere Annahme spricht auch die in Abbild. 38 wiedergegebene Gemme, eine besonders schöne Arbeit skoptischer Kunst, die anscheinend einen der Apostel als erfolgreichen Fischer darstellen soll. Ein weiteres uns überliefertes Amulett, das als besonderes Schutzsymbol der Kirche gegen alle Gelüste des Fleisches galt, finden wir in Abbild. 39. Ein Siegelring mit künstlerisch eingraviertem Schiff, auf dessen Deck in einem Fünfeck das christliche Kreuz zu sehen ist. Dass

Abbild. 38. Ichthys-Gemme.

Abbild. 39, Talisman-Ring.

dieses selbst in den verschiedensten Formen und verbunden mit Inschriften aller Art getragen wurde, darf wohl als bekannt angenommen werden.

Eine besondere Rolle als Amulett spielt das *Agnus Dei*, meist in Form einer um den Hals zu tragenden ovalen Medaille mit der Aufschrift: *Ecce agnus dei, qui tollit peccata mundi* (Sieh da das Lamm Gottes, das die Sünden der Welt trägt). Das Wappen und der Name des Papstes, der es mit dem heiligen Chrisamöle geweiht und gesegnet hat, ist oftmals neben der Figur des Lammes eingraviert und auf der Rückseite meist noch das Bildnis der heiligen Jungfrau oder eines für den Träger in Betracht kommenden Heiligen. Ein solches Agnus soll Mutter und Kind während der Schwangerschaft und der Geburt behüten sowie schützen vor bösen Geistern, Krankheiten, Giften, usw.

Als ein bekanntes Abwehrmittel böser Einflüsse, besonders des sogenannten *bösen Blicks*, gilt auch die *Feige*, eine Abwehrgeste, bei der man den Daumen zwischen Zeigefinger und Mittelfinger hindurchsteckt und dem Abzuwehrenden entgegenhält, d. h. das *Picazeichen* macht, das, aus Metall, Holz, Porzellan oder echten Steinen hergestellt, heute noch in Italien getragen wird, oft mit dem *Phallus* zusammen, der als *Fascinum* als Schutz gegen allerhand Übel diente.

Der berühmteste Talisman des Mittelalters, das ABRACADABRA, das von dem Leibarzt des Kaisers Caracalla stammen soll, ist wahrscheinlich aus dem Geheimnamen Abraxa für den an sich unaussprechlichen Gott der Gnostiker des 2. Jahrhunderts entstanden. Es wurde auf kleine Zettel geschrieben, und zwar folgendermaßen:

A B R A C A D A B R A
A B R A C A D A B R
A B R A C A D A B
A B R A C A D A
A B R A C A D
A B R A C A
A B R A C
A B R A
A B R
A B
A

Es wurde, wenn auf Papier geschrieben, verschluckt oder wenn auf Metall eingeritzt, um den Hals getragen als Abwehrmittel gegen Fieber.

Abbild. 40. Hebräisches Amulett.

Bekannt als Abwehrmittel ist auch der Fünfstern, das Pentagramm, auch Drudenfuß genannt; es soll in einem Zug als fünfstrahliger Stern gezogen werden und stammt ursprünglich von den Pythagoräern, bei denen es Gesundheit bedeutete. Im Mittelalter galt es als Abwehrmittel gegen Hexen und böse Geister. (Goethe im „Faust“: „Das Pentagramma macht mir Pein.“) Es wird oft mit dem schon früher beschriebenen Siegel Salomonis (siehe Seite 37), dem Hexagramm, verwechselt und irrtümlich zu den jüdischen Talismanen gerechnet.

Diese letzteren entstammen aber alle der „Kabbala“, „jener urtiefen Weisheitslehre, die sich vom Osten her im Gewande jüdischer Mystik hinübergerettet hat in die westliche Welt, eine Weisheit, die den überragendsten Geistern des Mittelalters und der Renaissance zu denken gab, die von wenigen nur erkannt, dennoch von vielen gelästert wurde, und die auch heute noch, wenn auch nur in Auserlesenen, lebendig ist, hoher Verehrung und des Einsatzes eines mühseligen Forscherlebens wert befunden“. [Zitiert aus Bo Yin Râ: Mehr Licht! (Die magischen Grundprinzipien der „Kabbala“)].

Aus dieser Kabbala stammen also die talismanischen Künste der Juden, die in der Hauptsache in der Verwendung des Namens der 72 Buchstaben in den verschiedensten Formen, der 10 Sephiroth und der Siegel der Planeten mit den ihnen zugeordneten Engeln, Intelligenzen und Spirits bestanden, wozu noch eine fein durchdachte Zahlensymbolik kam. Diese Künste genossen namentlich im Mittelalter hohes Ansehen und haben auch stark auf die christlichen Forscher eingewirkt.

Da die Zahlenmystik und Planeten-Symbolik in einem späteren Abschnitt noch ausführlich geschildert werden, können wir uns hier darauf beschränken, die zehn Gottesnamen anzuführen, die als Inschriften auf Amuletten verwendet wurden. Es sind dies: EHIEH — IAH — IEO-

VAH — EL — ELOHIM GIBOR — ELOHA — TETRAGAMMATON — ELOHIM SABAOTH — SADAI — ADONAI MELECH.

Der Name Jeve oder Joha, zusammengesetzt aus „iod-he-vau-he", durfte in profanen Kreisen nicht ausgesprochen werden und wurde durch das Wort Tetragrammaton, der *Vierbuchstabige* oder *Adonai*, der Herr, ersetzt. Daher galt auch das Wort Tetragrammaton als der unaussprechliche Gottesname und wurde als Inschrift auf Amuletten als besonders wirksam angesehen.

Als sehr populäres Amulett wurde das Wort „AGLA" (siehe Abbild. 40) verwandt, geformt aus den Anfangsbuchstaben der Worte ATE GEBIR LEIHAM ADONAI, d. h., du bist allmächtig für immer, o Herr, das man auf Ringen, Anhängern, Broschen oft findet. Es galt als sehr glückbringend, alles Übel abhaltend und das Fieber sicher vertreibend.

Als besonders heilig galt den Israeliten ihr siebenarmiger Leuchter, der bei allen religiösen Handlungen eine bedeutsame Rolle spielte.

Wir bringen hier die Abbildung eines solchen künstlerisch ausgeführten Leuchters, dessen Arme von Lotosknospen gebildet werden und dessen doppelter Fuß mit mystischen Zeichen geschmückt ist.

Abbild. 41. Siebenarmiger Leuchter.

Das aus den Lotosknospen durch die brennenden Kerzen zur Gottheit emporsteigende Licht — welch tiefe Symbolik! —

IV. Germanische Talismane

Als grundlegendes Werk über unserer Vorfahren Leben und Treiben, Kultur, Sitte und Literatur hat man von jeher die aus dem letzten Jahrzehnt des ersten Jahrhunderts n. Chr. stammende *Germania* des römischen Schriftstellers Cornelius Tacitus angesehen; außerdem finden wir in der „Edda", der wichtigsten Gedichtssammlung altnordischer Literatur, einige Anhaltspunkte, im Übrigen sind wir bisher auf die spärlichen Nachrichten ausländischer Schriftsteller und auf mündliche Überlieferungen angewiesen gewesen.

Erst in den letzten zwei Jahrzehnten haben sich erfreulicherweise einige unserer Altertumsforscher eingehender mit dem Studium alt-germanischer Kultur befasst und mancherlei überraschende Resultate erzielt.

Wir ersehen aus den Schriften Guido von Lists, Wilsers, Karus Sternes, Stauffs, Wirths, Fuhrmanns, Ernst Tiedes und anderer, dass unsere Ahnen durchaus nicht die Barbaren waren, als die sie mit Vorliebe hingestellt wurden, sondern eine hohe Kultur besaßen, aus der auch andere Völker gern geschöpft haben.

Uns interessiert vor allem die Bilderschrift, die Runen, soweit sie auf Runenringen, Brakteaten, bronzenen Ringelbändern u. dgl. als urgermanische Heilszeichen Verwendung fanden.

Wie Tacitus berichtet, legten unsere Vorfahren ebenso wie die anderen Völker großen Wert auf Zeichendeutung und besonders auf das Loswerfen, Loskiesen genannt. Ihr Verfahren bestand einfach darin, dass der Zweig eines Fruchtbaumes in kleine Stücke geschnitten wurde, in welche man gewisse Zeichen, Runen genannt, einritzte.

Weißt du zu ritzen, weißt zu erraten?
Weißt du zu finden, weißt zu erforschen?

heißt es in der „Edda". Die einzelnen Stücke wurden wahllos auf ein weißes Tuch geworfen, der Priester oder Familienvater sprach ein Gebet, hob dann unter Aufblick zum Himmel drei Stäbchen auf und verkündete nach den auf ihnen eingeritzten Runen die Deutung, günstig oder ungünstig.

Sie kannten auch Schatzrunen aller Art, wie wir aus Sigurdrifas Lied ersehen, in dem es heißt:

„Siegrunen lerne, willst du Sieg erlangen,
Ritze sie auf des Hiebers Heft,
In die Blutrinne auch und die blanke Spitze,
Wenn du's tust, sprich dreimal Tyr …
Lern' Brandungsrunen, wenn bergen du willst
Die Segelrosse auf See;
Den Rudern brenn' die Runen ein,
Schneid' sie in Stern und Steuer;
Mag dräuen die Brandung,
Schwarz schäumen die Wege,
Du kommst gesund von der See."

„Bergrunen sollst du kennen,
Wenn du bergen willst
Und lösen die Frucht von Frauen.
An die hohle Hand sie zeichne
Und die Handknöchel umspanne,
Und bitte dann Disen (die Schutzgöttinnen) um Gedeihn."

„Astrunen sollst du kennen,
Wenn du willst Arzt sein,
Und verstehen, die Sehrung zu sehen (d. h. besichtigen, heilen).
In die Rinde sie reiße
Und ins Reis des Baumes,
Dem gen Osten die Äste stehen."

Es war alter germanischer Brauch, Gegenstände des täglichen Gebrauchs sowie Zierstücke mit Runen zu versehen, um durch solche Zeichen die Gedanken auf diese Gegenstände zu konzentrieren.

So finden wir Runeninschriften außer auf Waffen auch auf Schmucksachen, vor allem auf schutzverleihenden, unseren heutigen Amuletten entsprechenden Anhängemünzen, den sogenannten Brakteaten, und auf Ringen. Dies zeigt auch eine in Vadstena gefundene Münze, deren Runen Wilser deutet als: „Löse uns, Wodan", woraus hervorgeht, dass diese Anhängemünze ein Amulett war und den Träger schützen sollte.

Auf dem Steinchen von Valby finden wir acht Runen eingeritzt, die nach Wilser unzweifelhaft als abwehrend gegen den bösen Blick dienen sollten.

Außer diesen Heil- und Siegrunen gab es auch Neidrunen, Runen, die Schaden bringen sollten. So wurde im Jahre 1906 in Lund ein Beinplättchen mit solchen Neidrunen gefunden, welche lauteten: *Der Sohn Jegvers, Jegimar, soll schweres Leid haben.*

Nähere Angaben über Runenringe und Brakteaten finden wir in den Werken von Henning: „Die deutschen Runendenkmäler“ und Karl Müllerhoff: „Deutsche Altertumskunde“, denen auch die Abbildungen der hier wiedergegebenen Brakteaten und des Runenringes sowie deren Erklärung entnommen sind.

Der in Abbild. 42 wiedergegebene kleine Goldring befindet sich im Berliner Museum und wurde zusammen mit mehreren goldenen Schmuckstücken 1839 in Pommern bei Köslin an der Persante gefunden. Er hat eine ungewöhnliche kantige Form und setzt sich aus zehn Dreiecken zusammen, die ihre Spitzen abwechselnd nach oben und unten kehren. In die Flächen sind verschiedene Figuren und Zeichen eingeritzt, z. B. ein Hakenkreuz, ein Kleeblatt, eine Mütze sowie verschiedene Tiertypen. Das Dreieck mit der Inschrift ist durch Trennungsstriche in zwei Abschnitte geteilt, in dem unteren stehen drei, im oberen ein Zeichen. Die drei unteren Zeichen gehen von rechts nach links und sind in unserer Schriftrichtung als ALU zu lesen. Es ist dies eine Art Formel, die auch auf nordischen Brakteaten nachgewiesen ist. Über ihre Bedeutung ist Sicheres nicht zu ermitteln gewesen. Ein deutsches Wort ist in ALU

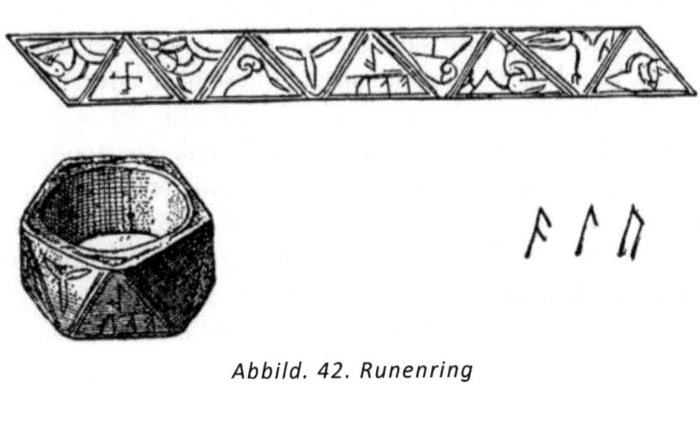

Abbild. 42. Runenring

schwerlich zu suchen. Einige Forscher, z. B. Bugges, erblicken darin eine Verstümmelung des lateinischen Wortes SALUS, das man auch auf römischen Münzen findet, andere Forscher, wie Ludwig F. A. Wimmer („Die Runenschrift", 1868, Kopenhagen) findet darin ein Beispiel vom magischen Gebrauch der Runen und ist der Ansicht, dass das A-Runenzei-

Abbild. 43.
Halsbandschilling.

Abbild. 44.
Germanischer Brakteat.

chen, das regelmäßig in diesen magischen Zusammenstellungen vorkommt, in Verbindung mit dessen Namen „ass" nach der Sprachform der ältesten nordischen Inschriften soviel wie ansur : Gott bedeutet. Rudolf Henning (in „Deutsche Runendenkmäler) fasst das ganze Zeichen als Monogramm auf und liest es ELA, ELLA.

Der in Abbildung 48 wiedergegebene Brakteat ist ein sog. *Halsbandschilling*, 1850 in Wapno gefunden, und befindet sich ebenfalls im Museum in Berlin. Man nimmt an, dass ursprünglich römische Kaiser-Goldmünzen von den Germanen nachgebildet und mit einer kostbaren Umrahmung versehen wurden, um sie zum Festnähen oder Anhängen zu benutzen. Das Gepräge zeigt einen Kopf im Profil, der lose über dem laufend dargestellten Tiere steht und eine Helmkappe trägt, die nach hinten in eine gebundene und herabhängende Schleife ausläuft, also wohl das Zeichen eines edlen Mannes darstellen soll. Die fünf Schriftzeichen ᛊᚨᛒᚨᚱ = SABAR bedeuten nach Müllenhoff einen Namen und dieser im Grunde ein Adjektiv, wie einfache starke Adjektive sonst auch als Namen gebraucht werden, z. B. klug, weise, und dürfte danach von den Burgundern herstammen.

Zu demselben Typus wie dieser gehört auch der in Abbildung 44 wiedergegebene Brakteat unbekannter Herkunft. Dem laufenden Tiere hängt die Zunge lang zum Maul heraus, und die vor den Ohren befindlichen Hörner haben eine größere Form. Sie sehen fast aus wie ein mit Knöpfen versehener Halsring, von der Art, wie ihn auf gallischen Münzen die Reiter vielfach den Pferden dicht über den Kopf halten. Die Gurtbänder um Hals und Leib scheinen mit Metallplättchen besetzt zu sein. An der

Abbild. 45. Germanischer Brakteat

schön ausgeführten Helmkappe kann man den festen Bügel, die Doppelreihe von Lorbeerblättern nebst einer mittleren Perlenschnur, sowie die hinten herabhängende Schnur deutlich unterscheiden. Vor dem Kopf erblicken wir ein Ornament, das auf germanischem Gebiete außerordentlich selten ist und in derselben Gestalt nur noch auf dem seeländischen Brakteaten von Lekeude gefunden wurde.

Die Inschrift ᚹ ᚨ ᛁ ᚷ ᚨ von links nach rechts lautet nach der Erklärung von Müllenhoff und Henning WAIGA und bedeutet einen Mann lebhaften und verwegenen Sinnes.

In einem Grashügel bei Heide in Dithmarschen wurde der unter Nr. 45 abgebildete Brakteat gefunden. Die stehende oder schreitende Figur mit der charakteristischen Haltung der Hände ist aus dem Gewirr der Glieder noch zu erkennen. Zu beiden Seiten sind außerdem noch zwei stilisierte Tiere angebracht. Das zur Linken befindliche hat einen Vogelkopf. Unter dem rechten Arm und zwischen den Füßen des Mannes steht ein ebensolches Dreiblatt wie auf dem vorher beschriebenen Berliner

Goldringe und über dem Gesicht die gleiche Inschrift ᚨ ᛚ ᚢ = ALU, nur in rechtsläufiger Ordnung. Sie muss auch hier als eine Art magische Formel aufgefasst werden, und der Brakteat wird wohl als ein Amulett getragen werden sein, wofür oder wogegen wissen wir leider nicht.

V. Die Grundlehren der Astrologie und ihre Anwendung

Wie wir schon aus den vorhergehenden Ausführungen gesehen haben, wurden Amulette und Talismane vielfach auf astrologischer Grundlage aufgebaut, und um ihre Herstellungsweise und Wirksamkeit verstehen zu können, müssen wir uns wenigstens mit den Grundbegriffen der Astrologie bekannt machen, soweit sie zum Verständnis der später folgenden Darlegungen erforderlich sind.

Zunächst: Was ist Astrologie? Astrologie ist die Wissenschaft vom Einfluss der Himmelskörper und ihrer elektro-magnetischen Auren auf das Leben der Erdenmenschen, somit ist sie in Wahrheit die Wissenschaft des Lebens. Ihr Ursprung reicht ins sagenhafte Altertum zurück; allgemein gelten die Chaldäer als die ersten Astrologen. Das älteste astrologisch-meteorologische Werk stammt nach den neuesten Forschungsergebnissen aus dem Jahre 2858 v. Chr.; weiterhin bezeugen auch die Inschriften des um 2500 Jahre v. Chr. lebenden Priesterkönigs Gudäa, dass bei der Grundsteinlegung und beim Bau von Tempeln die Stellungen der Sterne befragt wurden, ein Beweis, dass die alten Sumerer zu damaliger Zeit schon Himmelskarten besaßen und die Wirkungen der Gestirne einzuschätzen verstanden.

Die Astrologie hat dann im Laufe der Jahrtausende die merkwürdigsten Wandlungen durchgemacht. Literarisch bekannt geworden ist die chaldäische Astrologie durch die Babylonischen Geschichten des um 275 v. Chr. in Babylon lebenden Priesters Berosses, der die Griechen mit der Astrologie bekannt gemacht und auf der griechischen Insel Kos eine Astrologenschule gegründet haben soll. Von hier aus nahm dann die Astrologie ihren Weg durch die ganze Welt und hat sich bis auf unsere Zeit trotz vieler Anfeindungen nie ganz unterdrücken lassen.

Einst als *Königliche Wissenschaft* von den Weisesten aller Völker hochgeehrt und ausgeübt, sank sie zeitweilig bis zur gewöhnlichsten Wahrsagerei herab, ist aber niemals ganz verschwunden, sondern in jedem Zeitalter haben sich hervorragende Menschen, Kaiser und Könige, Fürsten, Päpste, Gelehrte und Dichter mit ihrem Studium befasst und die in ihr liegenden tiefen Wahrheiten zu finden und zu benutzen verstanden.

Was ist und soll uns die Astrologie nun sein? Prof. Boll sagt in seinem Werke Sphärea: die Astrologie ist ihrem Ursprung nach nicht Aberglaube, sondern Ausdruck und Niederschlag einer Religion und Weltanschauung von imposanter Einheitlichkeit, und Lucian sagt noch klarer: „Die Astrologie handelt nicht vom Himmel und von den Gestirnen selbst, sondern von der sich auf dieselben gründenden Wahrsagekunst und Erforschung der Wahrheit, die durch sie uns Sterblichen möglich geworden ist.“ Unser berühmter deutscher Astronom Prof. Förster schreibt in seiner Sammlung populärer astronomischer Mitteilungen:

„Dem oberflächlichen Blick wird die ganze Astrologie nichts als ein Verdruss erregender Irrtum der Menschheit sein, der tieferen Betrachtung dagegen wird sie in wichtigem Zusammenhange mit dem gesamten Gebiet der Abhängigkeitsempfindungen von höheren Mächten und als eine der reinsten Formen unter den, wie es scheint, unerläßlichen Abstufungen menschlichen Glaubens erscheinen.“

Am treffendsten können wir sie wohl als *Religion und Wissenschaft zugleich* bezeichnen und gerade ihr religiöser Grundcharakter und die in ihr enthaltenen Wahrheiten haben es ihr ermöglicht, die Jahrtausende zu überdauern, der beste Beweis für ihre Daseinsberechtigung.

Gewiss, unsere deutschen Gelehrten haben die Astrologie noch nicht als Wissenschaft anerkannt, aber was will das in der heutigen Zeit besagen, in der unsere ganze bisher als gesichert geltende Weltanschauung ins Schwanken geraten ist und unser Weltbild infolge neuer Forschungsergebnisse sich stetig verschiebt?

Erfreulicherweise können wir aber feststellen, dass die Zeit nicht mehr fern zu sein scheint, in der auch diese uralte Wissenschaft den ihr zukommenden Platz einnehmen wird; denn es mehren sich die Zustimmungen der bisher abseits Stehenden, und Gelehrte von Ruf fangen an, sich für ihre Anerkennung einzusetzen. Was Größen wie Ptolemäus, Morinus, Galilei, Kopernikus, Kepler, Newton, um nur einige Namen zu nennen, vertraten, dem wollen jetzt auch maßgebende Vertreter der Wissenschaft nachforschen, u. a. Prof. Driesch (Leipzig), Verweyen (Bonn), Dr. med. Schwab (Berlin), Dr. Carl Gruber (München), der bekannte Astronom Dr. H. H. Kritzinger und andere.

Dr. Kritzinger, der sich schon in seinem Werk: „Mysterien von Sonne und Seele“ eingehend mit der Astrologie befasst hat, schrieb in seiner „Sternschau im Januar“ (Neue Leipziger Zeitung) ausdrücklich: „Solange es sich um ernsthafte Studien der Astrologen handelt, wollen wir diesen nicht widersprechen.“ Auch in den von ihm in Nr. 4197 der „Illustr. Zeitung“ (J. J. Weber, Leipzig) veröffentlichten, äußerst interessanten Beitrag: „Wallensteins Tod und die Sterne“ bekennt er: „Wir sind heute allerdings vorsichtiger mit dem Urteil als früher geworden — dass es dergleichen nicht geben könne“ (d. h. Einfluss der Gestirne auf den Menschen). Wenn auch Dr. Kritzinger den wissenschaftlich einwandfreien Beweis noch vermisst, so ist er doch unparteiisch genug, zur Prüfung aufzurufen und zitiert aus einem Vortrage des Freiburger (Schweiz) Professors Dr. Albert Gockel über elektrische Strömungen in der Atmosphäre die bemerkenswerten Worte: „Wenn aber die Vorgänge auf der Sonne die elektrische Strömung in der Erdatmosphäre und damit auch die Witterungserscheinungen und das menschliche Befinden beeinflussen, und wenn andererseits festgestellt ist, dass die Stellung der Planeten auch auf die Vorgänge der Sonne zurückwirkt, so können wir uns schließlich auch der Ansicht zuneigen, dass selbst in dem Glauben der Astrologen ein Fünkchen Wahrheit, vielleicht am Ende einige falsch ausgelegte Beobachtungstatsachen stecken.“

Es würde den hier gesteckten Rahmen überschreiten, eine wissenschaftliche Begründung der Astrologie, soweit eine solche überhaupt möglich erscheint, zu geben, immerhin sollen einige Punkte angeführt werden, welche die kosmischen Einflüsse auf irdisches Geschehen verständlicher erscheinen lassen.

Wir wissen, dass unsere Erde ein großer Magnet ist und als solcher von einem magnetischen Kraftfeld, Erdaura, umgeben wird. Dieses Kraftfeld reicht einerseits im Inneren bis zum Erdkern hinab, andrerseits bildet es weit über die Erdoberfläche hinaus noch einen breiten elektrischen Stromring, den sogenannten Außenstrom des magnetischen Kraftfeldes, Zodiakus oder Tierkreis genannt. Unser Magnet Erde schleudert nun unaufhörlich seine Strahlungen in den Weltraum hinaus, wo diese mit den Strahlen aus dem Universum zusammentreffen, vor allem mit dem Elektronenstrom, den die Sonne der Erde zusendet. Unsere Wissenschaft hat festgestellt, dass dieser die Hauptursache für alles Geschehen auf der Erde bildet, da die Wirkung der Sonne und der Planeten auf den Erdmagnetismus gemäß ihrer jeweiligen Stellung sich einwandfrei nachweisen lässt, wobei immer der Sonne der physikalisch überragende Teil zukommt. Ferner stellte die Wissenschaft Schwankungen des Erdmagnetismus fest, die abhängig sind von der Deklination des Mondes in Bezug auf die Sonne, sowie in den Zeiten, wo der Mond über den Horizont oder über den Meridian geht.

Wenn wir nun an den Einfluss des Mondes auf Mondsüchtige denken, an den Einfluss der Sonne auf alles Gedeihen auf der Erde, an die Wirkungen der Sonnenflecken in bestimmten Rhythmen, wenn wir ferner beachten, dass gewisse Mond-Sonnenstellungen unbezweifelbare Einflüsse auf irdisches Geschehen, auf Stimmungen, Nervosität, epileptische Anfälle, usw. ausüben, so ist von hier bis zur Annahme solcher Einflüsse auch auf unser Leben und dessen Verlauf der Weg wirklich nicht mehr weit. Unterstützt wird diese Annahme durch ein weiteres Zugeständnis seitens der Gelehrten, das hier direkte Schlüsse noch wahrscheinlicher macht — die endlich erfolgte Anerkennung der menschlichen Ausstrahlung (Od), die von dem verdienstvollen Forscher Reichenbach schon im verflossenen Jahrhundert festgestellt wurde.

Der französische Physiker Prof. Georges Lakhovsky hat nämlich durch Experimente den Nachweis geführt, dass der menschliche Körper ständig Strahlen aussendet, die ihrer Art, ihrer Wellenlänge und ihrer Frequenz nach den elektro-magnetischen Strahlen nicht unähnlich sind. Nach seiner Ansicht unterliegt es keinem Zweifel, dass die Annahme von der Existenz dieser biologischen Strahlen ebenso berechtigt ist wie etwa das Vorhandensein der Alpha- oder Gammastrahlen, die das Radium entsendet. Da der Naturforscher Prof. d'Arsonval erst kürzlich in der französischen Akademie der Wissenschaften einen Bericht über diese Experimente Lakhovkys vorgelegt hat und in durchaus bejahendem Sinne dafür eintrat, so ist das insofern bedeutungsvoll, als es das erste Mal ist, dass die immer als Fantasieprodukt angesehene Theorie der menschlichen Strahlungen endlich ernsthaft von den Naturwissenschaftlern erörtert wurde.

In seinem neuesten Werk: „Das Geheimnis des Lebens". Kosmische Wellen und vitale Schwingungen, München 1931, schreibt Prof. Lakovsky auf Seite 207 … Bemerkt sei, dass in Anbetracht des vielfachen Durcheinanders der elektrischen Felder astralen Ursprungs die Ausrichtung der Moleküle sowohl längs einer Kraftlinie erfolgen konnte, die von der Sonne ausging, wie auch nach einer solchen, die vom Mond, vom Mars, vom Jupiter oder jedem anderen Planeten oder Fixstern ausging.

Dank dieser Theorie scheint sich für die unbewussten Trugbilder der Astrologie, wonach jedem lebenden Wesen die Bewegungen eines Planeten oder einer Konstellation entsprechen sollen, eine Art wissenschaftlicher Grundlage zu ergeben. „Unter einem guten Stern geboren zu sein“: es scheint nicht mehr vollkommen absurd, dass eine Zelle ›unter dem Zeichen‹ einer Konstellation entstanden sei.“

Wenn wir nun unsere menschliche Ausstrahlung, Aura, in Verbindung gesetzt denken mit dem Netz kosmischer Wellen, die alle Richtungen des Raumes und sogar die Räume zwischen den Gestirnen durchfluten, mit den elektro-magnetischen Strahlen des gesamten Kosmos und annehmen, dass ja nicht alles, was diese menschliche Aura und unsere Nervenzellen an Reizen empfangen, unserer sinnlichen Wahrnehmung bewusst werden muss, sondern unbemerkt unseren körperlichen wie seelischen Zustand beeindrucken kann, also auch unsere Charakterveranlagung und Impulse des Handelns-, die zu Glück oder zu Missgeschick führen und dadurch Schicksal schaffen können — wenn wir weiter bedenken, dass alle Vorbedingungen hierzu in uns vorhanden sind, sobald wir eine Urkraft und das Verbundensein aller mit allem annehmen wollen, so wird uns die Grundidee der Astrologie immer klarer vor Augen treten.

Den alten Mystikern und den vorurteilslosen Erforschern der okkulten Probleme verkünden wir hiermit durchaus nichts Neues, das alles sind ihnen längst vertraute Tatsachen, denn für sie ist die Frage des Einwirkens der Gestirne auf menschliches Geschehen längst im rechten Sinne gelöst, und wenn die Menschen der Jetztzeit nur hören wollten, was Weise unserer Tage lehren, so gäbe es für sie hier längst keine Unklarheiten mehr.

Hören wir einmal, was Bö Yin Râ, der hervorragende Lebenslehrer unserer Zeit, hierzu in seinem Buch: „Okkulte Rätsel“ (Leipzig, 1923) ausführt:

„Es handelt sich (bezüglich der wirklichen Ursachen der Wirkungen der Sterne) um nichts Geringeres als die Erkenntnis, dass die Stellung der Gestirne nur deshalb für den Astrologen so wichtig ist, weil sie die einzig mögliche Bestimmung gewisser Wirkungspunkte darstellt, die innerhalb der Erdaura zu suchen sind …

Vom Erdinnersten aus entquellen in rhythmischen Intervallen gleichzeitig gewisse Energieströme, die von innen nach außen und sodann zurück ins Innerste kehrend, alle Schichten der Erdaura durchwandern, gleich den Meeresströmen der irdischen Ozeane.

Der Rhythmus des Aussendens und Einziehens dieser Ströme ist völlig abhängig von der Stellung der Erde zur Sonne, sodass in Wahrheit die Sonne der einzige Himmelskörper ist, der wirklich auf irdisches Geschehen, auf Schicksale der Erdbewohner auch im Seelischen einwirkt, wenn auch der Mond als ihr Reflektor dabei sehr bedeutsam wird.

Je nach der Kombination der Kräfteströme in der Erdaura, die diese Grundform gab, werden alle nur möglichen Kombinationen in jeder Sekunde des Erdenlebens eines so beeindruckten Wesens durchaus besondere Beziehungen zeigen und dadurch eben den Lebenslauf sehr verschieden gestalten.

Der Sprachgebrauch kann solchen Einfluss an *Gestirne* binden und deren Namen — der oft in ursächlichem Zusammenhang mit gleichzeitig beobachteten aurischen Strömen steht — zur Bezeichnung gewisser Einflüsse verwenden, allein die Sterne sind es wahrlich nicht, was hier auf Erden Schicksal schafft, so sehr auch wohl bei manchen astrologisch Forschenden die konstatierte Wirkung eines Kräftestromes dieser Erd-Aura, als eng verbunden wahrgenommen mit einer Konstellation der Sterne, nun diesen selbst nach alter Lesart zugeschrieben werden mag.

Auch aller älteste Weisheit wusste wohl nur diesen wahren Zusammenhang, nur wurde solche Erkenntnis schon in früher Vorzeit völlig verwischt.“

„Wie an dem Tag, der dich der Welt verlieh’n,
Die Sonne stand zum Gruße der Planeten,
Bist all sobald und fort und fort gedieh’n,
Nach dem Gesetz, wonach du angetreten.
So musst du sein, dir kannst du nicht entflieh’n,
So sagten schon Sybillen, so Propheten,
Und keine Zeit und keine Macht zerstückelt
Geprägte Form, die lebend sich entwickelt.“

Diese Worte Goethes (durch den übrigens auch Schiller zur Astrologie kam, die er dann später in seinem „Wallenstein“ verwertete), zeigen uns, dass auch dieser überragende Geist, unvoreingenommen und unbeeinflusst durch die ablehnenden Urteile seiner Zeitgenossen, um diese Zusammenhänge wusste und sie bewertete. —

Der Mensch wird in unsichtbare elektrische und magnetische Kraftstrahlungen hineingeboren, mit denen er sich nun im Leben abzufinden hat, er wird beeindruckt, wie eine Grammofonplatte, durch harmonische und disharmonische Wellen und je nach dem Ton der jeweils durch die Stellungen der Himmelskörper zueinander ausgelöst wird, hat er gute und schlechte Perioden zu überstehen; wohl dem, dessen Grammofonplatte nicht allzuviel Dissonanzen aufweist!

Es erhält also jedes Lebewesen im Augenblick seiner Geburt seine elektromagnetischen Einflüsse aufgeprägt, und dieser Augenblick ist von solchem Einfluss, dass aus dem Stand der Sterne im Augenblick der Geburt eines Menschen Wesen, Leben und Schicksal bestimmt werden kann.

Auf den Gestirnstand zurzeit und am Orte der Geburt wird nun ein Himmelsbild, ein sogenanntes Horoskop, auch Geburtsbild oder Nativität genannt, mittels mathematisch-trigonometrischer Berechnungen aufgebaut und nach dem Himmelszeichen, in welches die Sterne zu stehen kommen, nach ihrer Stellung und Bestrahlung zueinander, ihren Aspekten usw. wird nach vor Jahrtausenden von den Chaldäern aufgestellten und durch erfahrene, neuzeitliche Astrologen nachgeprüften und erweiterten Regeln die Deutung des Wesens, Charakters, Lebenslaufes und Schicksals des in diesem Augenblicke geborenen Menschen vorgenommen.

Wie die im Moment der Prägung bestehenden Sternstellungen mithilfe von jährlich erscheinenden astrologischen Jahrbüchern, Tabellen und mathematischen Berechnungen festgestellt werden, können wir hier nicht im einzelnen darlegen, da dies zu weit führen würde; alles Notwendige darüber findet der Leser in den im Literatur-Verzeichnis aufgeführten astrologischen Lehrbüchern, doch wollen wir an dieser Stelle wenigstens die Grundlagen zu den astrologischen Berechnungen kurz erklären, soweit dies zum Verständnis der nachfolgenden Ausführung nützlich sein kann. Zu diesem Zweck müssen wir zunächst einige astronomische Begriffe auseinandersetzen und die gebräuchlichsten Benennungen und ihre astrologischen Bezeichnungen und Symbole anführen.

Die Astrologie rechnet als Hauptgestirne mit der Sonne (☉), dem Mond (☽), die beide der Einfachheit wegen auch als Planeten bezeichnet werden, Mars (♂), Jupiter (♃), Saturn (♄), Venus (♀), Merkur (☿), Uranus oder Herschel (♅) und dem Neptun (♆), außerdem werden in Betracht gezogen die Mondknoten, auch Drachenkopf (☊) und Drachenschwanz (☋), genannt, das Glücksrad (⊕) und die verschiedenen Fixsterne, wie Algol, Spika, Antares, Regulus, usw.

Im Mittelpunkt unseres Planetensystems steht, wie wir alle wissen, die Sonne, um die alle anderen Himmelskörper sich bewegen. Im Laufe von zwölf Monaten hat nun unsere Erde die Sonne einmal umkreist, uns Menschen erscheint es aber von der Erde aus, als ob die Sonne am Himmel fortschreitet, und man spricht deshalb von einer scheinbaren Sonnenbahn, die man Ekliptik nennt.

In dieser Ekliptik befindet sich als breiter Gürtel der schon erwähnte Zodiakus oder Tierkreis, der von alters her in 12 Abschnitte (Kraftfelder) eingeteilt wird, die mit folgenden Namen und Symbolen bezeichnet werden: Widder ♈, Stier ♉, Zwillinge ♊, Krebs ♋, Löwe ♌, Jungfrau ♍, Waage ♎, Skorpion ♏, Schütze ♐, Steinbock ♑, Wassermann ♒ und Fische ♓.

Dieser Tierkreis wird, wie jeder Kreis, in 360 Grade eingeteilt, sodass jedes Zeichen 30 Grade umfasst; zu zählen beginnt man hierbei am Widderpunkt, d. h. an der Stelle, an welcher die Sonne zum Frühlingsanfang jedes Jahres steht, und von wo aus sie ihre scheinbare Bahn durch den ganzen Tierkreis im Laufe eines Jahres beginnt, wobei sie in jedem Zeichen etwa einen Monat verbleibt. Da nun etwa alle 4 Minuten ein neuer Grad des Tierkreiszeichens am Horizont eines jeden Ortes aufsteigt, so werden während der 24 Stunden eines Tages 360 verschiedene Typen von Menschen geboren und im Laufe eines Jahres viele Tausende, von denen jeder ein anderes Horoskop hat, je nach dem Grade des Zeichens, in dem er geboren ist und nach dem Stand der Sonne und der übrigen Planeten im Augenblick seiner Geburt. (Hieraus ersieht man, wie wichtig es ist, die genaue Zeit der Geburt zu wissen, um ein auf wissenschaftlicher Grundlage berechnetes Horoskop aufstellen zu können.)

Die vorerwähnten 12 Zeichen des Tierkreises werden nun ihrem Einfluss entsprechend als feurige, luftige, wässerige und Erdzeichen bezeichnet.

Jedes dieser Zeichen beeinflusst nach astrologischer Lehre einen bestimmten Teil des menschlichen Körpers und wird wiederum von einem

Planeten beherrscht, d. h. ein zur Zeit der Geburt in diesem Zeichen stehender Planet übt dort eine besonders starke Wirkung seiner ihm eigentümlichen Strahlung aus.

Wir veranschaulichen dies in nachstehender Tabelle, die folgendermaßen zu lesen ist: z. B. das Zeichen Widder ist ein feuriges Zeichen, beeinflusst besonders den Kopf und das Gesicht des Menschen und hat zum Herrscher den Planeten Mars, d. h., wenn der Mars im Zeichen Widder steht, so bringt er seine Eigenschaften (Tatkraft, Leidenschaft, Zorn) besonders stark zur Geltung; oder: das Zeichen Löwe ist ein feuriges Zeichen, beeinflusst besonders Herz und Rücken des Menschen und hat als Herrscher die Sonne, oder man sagt auch: das Zeichen Löwe ist das Haus der Sonne, und wenn sie im Zeichen Löwe steht, befindet sie sich in ihrem Hause, d. h. sie steht in einem ihrer Natur entsprechenden Zeichen, und ihre Wirkung ist hier natürlich viel stärker, als wenn sie z. B. in den Zeichen Wassermann, Fische oder Krebs stehen würde, die eine ihrer feurigen Natur ganz entgegengesetzte Wirkung ausüben.

Das Aufstellen eines Horoskopes

Beim Aufstellen eines Horoskopes muss zunächst festgestellt werden, unter welchem Tierkreiszeichen ein Mensch geboren wurde.

Wie schon erwähnt, steigt etwa alle 2 Stunden ein neues Tierkreiszeichen am Horizont eines jeden Ortes auf, wir müssen also zuerst berechnen, welches Zeichen und welcher Grad dieses Zeichens im Augenblick der Geburt am Osthorizont des Geburtsortes der Person, deren Horoskop wir berechnen wollen, im Aufstieg begriffen war.

Dies geschieht unter Berücksichtigung der geografischen Lage des betreffenden Ortes. Ist dieser Punkt festgestellt, welchen man den Aszendent, d. h. Aufgang nennt, so teilt man mittels weiterer Berechnungen den Himmel rund um die Erde herum in 12 Abschnitte, Häuser, Felder oder Orte genannt, wie vorstehende Abbild. 46 veranschaulicht, die man den sphärischen Aufriss oder das Schema eines Horoskopes nennen kann.

Der äußere Kreis soll den in der Ekliptik liegenden Tierkreis darstellen, der mittlere Kreis bezeichnet die Erde mit dem Geburtsort, XX den am Osthorizont aufgehenden Punkt, den vorerwähnten Aszendent, auch Aufgang oder Anfang des ersten Hauses genannt, von dem aus die Einteilung in die 12 Häuser des Horoskopschemas vorgenommen wird.

Dieser Punkt ist nebst dem zehnten Haus der wichtigste des ganzen Horoskopes, denn er zeigt das Zeichen an, in welchem (wie man sagt) die betreffende Person geboren ist; weitere maßgebende Häuser sind das gegenüberliegende siebente und das in der Himmelstiefe gelegene vierte, also die vier Eckhäuser.

(Auf unserer Zeichnung ist Osten links und Westen rechts, weil wir uns bei Aufstellung einer Horoskopfigur stets das Gesicht nach Süden gerichtet vorstellen müssen, während bei unseren gewohnten Landkarten das Gesicht stets nach Norden gerichtet ist.)

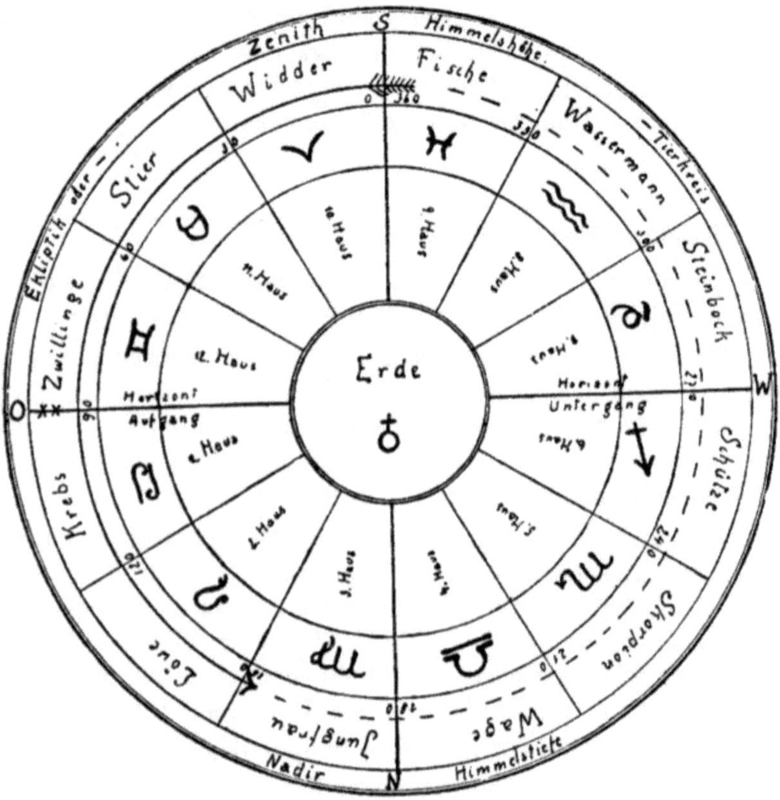

Abbild. 46.

Grad°	Tierkreiszeichen	Element	Körperteil	Herrscher
0 – 30°	Widder – ♈	Feuer	Kopf und Gesicht	Mars
30 – 60°	Stier – ♉	Erde	Hals und Nacken	Venus
60 – 90°	Zwillinge – ♊	Luft	Lungen und Arme	Merkur
90 – 120°	Krebs – ♋	Wasser	Magen und Brust	Mond
120 – 150°	Löwe – ♌	Feuer	Herz und Rücken	Sonne
150 – 180°	Jungfrau – ♍	Erde	Gedärme und Bauchhöhle	Merkur
180 – 210°	Waage – ♎	Luft	Lenden und Nieren	Venus
210 – 240°	Skorpion – ♏	Wasser	Geschletsorgane und Blase	Mars
240 – 270°	Schütze – ♐	Feuer	Schenkel und Hüften	Jupiter
270 – 300°	Steinbock – ♑	Erde	Knie	Saturn
300 – 330°	Wassermann – ♒	Luft	Schienbeine und Knöchel	Uranus
330 – 360°	Fische – ♓	Wasser	Die Füße	Neptun

Die zwölf Häuser des Horoskopes

Wir lassen zunächst eine kurze Charakteristik der vorerwähnten Häuser folgen, um zu zeigen, welche Schlüsse man aus ihnen, bzw. den in ihnen stehenden Planeten, zu ziehen hat.

Das erste Haus gibt besonders Aufschluss über die Grundlage des Charakters, über die ganze Persönlichkeit selbst, über ihr Temperament, ihre Neigungen, überhaupt über die Grundlagen ihres Geschickes.

Das zweite Haus bezieht sich auf die Vermögensverhältnisse, Reichtum oder Armut.

Das dritte Haus gibt Auskunft über Geschwister und Verwandte, kleine Reisen, wichtige Schriftstücke und alles, was mit Schriftstellerei zusammenhängt.

Das vierte Haus, Himmelstiefe, unterer Himmel, Immum coeli genannt, betrifft das Elternhaus, die Eltern selbst, deren Vermögen, überhaupt die Heimat; ferner zieht man daraus Schlüsse über die Verhältnisse, in denen sich der Geborene am Ende seines Lebens befinden wird.

Das fünfte Haus spricht über die Kinder, deren Anzahl, Glück und Geschick, über Spekulationen, Glück in der Lotterie und im Wetten.

Aus dem sechsten Haus urteilt man über die Körperbeschaffenheit, Krankheiten und Gebrechen des Geborenen, über die Verwandtschaft, über Diener und Untergebene, insbesondere Frauen.

Das siebente Haus, Deszendent, Untergang genannt, gibt Auskunft über alle Liebes- und Eheangelegenheiten, Handel und Wandel, über das sexuelle Leben. Auch über Teilhaberschaften, Prozesse, Stellung in der Öffentlichkeit u. dgl.

Das achte Haus ist das Todeshaus. Es gibt Aufschluss über die Todesursache sowie die Art des Todes, über Erbschaften und Vorteile durch den Tod anderer, über Legate und verschiedene Geheimnisse.

Das neunte Haus ist das Haus der Intelligenz und lässt Schlüsse zu auf die Begabung, Religion, Moral, Träume des Geborenen.

Das zehnte Haus, Himmelsmitte, Medium coeli, neben dem ersten Haus das wichtigste, gibt Auskunft über den Stand, Beruf, Macht, Ehren, Würden, Taten, Handlungen und Studien des Geborenen, über die Mutter, sowie über große Reisen.

Das elfte Haus ist das Haus der Freundschaft; man urteilt aus ihm über Freunde, deren Charakter, Dauer der Freundschaften, über Protektionen, Gönner, Gewinn aus der Freundschaft, auch über das Vermögen der Mutter und der Kinder.

Das zwölfte Haus lässt über Unglücksfälle, Feinde, Kriminalprozesse, Kerkerstrafen, Unehre und Verlassenheit, Sorgen und dgl. urteilen. —

Charakteristisches über die zwölf Tierkreiszeichen

Es folgen nun einige kurze Angaben über die Eigenschaften und Wirkungen der zwölf Tierkreiszeichen, wie sie durch Erfahrungen und Erkenntnisse von alters her überliefert wurden.

Das Zeichen Widder, 0-30 Grad des Tierkreises einnehmend. Die unter diesem Zeichen Geborenen, d. h. deren Aszendent (das erste Haus) in diesem Zeichen steht, sind ernst und bestimmt, ehrgeizig, freigebig, mit magnetischer Kraft begabt, haben wenig Liebe für Weiber und Kinder, schwärmen für Schönheit, Ordnung und Harmonie. Sie sind selten eingebildet, aber fahrig, nervös und wankelmütig. Im Durchschnitt verleiht das Zeichen Widder eine feurige, sehr energische, aber etwas rastlose Natur. Durch voreiliges, meist ganz unüberlegtes, impulsives Urteilen und Handeln verursachen sie sich selbst Verluste und Unglücksfälle.

Das Zeichen Stier, 30-60 Grad, gibt den unter ihm Geborenen die wenig angenehme Gabe, schwer im Leben vorwärtszukommen. Der Stiergeborene ist sehr exakt, sehr kritisch und jähzornig veranlagt, wodurch er sich oftmals Feindschaft und Unbeliebtheit zuzieht. Dabei ist er wenig geldgierig und eigennützig. Im Allgemeinen herrscht bei den Stierbeeinflussten das irdische Element vor, eine gute Konstitution, oft der Liebe sehr ergeben. Großes Selbstbewusstsein, Neigung zu praktischen Betätigungen, Beharrlichkeit, Zähigkeit und entschiedenes Durchdringen in einer einmal begonnenen Sache sind neben äußerster Dickköpfigkeit die Haupteigenschaften, die dieses Zeichen verleiht.

Das Zeichen Zwillinge, 60-90 Grad; Zwillingsgeborene besitzen meist eine Doppelnatur, sie sind anders im Wort und anders in der Tat, oft unwahr und neigen zur Lüge. Sie sind sehr unentschieden in ihren Handlungen, aber freigebig, freundlich und zuvorkommend, Freunde aller schönen Künste und Wissenschaften, aufopfernd gegen ihre Freunde und haben großes Redetalent. Ihr Hauptfehler ist in dem Zersplittern ihrer Kräfte und in ihrer großen Unrast zu suchen, sowie in ihrer Neigung, alle Dinge ins Extrem zu treiben. Die Frauen dieses Zeichens neigen besonders zur Hysterie, die Männer zur Neurasthenie. Beide machen sich und anderen dann das Leben unnötig schwer.

Das Zeichen Krebs, 90-120 Grad. Die unter diesem Zeichen Geborenen sind klug, reiseliebend, kapriziös und wechseln sehr oft ihre Ansichten. Sie zeichnen sich durch rasche Auffassungsgabe aus, sind eigensinnig und können sich nur schwer unterordnen. Die Frauen dieses Zeichens sind noch unbeständiger als die Männer; sie lieben ihr Heim und ihre Kinder sehr, wechseln aber leicht mit ihren Freundschaften, sind große Geldanbeter und lieben den Luxus und äußeren Aufwand. Sonst sind die im Krebs Geborenen stille, ruhige Charaktere, zurückhaltend, ziemlich empfänglich, dabei furchtsam und veränderlich, ungeduldig, fantastisch und schwärmerisch und haben selbst viel unter ihren oft wechselnden Stimmungen und Launen zu leiden.

Das Zeichen Löwe, 120-150 Grad. Löwengeborene sind meist gutherzig und freigebig, sowohl praktisch als philosophisch veranlagt, lieben sehr die Natur, häuslichen Komfort und eine gut besetzte Tafel. Das Lernen macht ihnen wenig Freude, dabei planen sie stets mehr als sie ausführen können. Ihr Hauptfehler ist ihre Listigkeit. Sie haben ein hitziges Temperament, sind ehrgeizig, im Verkehr mit dem anderen Geschlecht zu leicht erregt, unbeständig in der Liebe, aber ehrlich und rechtschaffen, widerstehen allen misslichen Zufällen im Leben und behaupten ihre Freiheit und ihren unabhängigen Geist.

Die Jungfrau, 150-180 Grad. Jungfraugeborene haben einen philosophischen Geist und werden oft gute Redner, Redakteure oder Chemiker; etwas selbstsüchtig hängen sie meist einer materialistischen Weltanschauung an, sind stolz, anständig, freundlich und sympathisch, haben große Neigung zum Kritisieren und große Liebe zum Geld. Im ganzen große Nützlichkeitsmenschen mit scharfsinnigem Unterscheidungsvermögen, die aber mehr analysierend und konstruierend als neu schaffend wirken.

Die Waage, 180-210 Grad. Die unter diesem Zeichen Geborenen sind energisch, ehrgeizig und gerecht. Sie gehen gern ihren eigenen Weg und verstehen es meisterhaft, die ihnen von der Natur verliehenen Gaben zu ihrem Vorteil auszunützen. Geldgeschäften gewöhnlich abgeneigt, gehen sie mit ihrem eigenen Geld oft zu sorglos um, sind stets hilfsbereit und human. Sie sind sehr feinfühlig, erscheinen daher oft launenhaft und verlegen, sind aber sehr lebensfroh, genusssüchtig und meist eitel. Der Waagegeborene ist der Denker und nimmt gern die Führung; ohne sich in Nebensächlichkeiten zu verlieren, behandelt er gern alle Dinge von großen Gesichtspunkten aus.

Der Skorpion, 210-240 Grad, verleiht ungemein starke Willenskraft und Positivität. Diese Personen sind oft sehr gefühllos, unsympathisch, abweisend, äußerst bestimmt in ihrem Auftreten, herrschsüchtig und sehr streng. In Rede und Schrift sind sie prägnant und lieben keine Umschweife. Sie zeigen sich, wenn es ihnen Vorteil bringt, gern von der angenehmen Seite und sind dann sehr liebenswürdig, können aber unbarmherzig und grausam sein. Als Feinde sind sie sehr zu fürchten, da sie wohl äußerlich vergeben, aber nie vergessen können. Sie neigen zum Lebensgenuss in verfeinerter Form, lieben große Reisen und haben mit ihren eigenen Angelegenheiten gewöhnlich so viel zu tun, dass ihnen für ihre Mitmenschen nur wenig Zeit übrig bleibt. Ihre Hauptfehler sind Zorn, Leidenschaftlichkeit und Eifersucht; in jeder Beziehung sind sie ganz eigenartige Charaktere und man kann deutlich zwei Arten, den niederen und den höheren Skorpion-Typus unterscheiden.

Der Schütze, 240-270 Grad. Diese Personen sind unternehmend und weitschauend, mutig, nett und ordentlich, sehr sorglich in ihren Geldangelegenheiten, aber nicht geizig. Sie zeigen Talent und Liebe zur Musik, sind den Geheimwissenschaften sehr zugeneigt und besitzen eine große Fantasie und Intuition. Sie sind rasch zufriedengestellt und hoffnungsvoll, fühlen sich leicht beleidigt, sind aber schnell versöhnt. Sie lieben leidenschaftlich und fühlen sich seelisch und körperlich nur wohl in liebevoller Umgebung. Schützenkinder besitzen große Neigungen zu Leibesübungen und allerhand Sport und sind im Allgemeinen sympathisch in ihren Worten und Handlungen.

Der Steinbock, 270-300 Grad, zeichnet seine Kinder durch tiefes Denkvermögen, vorzügliches Gedächtnis, Geschäftstalent und großes Repräsentationsvermögen aus. Jede Schmeichelei ist ihnen zuwider, sie lieben auch keine Zärtlichkeiten, besitzen scharfen Verstand, sind beharrlich, ernst und sehr zurückhaltend. Ihr Vorwärtskommen im Leben verdanken sie einzig und allein ihrem Organisationstalent, ihrem starken Verantwortlichkeitsgefühl sowie ihrer Mühe und Beharrlichkeit. Manchmal neigen sie ohne Grund zum Pessimismus und sollten deshalb ganz besonders nur Gedanken der Zuversicht, des Selbstvertrauens und der Hoffnung hegen.

Der Wassermann, 300-330 Grad. Diese Personen sind mehr materialistische Denker, neigen sehr zu Äußerlichkeiten, wie Titeln und klingenden Namen, sind körperlich oft träge, unpünktlich und haben eine besondere Neigung zum Studium der menschlichen Natur. Dabei sind sie sehr bestimmt und lassen sich in keiner Weise beeinflussen oder in ihrer Lebensführung beschränken, sind auch meist von nobler Gesinnung, ehrlich und gütig; sie verfügen über eine große Beweglichkeit ihrer Gefühle und Gedanken, besitzen ein sehr angenehmes Benehmen und haben große Inspirations- und Divinationsgabe.

Die Fische, 330-360 Grad. Das 12. Tierkreiszeichen verleiht eine tief innerlich empfindende Natur, die gern sorgt und leidet für alle, die in ihren Umkreis treten. Diese Personen sind sehr duldsam und sanft, können aber plötzlich außerordentlich widerspenstig werden und sind dann allen vernünftigen Gründen unzugänglich. Sie sind oft sehr pessimistisch und haben Stunden der tiefsten melancholischen Bedrückung, in denen sie schwer an nervösen Angstzuständen leiden und sich mit Selbstmordgedanken tragen. Sie leiden ganz besonders unter unsympathischer Umgebung und sind oft unlogisch im Sprechen infolge einer gewissen fahrigen Unruhe und Kopflosigkeit. Im Allgemeinen sind sie mediumistisch veranlagt und neigen überhaupt mehr zur geistigen Seite des Lebens; sie sind „die stillen Wasser, die tief sind“.

Diese kurzen schlagwortartigen Angaben erschöpfen naturgemäß in keiner Weise die Ausdeutungsmöglichkeiten, die jedes einzelne Tierkreiszeichen bietet, sie sollen dem Leser nur einen oberflächlichen Einblick in die jedem Zeichen zugrunde liegende Idee geben. Außerdem ändern sich die Auswirkungen der Zeichen nach der Art und Stellung der in ihnen befindlichen Planeten, deren gegenseitiger Bestrahlung, Aspektierung, nach dem Horoskophaus, das jedes Zeichen innehat, u. a. M. Denn auch die Position jedes Planeten und deren Aspekte müssen auf die Geburtszeit berechnet werden, bevor man sie in die aufgestellte Horoskopfigur eintragen kann, und erst das Gesamtbild aller dieser Faktoren ist dann auszudeuten, *zu lesen*, wie der Astrologe es nennt.

Diese Erklärungen müssen hier genügen, da wir ja kein Lehrbuch der Astrologie schreiben, sondern nur die Grundlagen zum Verständnis eines Horoskops klarlegen wollen.

Wir bringen jetzt noch eine fertige Horoskopfigur und geben einige Erläuterungen dazu, wonach alles gesagt sein dürfte, was zu vorgenanntem Zweck in Betracht kommen kann.

Abbild. 47 stellt dar die Horoskopfigur, das Horoskop, die Nativität, das Himmelsbild oder wie immer der einzelne es nennen mag, eines am 27. Juli 1928, vormittags 9 Uhr 15 Minuten, bei Basel geborenen Mädchens, das also im Zeichen Jungfrau (♍) geboren ist, genau 19 Grad 40 Minuten dieses Zeichen, d. h. im Augenblick der Geburt stieg am Osthorizont dieser Grad des Tierkreiszeichens ♍ auf. Der sogenannte Aszendent oder die Spitze des ersten Horoskophauses ist also in 19 Grad 40 Minuten ♍ gelegen.

(Ich schreibe dies absichtlich so ausführlich, weil ich aus zahlreichen Zuschriften sah, dass die Leser immer wieder im Irrtum waren, „unter welchem Zeichen sie geboren waren“, und oft meinten, das Zeichen, in dem die Sonne bei der Geburt stand, müsse nun auch ihr Geburtszeichen sein, ihr Aufgangszeichen oder das für ihr Horoskop maßgehende Zeichen.

Hierzu möchte ich noch bemerken: Die Sonne steht, wie bereits angegeben, in jedem der zwölf Tierkreiszeichen etwa je einen Monat. Wenn also das Zeichen, in welchem sich die Sonne gerade bei der Geburt befindet, das Geburtszeichen wäre, so brauchte man ja, nach Art der Jahrmarkts-Astrologen, für jeden Menschen, der im gleichen Zeitraum, während dessen die Sonne sich in einem Zeichen aufhält, also während 30 Tagen, nur immer das gleiche Horoskop zu nehmen.

Wir haben aber bereits vorher bemerkt, dass alle zwei Stunden am Osthorizont jedes Ortes ein anderes Zeichen aufsteigt und alle vier Minuten ein anderer Grad dieses Zeichens — somit dürfte nun klargestellt sein, dass das Zeichen, welches am Osthorizont zur Geburtsminute aufsteigt, das Geburtszeichen ist, und dass es also unrichtig ist, zu behaupten, z. B. „ich bin ein Löwengeborener, denn bei meiner Geburt stand die Sonne im Zeichen Löwe“, was aber durchaus nicht auch Aufgangszeichen, Aszendent, zu sein braucht, da sich dies, wie wir gesehen haben, ganz nach der Tageszeit der Geburt richtet.)

Wir kehren nun zu unserer Horoskopfigur zurück, aus der wir weiter ersehen:

Während im Osten (wo die Sonne aufgeht) das Zeichen Jungfrau steht, finden wir im Westen (wo die Sonne untergeht) das Zeichen Fische; im Zenit, der Mittagshöhe, Medium coeli oder Spitze des X. Hauses, kulminiert das Zeichen Zwillinge und in der Himmelstiefe, Nadir oder Spitze des IV. Hauses, sehen wir das Zeichen Schütze. Die vier maßgebenden Häuser dieser Horoskopfigur liegen also in: Jungfrau — Zwillinge — Fische — Schütze, diese bilden das sogenannte *gemeinschaftliche Kreuz*, verrät uns also zunächst psychologisch eine intellektuelle Einstellung des Kindes, physiologisch können wir daraus auf sein Nervensystem Schlüsse ziehen.

Der Herr des Aufgangszeichens Jungfrau ist der Merkur (☿); er steht mitten im X. (Berufs)Haus, die Sonne (☉) dagegen im XI. (Freundes)Hause zusammen mit der Venus (♀); Saturn (♄) und Mond (☽) im III. Hause; Uranus (♅) im VII. (Ehe)Hause, Jupiter im VIII. (Todes)Hause und Mars (♂) im IX. Hause. Für alle diese Stellungen und ihr Verhältnis zueinander gibt es nun Hunderte von Deutungsregeln, die Bände füllen und für uns hier nicht zur Erklärung stehen, — ich möchte nur bemerken, dass hier ein über dem Durchschnitt günstiger Lebensverlauf angezeigt erscheint, der nur gerade so viel Ungemach andeutet, als zu gewünschter Entwicklung notwendig ist; Einzelheiten würden zu weit ab führen von der Tendenz dieses Abschnitts, wir wollen vielmehr jetzt einige Hinweise geben über

Nutzen und Verwertung der Astrologie

Die Sterne machen geneigt, aber sie zwingen nicht!
Der Weise beherrscht seine Sterne,
nur der Tor folgt ihnen blindlings.

Diese beiden Aussprüche sind uns von altersher überliefert worden und finden sich in fast allen astrologischen Lehrbüchern. Mit ihnen müssen wir uns auseinandersetzen, wenn wir die praktische Seite der Astrologie erörtern wollen.

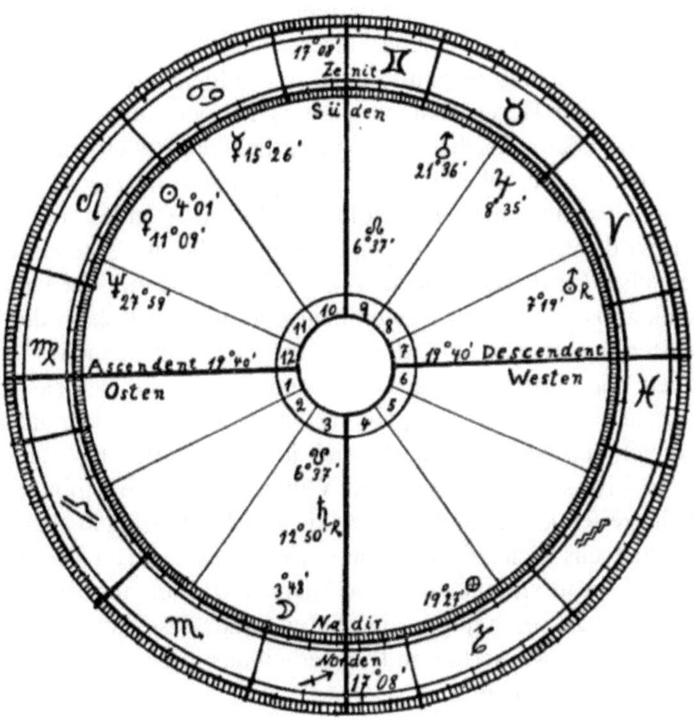

Abbild. 47.

Der letztere Ausspruch: „der Weise beherrscht seine Sterne“ (sapiens dominatur astris) stammt von dem im 13. Jahrhundert lebenden Dominikaner Thomas von Aquin, der wohl Anhänger der Astrologie war, ihr aber den Charakter der schicksalsmäßigen Gebundenheit, die damals gern verkündet wurde, nehmen wollte.

Verkündet nun die Astrologie wirklich ein unabänderliches Schicksal oder kann der Weise tatsächlich seine Sterne beherrschen?

Über diesen Punkt ist schon viel disputiert worden, ohne dass eine absolute Übereinstimmung aller Astrologen erzielt wurde. Um der Lösung dieser wichtigen Frage näher zu kommen, müssen wir davon ausgehen, was das auf den Augenblick der Geburt berechnete Himmelsbild uns andeutet bzw., verspricht und welchen Nutzen wir aus diesen Versprechungen zu ziehen vermögen.

Unzweifelhaft zeigt es uns vor allem unsere Charakterveranlagung, unsere Neigungen, unsere Triebe, unsere guten Seiten, aber auch ohne jede Beschönigung unsere Schwächen und Fehler, unsere Geistes- und Herzensgaben, die Beschaffenheit unseres Körpers, unsere Moral und Sittlichkeit mit aller wünschenswerten Deutlichkeit. Außerdem finden wir Hinweise auf unsere äußeren Lebensbedingungen, unsere soziale Stellung, unsere Erfolge und Misserfolge im Leben — alles dies, wie es verlaufen wird, wenn wir uns widerstandslos in diesem Erdendasein von den siderischen Einflüssen treiben lassen. Dies tun die meisten Menschen, die gedankenlos dahinleben, gewohnheitsmäßig, und deshalb der Spielball der Sterneneinflüsse sind, die sie entweder nicht kennen oder nicht anerkennen. Sie geben sich gar keine Mühe, gegen ihr Schicksal anzukämpfen, sie finden sich stumpfsinnig damit ab und beschränken sich darauf, diejenigen zu beneiden, die sich ihr Leben erfolgreich gestalten. Dass es so etwas wie Energie und Willensanstrengung gibt, die hier helfend eingreifen könnten, das ahnen sie vielleicht, bringen aber infolge ihrer Trägheit gar nicht die Kraft auf, zielbewusst davon Gebrauch zu machen, und wenn sie einmal einen Anlauf dazu nehmen, so geschieht dies dann meist zu solch ungünstigem Zeitpunkt, dass ihnen jeder erfahrene Astrologe den Misserfolg mit Sicherheit aus ihrem Horoskop heraus hätte vorhersagen können.

In Wirklichkeit haben wir aber die Möglichkeit, gegen die ungünstigen Gegebenheiten anzugeben. Dadurch, dass ich weiß, was mir droht, habe ich schon eine gute Abwehrwaffe zur Verfügung. Wenn ich aus meinem Horoskop ersehe, welche Schwächen ich im Charakter habe, zu welchen Fehlern ich neige, so weiß ich auch, wo ich den Hebel anzusetzen habe und muss meine ganze Willenskraft aufbieten, um dem entgegenzuarbeiten. Es hängt dann von mir ab, ob ich meinem Schicksal, das aus diesen Veranlagungen entspringt, gewachsen bin oder nicht. „Erkenne dich selbst“, stand über dem Tempel in Delphi als Alpha und Omega aller Lebensweisheit, und das Streben nach Erkenntnis seines *Selbst*, so oft es auch irrtümlich gedeutet wurde, ist heute noch ebenso der erste Schritt zur Beherrschung seines Schicksals wie ehedem. Wer sich selbst bezwingt, der bezwingt auch sein Schicksal. Nicht mit Wünschen baut man sich sein Glück auf, nur mit Einsetzung seiner ganzen Willenskraft und mit dem Glauben an sein Glück! Jeder Misserfolg im Anfang darf uns nicht entmutigen, sondern wir müssen aus ihm lernen und so aus ihm eine Stufe zum

Aufstieg machen. „Ich will sein, was ich sein will"! „Mein Leben muss zu Erfolg und Glück führen" — das sind Worte, die sich Männer, deren Erfolge wir anstaunen, immer wieder eingehämmert haben und die sie auch in den Stand setzten, die günstigen Chancen, die ihnen das Leben bot — und jedem werden ein oder selbst mehrere Male im Leben solche Chancen geboten —, dann voll für sich auszunutzen.

Keine Wissenschaft kann dem Menschen eine bessere Möglichkeit hierzu bieten als die Erkenntnis der in der Astrologie begründeten Wahrheiten.

»Es gibt, wie in der Natur, Gezeiten im Leben des Menschen, und weiß er die Flut zu nützen, dann hebt sie ihn empor zum Glück«, sagt Shakespeare.

Wir sollen gewiss nicht in dem Streben nach Gelderwerb aufgeben, aber wir haben die selbstverständliche Pflicht, unsere Kenntnisse in vernünftiger Weise auszunützen und in dem harten Lebenskampf, in den wir gestellt sind, alle uns gebotenen Chancen wahrzunehmen, die uns unser Horoskop aufweist. Gute Konstellationen, die Erfolge versprechen, sollen wir ausnützen, schlechten aus dem Wege zu gehen suchen, indem wir zu solchen Zeiten nur mit äußerster Vorsicht uns in Unternehmungen der angedeuteten Art einlassen. Das gebietet uns die einfachste Lebensklugheit!

Ein weiteres Gebiet, auf dem uns die Astrologie wertvolle Fingerzeige gibt, ist die Erziehung unserer Kinder, indem sie uns Einblicke in die Kinderseele gestattet, die vor falschen Maßnahmen schützen und den Daseinsweg des Kindes von vornherein vor vielen Irrwegen bewahren lehren. Die guten Anlagen werden unterstützt, die Schwächen mit liebevoller Einsicht ausgeglichen, der passendste Beruf — nicht der, den die Eltern gern sehen — kann ausgewählt werden und vieles wird verziehen werden, was sonst als schweres Vergehen gewertet würde, wenn wir wissen, unter welchen ungünstigen Einflüssen das Kind unbewusst stand, als dies oder jenes geschah.

Auch für die Heilkunde ist die Astrologie von höchstem Wert. Das Horoskop zeigt dem Arzt nicht nur die ganze Veranlagung des Kranken, seine Konstitution, die besonders empfindlichen Organe, sie gibt ihm auch deutliche Fingerzeige, welche Mittel und Methoden hier erfolgreich anzuwenden sind, welche Reisen oder Kuren, welche Art von Heilmitteln, allopathische, homöopathische, Kräuter, elektrische Bäder, usw., der ganzen Persönlichkeit entsprechen. Hier liegt für den fortschrittlichen Arzt ein weites Gebiet offen, das noch weiter erforscht sein will, und es ist erfreulich, zu sehen, wie sich immer mehr Ärzte auf ihm betätigen, sehr zum Vorteil für ihre Patienten. —

„Alles verstehen, heißt alles verzeihen“! Auch hierfür gibt uns allen die Astrologie das rechte Verständnis und beweist ihre hohe Ethik. Wir alle, die wir uns ihre Lehren zu eigen gemacht haben, wir haben auch gelernt, die Fehler unserer Mitmenschen milder zu beurteilen, wir verurteilen nicht so leichtfertig wie viele unserer Mitmenschen, weil wir wissen, dass Irrende oftmals Fehler begehen mussten, die in ihrer Himmelsfigur aufgezeichnet sind, deren Zeichen sie nicht zu deuten verstanden und deren Einflüssen sie somit auch keinen Widerstand entgegenzusetzen verstanden.

Wir dürfen ruhig sagen, die Astrologie verkündet wohl ein wahrscheinliches, aber kein unabänderliches Schicksal, wir sind imstande, durch zielbewusste Arbeit an uns selbst bis zu einem gewissen Grade unser Schicksal zu beherrschen, was uns bezüglich äußerer Ereignisse vor allem dann möglich sein wird, wenn wir ein genau ausgearbeitetes Horoskop von einem zuverlässigen Astrologen besitzen, der uns ungefärbt die Wahrheit sagt. Aber wer will in der heutigen Zeit die Wahrheit hören? Wer nimmt sich vor allem heutzutage die Zeit, sich selbst zu erkennen? Wer hat den Mut, sich einmal tief in die Augen zu sehen, sich bis ins Innerste zu prüfen und dann das Fazit zu ziehen? — — Wer alles, was die Astrologie zu geben hat, sich zu Nutze machen will, der muss den Mut aufbringen, seinem mutmaßlichen Schicksal gegenüberzutreten, dann wird er auch wissen, wie er es meistern oder wenigstens erträglich gestalten kann. —

Gleiche Sterne — gleiches Geschick

Wie sich gleiche Gestirnkonstellationen in gleichen Geschicken auswirken, dafür finden sich in der astrologischen Literatur zahlreiche Belege, von denen wir einige besonders markante hier anführen wollen.

Im Februarheft der englischen Zeitschrift „Modern Astrology“ finden wir folgenden Bericht aus englischen Zeitungen von 1829: „Der hier verstorbene Kaufmann und Eisenhändler Samuel Hennings, der als

Sohn eines Tagelöhners am gleichen Tage und nahezu zur selben Stunde im gleichen Kirchspiel von St. Martin wie der König Georg III. geboren war, fing im Oktober 1760 ein eigenes Geschäft an, am selben Tage, an dem der König den Thron bestieg.

Er heiratete am 8. September 1861, am gleichen Tage wie der König, hatte dieselbe Anzahl Kinder von gleichem Geschlecht und starb am 27. Januar 1829 zu gleicher Stunde wie der König."

Man sieht, es kommt auf das Milieu an, in dem jemand geboren wird. Samuel Hennings konnte nicht zu gleicher Zeit König von England werden und den Thron besteigen, aber er fing am gleichen Tage ein gut gehendes Geschäft an, heiratete am gleichen Tage und nach verschiedenen gleichen Ereignissen starben beide am gleichen Tage und zur gleichen Stunde.

Ein weiterer Fall wird in der Zeitung „Leeds News" vom 6. August 1842 berichtet: Joseph und Samuel Clough, beide geboren in Pudsuy am 28. Juni 1824, vormittags 8 Uhr, hatten gleichzeitig mit 4 Jahren Scharlach und bewarben sich um die Gunst zweier Damen um dieselbe Zeit. Beide Damen starben gleichzeitig, als die Zwillinge 19 Jahre alt waren. Diese letzteren starben zur selben Zeit an Schwindsucht und wurden in einem gemeinsamen Grab beerdigt.

Einen tragischen Fall aus dem Weltkrieg berichtet die Berliner Tageszeitung „Deutsche Warte":

Zwei Zwillingsbrüder standen beim gleichen Regiment im Felde. Sie waren blutjung und hatten eben erst mit dem Notexamen das Gymnasium verlassen. Unterscheiden konnte man sie nicht, so ähnlich waren sie einander; man konnte meinen, eine Menschenseele habe sich geteilt und sich in zwei vollkommen gleiche Leiber eingekörpert.

Nie trennten sich die Brüder, zog der eine auf Vorposten, so wusste es der andere durchzusetzen, dass er ihn begleiten durfte. Da erkrankte der eine schwer; es war im Schützengraben. Es erwies sich als notwendig, den Kranken ins Lazarett zu bringen. Der Bruder durfte den Transport begleiten. Im Lazarett kam der kranke Bruder sogleich in ärztliche Behandlung, der gesunde musste in den Schützengraben zurückkehren. Nach einigen Tagen starb der Kranke im Lazarett und genau zur gleichen Stunde fiel der andere Bruder vor dem Feind.

Doppelgänger und ihr Schicksal

Ein anderer Fall. In den „Danziger Neuesten Nachrichten“ vom 13.10.1915 findet sich folgender Bericht: Pr. Holland, 29. Oktober. Gemeinsamer Heldentod von Zwillingsbrüdern.

Einen gemeinsamen Tod durch ein und denselben Schuss aus einem russischen Geschütz fanden im Oktober dieses Jahres die Zwillingsbrüder Friedrich und Gustav Frey von hier. In einem Gefecht um den Brückenkopf von X schlug eine Granate in die vorstürmenden Helden und tötete beide Brüder. Von den Kameraden wurden beide in einem gemeinsamen Grab zur Ruhe gebettet. —

Ein weiterer Fall. Der „Hannoversche Anzeiger“ berichtet unter „Geschichten aus der Wirklichkeit“ am 21. Oktober 1931 nachstehendes Begebnis, das wir hier gekürzt wiedergeben:

Am 26. September, um 11 Uhr vormittags, wurde der Möbelfabrikant Charles Richardson in der Nähe von New York das Opfer eines Autounfalles.

Die Chronik der Verkehrsunfälle verzeichnete drei Tage später: Am 26. September, um 11 Uhr vormittags, ist an einem der verkehrsreichsten Punkte in New York der Barportier Henri Negrelli von einem Autobus überfahren und getötet worden.

Man wird sicherlich zwischen diesen beiden bedauerlichen Unfällen, deren sich in New York täglich mehrere ereignen, keinen Zusammenhang vermuten. Dass zur selben Stunde vor den Toren New Yorks der Kraftwagen eines Möbelfabrikanten von der Lokomotive eines Lastzuges erfasst und dieser selbst getötet wird, und irgendwo in der Stadt ein Mann, der die Straße überqueren wollte, unter den Rädern eines Autobusses sein blutiges Ende findet, erscheint wohl zunächst nicht mehr als eine Tragödie des Alltags. Und doch handelt es sich hier um ein mehr als alltägliches Ereignis. Charles Richardson hatte bereits vor vier Jahren ein seltsames Erlebnis, als er mit einigen Freunden eines Abends ein Vergnügungslokal aufsuchte. Als nämlich der Portier dieses Etablissements dienstfertig die Tür des Kraftwagens öffnete, glaubte Richardson zunächst an eine Vision, denn der Mann in der Portiersuniform hatte eine derartig frappante Ähnlichkeit mit ihm, dass die ganze Gesellschaft einen Augenblick wie gebannt im Wagen sitzen blieb. Gesichtszüge und Statur dieses Mannes wiesen eine völlige Gleichheit mit denen des Fabrikanten auf. Diese seltsame Begegnung ging Richardson nicht aus dem Kopf, er musste den Portier nach seiner Herkunft fragen. Dieser sagte ihm, er sei gebürtiger Italiener, heiße Henri Negrelli, seine Eltern seien Arbeiter in Florenz gewesen, er selbst sei schon vor mehr als drei Jahrzehnten nach Amerika ausgewandert. Er stehe im 51. Lebensjahre und sei am 11. Mai 1881 geboren. Eine Blutsverwandtschaft zwischen ihm und diesem Mann war also ausgeschlossen, aber die Geburtstage stimmten überein, denn auch Richardson war am 11. Mai 1881 geboren.

Obgleich Negrelli die Stunde seiner Geburt nicht angeben konnte, ließ Richardson doch auf Rat eines Freundes für ihn und sich von dem New Yorker Astrologen Lee das Horoskop stellen, denn für ihn hatte der Gedanke, einen Doppelgänger zu haben, der noch dazu am gleichen Tage wie er zur Welt gekommen war, etwas Unheimliches.

Lee sagte beiden Männern ein in vieler Hinsicht gleiches Schicksal voraus und stellte vor allem fest, dass beiden in Kürze ein Unfall bevorstehe. Diese Voraussage ist nun in Erfüllung gegangen — beide sind am selben Tage und zur selben Stunde eines tragischen Todes gestorben.

Gleiche Sterne — gleiches Schicksal!

Die Menschen nennen das — Zufall!

Das Unglückshoroskop Kaiser Karls

Einen weiteren Beweis dafür, dass sich gewisse Jahrtausende alte astrologische Deutungsregeln auch in der Jetztzeit immer wieder als absolut richtig erweisen, bietet das Horoskop Kaiser Karls von Österreich (* am 17. August 1887). Sein ehemaliger Kabinettsdirektor Artur Graf Polzer-Hoditz berichtet darüber im „Neues Wiener Journal“, wie er sich durch die eingetretenen Ereignisse gezwungen sah, an die Wahrheit der Astrologie zu glauben:

Der Wiener Astrologe Ignaz Gartenberg hatte ihm am 5. April 1917 das Horoskop Kaiser Karls überbracht und Graf Polzer-Hoditz fand darin folgende unglückliche Gestirnkonstellation: Vier Planeten, darunter die zwei Unglücksplaneten Saturn und Mars im Zenit! Und zwar, was ihre unharmonische Wirkung noch verstärkte, im Zusammenschein (Konjunktion) mit dem Mond.

Merkur stand im 10. Haus, gut angeblickt von der Venus und bestätigte die alte Regel eines hohen Aufstiegs — bis zur Kaiserkrone, trotzdem für ihn eigentlich sehr wenig Aussicht bestand, einmal den Kaiserthron zu besteigen, aber der Mond am Zenit in Konjunktion mit Saturn und Mars (hier noch verstärkt durch die Quadratur zur Venus) bedeutete nach Jahrtausende alter astrologischer Regel: kurzes Leben und Tod in Kerkerhaft — und auch diese Regel bestätigte sich unerbittlich!

Gartenberg warnte vor dem Herbst 1921, weil dann der Unglücksplanet Saturn den Punkt für Krankheit und Tod im Horoskop Karls erreiche und besonders schwere Ereignisse befürchten lasse; der Kaiser solle zu dieser Zeit ganz besonders auf der Hut sein, nichts Wichtiges unternehmen. — Aber Karl unternahm, als Saturn diesen Unglückspunkt erreichte, seinen unglücklichen Flug nach Ungarn und — starb bald darauf im jugendlichen Alter von 34 Jahren als Gefangener seiner Feinde auf der fernen Insel Madeira. Der jahrtausendalte Satz: Saturn im Zenit eines Horoskops in Konjunktion mit Mond und Mars — früher Tod in Kerkerhaft — hat sich erfüllt.

Das Horoskop Wallensteins

Kein Geringerer als der große Astronom und Astrologe Kepler hat Wallenstein (geboren 23. 9. 1583, nachmittags 4 Uhr 38 Min.), als er noch ein einfacher junger Edelmann war, sein Horoskop gestellt (siehe Abbild. 48) und ihm seinen zukünftigen Ruhm nebst allerlei Einzelheiten über seine Laufbahn vorausgesagt. Er prophezeite ihm, dass er die Herzogskrone tragen würde, dass er durch seine Sucht nach Glanz und Ruhm sich viele Feinde machen würde, welche die Ursache seines Sturzes seien, und sagte ihm auch die Gefahr eines gewaltsamen Todes voraus.

Später befasste sich Wallenstein selbst eingehend mit dem Studium der Astrologie, der ja auch sein Kaiser Rudolf huldigte. Er schloss sich tagelang mit seinem genuesischen Astrologen Battista Seni zu Nachprüfungen und Berechnungen des Fortschreitens der Sterne in seinem Horoskop ein. Als er das Kommando über die kaiserlichen Truppen zum zweiten Mal übernehmen sollte, führte er die kaiserlichen Abgesandten zu seinen astrologischen Tafeln und sagte: „Aus den Astris (Sternen) wusste ich Eure Ankunft und weiß, dass mein Spiritus den des Kaisers dominiert, sodass ich ihm auch keine Schuld geben kann.“

Dr. H. H. Kritzinger hat in seiner schon vorher (s. S. 75) erwähnten Abhandlung die Stellung der Sterne am Todestage Wallensteins nachgeprüft und folgende Konstellation festgestellt:

Am Tag seiner Ermordung (25. Februar 1634) wurden Jupiter und Saturn in ihrer Horoskopstellung von dem laufenden Saturn aus dem Zeichen Schütze heraus im Geviertschein (Quadratur) getroffen, während von der anderen Seite, ebenfalls im Quadratschein aus den Zwillingen, der Jupiter einen entsprechend ungünstigen Einfluss geltend machte. Außerdem stand auch der Übeltäter Mars im letzten Drittel des Zeichens Jungfrau und warf seinen gefährlichen Gegenschein auf das ohnehin beschädigte Feld in den Fischen.

Verfolgt man übrigens, erörtert Dr. Kritzinger weiter, nach heutiger Anschauung auch den Einfluss des ja erst gegen Ende des 18. Jahrhunderts (1781) entdeckten Uranus, so ergibt sich weiter, dass dieser in der Nacht der Ermordung Wallensteins auch einen schon von Schiller als gefährlich bezeichneten Aspekt zum Sonnenort bildete.

Die eben erwähnten Planeten-Übergänge, die Wallenstein so verhängnisvoll wurden, sind übrigens zum Teil schon statistisch untersucht

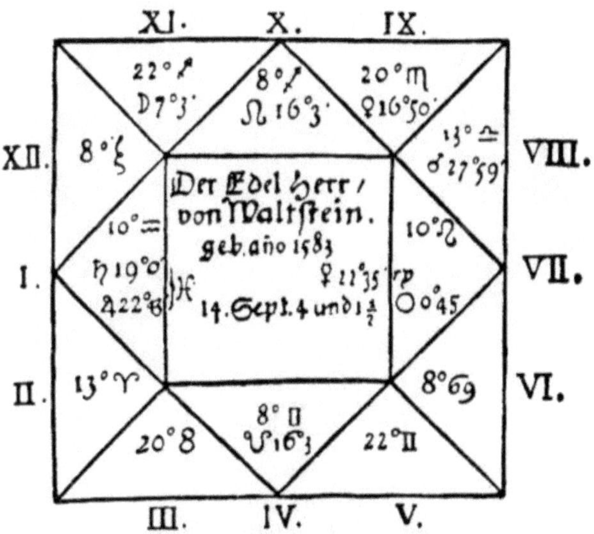

Abbild. 48. Wallensteins Horoskop.

worden, wobei sich ergeben hat, dass bei dem Tod eines Menschen der Mars häufiger als es der Zufall erklärt, einen als gefährlich bezeichneten Platz im Hinblick auf den Standort der Sonne bei der Geburt des Betreffenden einnimmt.

Schiller hat also (in Wallensteins Tod) den Astrologen Seni mit vollem Recht ausrufen lassen:

„Die Zeichen stehen grausenhaft, nah, nahe
Umgeben dich die Netze des Verderbens“,

denn eine solche Anhäufung von schlechten Konstellationen musste schwerstes Unheil bringen, hier brachte sie Wallensteins Tod von Mörderhand … sein Schicksal, das ihm in seinen Sternen zugesagt war.

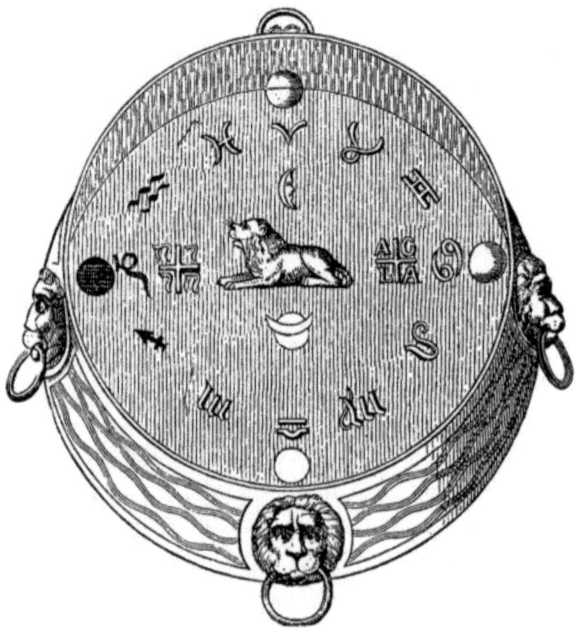

Abbild. 49.
Wallensteins Horoskop-Amulett, das dieser stets bei sich trug. (Nach dem Original in der Wiener Kunstkammer.)

VI. Astrologie und Liebe — Freundschaften — Verbindungen

„Ehen werden im Himmel geschlossen.“

Wie viele unglückliche Ehen würden nicht geschlossen werden, wenn die Sterne vorher befragt würden! Aber der moderne überhebliche Europäer hält das für ein abergläubisches Wahngebilde, er braucht solchen mittelalterlichen Unsinn nicht, über solche Ammenmärchen dünkt er sich erhaben — er läuft lieber blindlings in sein Unglück hinein.

Ein noch nicht von Europas Kultur befruchteter asiatischer Volksstamm, der nach moderner Ansicht tief unter uns stehende Hindu, denkt darüber anders. Wenn bei diesen eine Ehe geschlossen werden soll, so bringen die beiderseitigen Eltern die von dem Astrologen ihrer Kaste berechneten Horoskope der beiden Kinder zum Hauptastrologen ihres Dorfes, und findet dieser, dass beide für eine Ehe günstig stehen, so findet die Heirat statt; der Heiratsvertrag wird auf die Rückseite der beiden Horoskope geschrieben. Zum Zeichen der Verbundenheit werden nun beide Tafeln zusammengebunden und versiegelt — gewiss kein schlechter Brauch!

Wir sind nun einmal ebenso wie das ganze Weltall den Gesetzen von Sympathie und Antipathie unterstellt, wir glauben zu schieben und wir werden geschoben. Warum sollen wir uns so erhaben dünken und uns nicht das uns zur Verfügung stehende Wissen von den Sterneinflüssen zunutze machen?

Wir müssen die gegenseitigen Konstellationen prüfen, „ob sich das Herz zum Herzen findet“, dann werden wir wissen, ob eine Neigung echt und dauerhaft ist, oder ob es sich nur um ein momentanes Aufflackern von Leidenschaft handelt, das ebenso schnell wieder erlischt als es aufgetaucht ist.

Der englische Astrologe Geo. Wilde gibt folgende diesbezügliche Winke:

„Das stärkste Band zwischen zwei Ehegatten ist die Sonne des einen in Zusammenkunft (Konjunktion) mit dem Mond des anderen, d. h. Sonne und Mond müssen in den Horoskopen der beiden Ehegatten im gleichen Tierkreiszeichen möglichst wenige Grade voneinander stehen.

Wenn du eine Person des anderen Geschlechtes liebst und du findest, dass der Mars des einen Horoskopes in Zusammenkunft mit der Venus des anderen Horoskopes steht, und dass Sonne und Mond des einen Horoskopes die des anderen nicht feindlich bestrahlen (also nicht im Quadrat- oder Oppositionsschein zueinanderstehen), so kannst du sicher sein, dass deine Liebe nicht nur erwidert wird, sondern dass die Liebe der anderen Person zu dir ebenso heiß und innig ist wie die deine, und dass sie, wenn ihr die Ehe eingeht, niemals erkalten wird. Wenn du hingegen bei der Prüfung der beiden Horoskope, nämlich deines eigenen und des der geliebten Person, findest, dass die maßgebenden Planeten sich feindlich gegenüberstehen, so kannst du mit Sicherheit darauf schließen, dass eure heiße Zuneigung nur das Resultat eines momentan herrschenden günstigen Standes eurer Sterne ist und vollständig erkalten wird, sobald die Wirkung dieses nur zeitweiligen Einflusses durch Änderung des Gestirnstandes vorüber ist.“ (Geo. Wilde in: Elemente der Astrologie.)

A. G. Trent nennt in seiner Schrift „Die Seele und die Sterne“ als treffende Beispiele hierfür die Königin Viktoria von England und ihren Gemahl Albert, ferner Friedrich VII. von Dänemark und die Gräfin Danner. Der König lebte mit seinen beiden ersten Gemahlinnen in unglücklicher Ehe und ließ sich von diesen scheiden. Er verliebte sich dann in eine Putzmacherin, deren Bekanntschaft er bei einem Feuer in Kopenhagen machte, adelte und heiratete sie und lebte bis zu seinem Tod mit ihr in glücklichster morganatischer Ehe. Wenn man die beiden Horoskope betrachtet, so findet man, dass die Sonne des einen sich an der Stelle des Mondes des anderen befindet.

Ebenso stellt Trent die Horoskope von Goethe und Frau von Stein (die Frau, die er liebte und verließ) und Christiane Vulpius (die Frau, die er liebte und heiratete) einander gegenüber. Wir sehen bei Frau von Steins Horoskop, dass ihre Sonne an der Stelle von Goethes Mars stand und Goethe hatte seine Sonne am Mars von Frau von Stein. Obwohl diese beiden Planeten im günstigen Trigon Aspekt zueinanderstanden, bedeutete hier der Übeltäter Mars doch die Trennung; hingegen stand bei Frau

Christiane der Mond anstelle von Goethes Sonne, das vorher erwähnte günstige Anzeichen für gegenseitige Liebe und Ehe.

Ähnliche Konstellationen finden wir bei Varnhagen und Rahel von Ense, die eine äußerst glückliche Ehe führten, trotzdem die Frau 14 Jahre älter war als der Mann; Mond und Venus stehen in beiden Horoskopen an ganz gleichen Stellen.

Dass Novalis (Friedrich von Hardenberg) in so heißer Liebe zu der 13jährigen Sophie von Kühn entbrannte, war seinen Biografen stets unerklärlich. Ein Blick in beider Horoskope bringt die Erklärung: In beiden Nativitäten finden wir den Mond an der gleichen Stelle, außerdem steht Sophies Mars am Platz seiner Sonne und ihre Venus an der Stelle seines Mars. —

Außer diesen Konstellationen sind noch eingehender zu prüfen, wie sich nach eingehendster Untersuchung die gegenseitigen Grundveranlagungen zueinander stellen, überhaupt lässt sich nur dann ein sicheres Urteil abgeben, wenn beider Horoskope nach allen Gesichtspunkten hin untersucht wurden, nicht nur die für Liebe und Ehe maßgebenden. Es zeigen sich, wenn solche Haupteinflüsse scheinbar entgegengesetzt sind, manchmal gemeinsame Neigungen, die ein Zusammenleben durchaus zufriedenstellend erscheinen lassen, oder Ergänzungen sind angezeigt, die der eine oder andere Partner braucht. Ob eine solche Vereinigung zur Ehe führt, ist aus dem Horoskop nicht mit Sicherheit zu ersehen, es kann sich auch eine langjährige Freundschaft entwickeln, die beiden genügt oder die beiden Charakteren besser entspricht als eine offizielle Bindung. —

Oft ist es auch vorteilhaft, sich astrologisch beraten zu lassen, bevor man ein Teilhaberverhältnis eingeht. Hier lassen sich meist genaue Ratschläge erteilen, denn zwei Teilhaber müssen eine gute Ergänzung zueinander bilden, wenn ein ersprießliches Zusammenarbeiten erreicht werden soll. Wenn hier die maßgebenden Positionen von Sonne, Merkur, Jupiter und Mars in den in Betracht kommenden Häusern und Zeichen ausgesprochen gegensätzlich sind und noch dazu ungünstig zum Aszendenten stehen, so ist weder ein freundschaftliches noch ein geschäftliches Zusammenarbeiten anzuraten. Jedenfalls würde sich auch auf diesem Gebiete manche Enttäuschung vermeiden lassen, wenn der Astrologe zurate gezogen würde, bevor leichtfertig Ehen geschlossen oder geschäftliche Verbindungen eingegangen würden — aber auch hier wird der Brunnen meist erst zugedeckt, nachdem das Unglück geschehen ist.

Die bekannte Astrologin Frau Elsbeth Ebertin hat in ihrem Werk: „Astrologie und Liebesleben“ und ebenso Freifrau Irene von Veldegg in „Passen wir zueinander“ außerordentlich wertvolles Material zu dem Thema „Astrologie und Liebe“ veröffentlicht. Beide sind der Überzeugung, dass man die besten Schlüsse, ob zwei Menschen dauernd miteinander harmonieren oder später sehr unglücklich sein werden, aus der Gegenüberstellung der beiderseitigen Horoskope ziehen kann, und erörtern dies an zahlreichen Beispielen aus ihrem in jahrelanger Forscherarbeit gesammelten Material. —

Wollen wir nun aus dem in diesen Abschnitten, wenn auch nur in hier gebotener Kürze, geschilderten Überblick über den Wert der Astrologie für den Leser die rechte Nutzanwendung ziehen, so können wir ihm keinen besseren Rat geben, als sich durch eigenes Studium zu überzeugen, ob und wieweit sein eigenes Horoskop mit dem astrologischen Wissen übereinstimmt.

Die Astrologie fordert kein blindes Vertrauen, jeder urteilsfähige Mensch kann sich durch eigene Arbeit oder durch ein von kundiger Hand gestelltes Horoskop von ihrer Berechtigung überzeugen. Wer nur etwas Fleiß und Ausdauer aufbringen will, der kann bald an der Hand der vorzüglichen deutschen Lehrbücher, von denen mehrere im Anhang aufgeführt sind — ohne dass dadurch ein Werturteil über die vielen nicht erwähnten ausgesprochen werden soll —, sich einen genügenden Einblick in diese Wissenschaft verschaffen und sich ein selbständiges Urteil bilden. Er kann dann jedem Zweifler oder Unwissenden mit denselben Worten entgegnen, die der große Forscher Isaak Newton, dem man gewiss kein leichtfertiges Urteil zutrauen wird, dem Astronomen Halley antwortete, als er diesem gegenüber die Astrologie vertrat: „Ich habe die Astrologie studiert, Mr. Halley — Sie nicht.“ —

Denen, die sich ein Horoskop stellen lassen wollen, sei aber noch folgender Rat gegeben:

Werfen Sie Ihr Geld nicht an ausländische Scharlatane fort, die in den Tageszeitungen für wenige Mark Horoskope anbieten. Sie werden dort nur schematische Zusammenstellungen erhalten, die den Namen Horoskop nicht verdienen.

VII. Die magischen Kräfte der Edel- und Halbedelsteine, Korallen, Perlen, Metalle, Farben und ihre Verwertung als Talismane nach astrologischen Vorschriften

Uralt ist die Lehre und der Glaube an geheimnisvolle Kräfte der Steine, besonders der Edelsteine, denen man von jeher glück- oder unglückbringende Eigenschaften zuschrieb.

Tief eingebettet im Schoß der Mutter Erde, ungezählte Millionen Jahre dem Druck ungeheurer Erd- oder Gesteinsmassen ausgesetzt, geladen mit den magnetischen Influenzen ihrer Umgebung, die vielleicht mit Radium, Helium oder sonstigen strahlenden Kräften, die der menschliche Geist noch nicht entdeckt hat, gesättigt war und diese auf ihn übertrug, ist der Edelstein, das köstlichste Kleinod, das uns die Natur beschert hat. Ihn umwob bei allen Völkern ein Kranz von Mythen und Sagen, in welchen Gnomen, Wichtelmännchen, Elfen und allerlei sonstige geheimnisvolle Bewohner des Erdinnern als Hüter unterirdischer Schätze eine Rolle spielen, deren Anblick nur bevorzugten Sonntagskindern zuteilwurde.

Auch in der heutigen Zeit legt man den Edelsteinen, diesen edelsten Produkten der schaffenden Natur, noch mancherlei geheimnisvolle Kräfte bei, deren Ursprung man in der von ihnen ausgehenden Radioaktivität gefunden zu haben glaubt.

Die alten Rosenkreuzer, jene geheimnisvolle Gesellschaft, über deren wirkliches Wesen und Wissen auch heute noch für die große Menge ein verhüllender Schleier gebreitet ist, erklärten die Wirkung der Steine aus dem Gesetz der Anziehung und Abstoßung (Sympathie und Antipathie), diesem geheimnisvollen Band, das alle vorstellbaren Dinge zusammenhält. Gleiches gesellt sich zu Gleichem, lehrten sie, und das im Menschen vorherrschende Temperament bestimmt die Einflüsse, die jeder einzelne anzieht und unter denen er dann zu leiden hat. Alle Dinge in der Natur sind miteinander verwandt; diejenigen gleicher Schwingung gehören derselben Familie an und wirken gegenseitig geistig aufeinander ein.

In den Edelsteinen sind nun Farben und Tonschwingungen von allen materiellen Dingen am vollkommensten vorhanden und die alten Mystiker lehrten mit Recht, dass Edelsteine die Kraft hätten, die geistigen Einflüsse der Planeten, in denen ähnliche Kräfte vorherrschen, an sich zu ziehen, sowie dass zwischen den Steinen, Planeten und Metallen eine ganz wunderbare Sympathie herrsche.

„Was man an der Natur Geheimnisvolles pries,
Das wagen wir verständig zu probieren;
Und was sie sonst organisieren ließ,
Das lassen wir kristallisieren!"

sagt Goethe, der im Kristall ebenso „Leben und Seele" fand wie in der „Metamorphose der Pflanze", und wieder einmal zeigte, wie weit er seiner Zeit an Erkenntnissen voraus war.

Heute, wo wir infolge der neuesten Forschungsergebnisse wissen, dass alle Substanz Leben besitzt, anorganische so gut wie organische, wo alle Dinge als beseelt erkannt sind, Kristalle so gut wie Organismen, heute hat es nichts mehr so Absurdes an sich, wenn auch den Mineralien Einwirkungen auf den, der sie an sich trägt, zugeschrieben werden. So ist es verständlich, dass Edelsteine nicht nur als Schmuckstücke, sondern infolge der ihnen von alters her zugeschriebenen geheimen Kräfte besonders gern als Amulette und Talismane Verwendung fanden und noch heute finden, eine Sitte, die überall Eingang fand, wo edle Steine überhaupt getragen wurden.

Stets wurden aber zu solchen Zwecken nur die in der Werkstatt der Natur entstandenen Steine gewählt, niemals künstliche Produkte, obwohl diese bei der heutigen Vervollkommnung in der Herstellung in Form, Farbe und Härte sich von den Natursteinen kaum unterscheiden.

Aber man konnte den geheimnisvoll wirkenden Geist nicht missen, den die Natur in sie hineingebannt hat, auf den auch Goethe im Faust anspielt:

„Nicht Kunst und Wissenschaft allein,
Geduld will bei dem werke sein.
Ein stiller Geist ist jahrelang geschäftig,
Die Zeit nur macht die feine Gährung kräftig."

Dass es nicht gleichgültig ist, welchen Stein man trägt, ist eine alte okkulte Lehre; jeder Stein muss auf das Temperament seines Trägers abgestimmt sein und mit den planetarischen Einflüssen seiner Natur in Übereinstimmung stehen. Ferner soll ein als Talisman getragener Stein nicht in einem Leihhause gekauft werden, denn an ihm hängen bittere Tränen und was vom Leihhaus kommt, wandert meist zum Leihhaus zurück.

Am wirksamsten wird stets ein direkt aus der Schleiferei bezogener, ungetragener Stein sein, der noch keine fremden Ausstrahlungen angezogen hat, denn manche Steine verlieren ihre Heil- und Schutzkraft, wenn sie von anderen Menschen getragen worden sind.

Zahlreiche Werke beschäftigen sich eingehend mit den geheimnisvollen Wirkungen der Edelsteine; unsere Leser finden am Schluss dieses Buches eine Aufstellung der von uns benutzten Quellenwerke. Hier wollen wir gleich beginnen mit einer Charakteristik der am meisten benutzten Steine und fügen einige allgemeine Angaben über das Vorkommen und die Verwendung der einzelnen Mineralien hinzu.

Wir beginnen unsere Betrachtungen mit dem wertvollsten Stein, dem

Diamanten: dieser härteste von allen Edelsteinen, dieser *Magnet des Glücks*, wurde schon im Altertum „Adamas“, d. h. der Unbezwingliche genannt, weil er sich durch keinen anderen Stein als durch sich selbst ritzen oder schleifen lässt, von Säuren nicht angegriffen wird und auch der schärfsten Feile widersteht.

Er besteht aus reinem kristallisierten Kohlenstoff ohne jede Beimischung von Silikaten oder Erden und zeichnet sich durch seinen unübertrefflichen Glanz (sog. Diamantglanz) und sein Farbenspiel, das auf sehr intensiver Lichtbrechung und Farbenzerstreuung beruht, vor allen anderen Edelsteinen aus. Unter starker Glühhitze verbrennt er unter Zutritt des Sauerstoffes der Luft ohne Rückstand, wobei er in Kohlensäure verwandelt wird, während er, bei Abschluss der Luft sehr stark erhitzt, in die andere Form des Kohlenstoffes, in Grafit, übergeht.

Im reinsten Zustand ist er farblos und wasserhell; er kommt aber auch in gelben, blauen, orangefarbenen, rosalichten, grünen, ja sogar in schwarzen Stücken vor.

Die elektrischen Eigenschaften des Diamanten waren schon den Alten bekannt, neuere Untersuchungen ergaben, dass noch eine ganz besondere Kraft in diesem *Fürsten der Edelsteine* aufgespeichert sein muss, die ihn manchmal sogar bersten und explodieren lässt, und zwar oftmals schon in den warmen Händen und Taschen der Minenarbeiter, wenn er aus der Mine herausbefördert wird. Um dies zu verhindern, pflegen die Diamantensucher vor allem die größeren Steine während des Abtransportes in rohe Kartoffeln zu stecken. Eine ganz besondere Phosphoreszenz entwickelt der Diamant, wenn er Radium- oder Poloniumstrahlen ausgesetzt ist, selbst wenn Glas dazwischen geschaltet wird. Der verstorbene englische Physiker William Crookes hat festgestellt, dass Diamanten, die den Radiumstrahlen direkt ausgesetzt werden, eine vollkommen salbeigrüne Färbung annehmen, direkt radioaktiv werden und unaufhörlich Alpha-Betha-Gamma-Strahlen abgeben.

Diese Eigenschaften, Farbe und Aktivität, halten jahrelang in unverminderter Stärke an und werden auch durch chemisch wirkende Kräfte nicht verringert. Schleift man aber die Oberfläche eines solchen Steines ab, so verliert er beide Eigenschaften, die salbeigrüne Farbe und die Radioaktivität. Das Röntgenbild eines solchen aktiven Diamanten zeigt deutlich ein besonderes Ausströmen von Energien aus den Ecken und Spitzen des Steines.

Als Fundort von Diamanten gilt von jeher Indien, besonders die Minen von Colconda in Ostindien, später wurden in Afrika, Südamerika (Brasilien) und in Australien ausgiebige Minen entdeckt. Die ersten Diamanten kamen 1584 nach Europa, sie stammten aus der Sumbulpour-Mine (Golconda), die brasilianischen Minen wurden erst 1728 gefunden.

Die Inder waren auch die ersten, die das Schleifen der Steine mit ihrem eigenen Staub ausführten, aber sie beschränkten sich darauf, die vorhandenen natürlichen Facetten zu polieren und kleine Unebenheiten auszugleichen. Das richtige Schleifen der Facetten und das Durchschneiden großer Steine mithilfe ihres eigenen Staubes, soll von Louis van Berghem aus Brügge (1456) stammen, doch verfertigte auch dieser erst nur sog. Rosetten. Der eigentliche Brillantschliff, der die Eigenschaften des Diamanten am vorteilhaftesten zur Geltung bringt, wurde erst am Ende des 16. Jahrhunderts von Peruzzi erfunden und ist von unseren jetzigen Schleifern so vervollkommnet werden, dass eine Steigerung des Feuers des jetzt allgemein mit dem Namen *Brillanten* bezeichneten Diamanten wohl kaum noch erzielt werden dürfte.

Von alters her galt der Diamant nicht nur als der wertvollste aller Edelsteine, sondern auch als der mächtigste in Bezug auf seinen Einfluss auf die Menschheit in geistiger, wie in körperlicher Hinsicht. Schon der alte englische Weltenbummler Sir John Mandeville schrieb in seinem im 14. Jahrhundert erschienenen Traktat: „Der Diamant soll nur an der linken Körperseite, der Herzseite, getragen werden, und er verliert seine magische Kraft, wenn er von unmoralischen, bösen Menschen berührt wird; denn der Diamant ist ein Symbol der Reinheit und ein Schutz gegen alles Üble, aber er darf nicht durch unsaubere Manipulationen erworben sein. Ein gestohlener Diamant wird seinem Träger immer Unglück über Unglück bringen.“

Im anderen Fall soll er die Kraft der Konzentration verleihen und ein unfehlbares Mittel gegen Gemütsunruhe und Schwermut sein, weshalb er bei den Alten auch *Anachites* (Angstbefreier), genannt wurde. Bei leidenschaftlichen Naturen entfachte er erotisches Feuer und soll Schutz gegen Feinde, Gift und böse Truggeister gewähren.

Viele Diamanten haben ihre Geschichte; von dem historisch bekannten „Orlow“, „Cullinan“ oder „The Star of Africa“, „Dresden“, „Polarstern“, „Schah“, „Excelsior“, „Großmogul“, „Pitt“, „Florentiner“, „Stern des Südens“, „Kohinoor“, „Hope“, „Le Sancy" und einer Anzahl anderer weniger hervorgetretener, — von allen diesen sind Geschichten im Umlauf, die wie Märchen klingen; einige der markantesten wollen wir hier kurz erzählen, zuerst die vom „Le Sancy“.

Er hat die Form einer Birne, ist wasserklar und wiegt 53½ Karat. (Edelsteine werden nach *Karat* geschätzt, ein Karat ist = 200 Milligramm, also $^{1}/_{5}$ Gramm). Ursprünglich stammt er aus Indien und war zuerst in dem Besitz des Herzogs von Burgund, Karl des Kühnen, der ihn in dem Glauben, dass der Edelstein ihn vor Gefahren schützen werde, stets an einer Kette um den Hals trug. Karl wurde jedoch in der Schlacht bei Nancy geschlagen und auf der Flucht getötet. Ein Knecht plünderte die Leiche des Fürsten, raubte den Edelstein und verkaufte ihn, da er seinen Wert nicht kannte, für einen Goldgulden an einen Geistlichen, durch den er in den Besitz des Königs von Portugal überging.

Dieser Herrscher befand sich in ständigen Geldverlegenheiten und verkaufte ihn für 100 000 Franken an den französischen Grafen von Sancy, nach welchem der Stein genannt wurde. Als Sancy nach Solothurn als Gesandter ging, befahl König Heinrich III., ihm als Unterpfand seiner Treue diesen Diamanten zu schicken. Um den wertvollen Stein sicher in die Hände des Königs gelangen zu lassen, betraute der Graf einen einfachen Mann mit der Überbringung, weil er annahm, dass ein einzelner Mann, zumal wenn er ärmlich gekleidet sei, am leichtesten durch das im Bürgerkriege liegende Frankreich, dessen Straßen sehr unsicher waren, hindurch kommen werde. Der Bote wurde jedoch unterwegs angefallen und ermordet, verschluckte aber vorher den Diamanten, um ihn nicht in die Hände der Banditen fallen zu lassen. Trotz des energischen Protestes der Geistlichkeit ließ der Graf den bestatteten Leichnam ausgraben und öffnen und man fand im Magen des Unglücklichen den kostbaren Stein.

Um das Jahr 1688 finden wir diesen Diamanten in dem Besitz des Königs Jacob von England. Später besaß ihn Ludwig XIV. von Frankreich, der ihn als Agraffe auf dem Hut trug. Auch Ludwig XV. besaß ihn noch, dann aber wurde er während der Regentschaft mit den übrigen Kronjuwelen verkauft und tauchte erst 1832 im Besitz des Fürsten Paul Demidow, des Oberstjägermeisters des Kaisers von Russland, wieder auf. Ein Mitglied dieser Familie verkaufte den Stein 1865 an Sir Jamisetjee Jecjebboy in Bombay, der ihn auf der Pariser Ausstellung 1867 zur Schau stellte. Im Jahre 1892 kam er in den Besitz der Astorfamilie und gehörte der Vicomteß Mary Astor, die ihn trug, als sie als erste Frau in das englische Unterhaus berufen wurde. Ihr Gatte, William Waldorf Astor, hat 1892 eine Abhandlung über die seltsamen Wanderungen und Ereignisse veröffentlicht, die mit diesem historischen Stein zusammenhängen.

Besonders interessant ist die Geschichte des Hope-Diamanten, der einen schwachen bläulichen Schimmer hatte und deshalb *der blaue Stein* genannt wurde; er hatte einen Wert von ca. 1½ Millionen Mark und stammte ebenfalls aus Indien. Um die Mitte des 16. Jahrhunderts brachte ihn ein Mann namens Winighea nach Venedig und ein Mitglied der Dogenfamilie Morosini erwarb den Diamanten, dessen Schönheit von den Dichtern besungen wurde. Der Inder hatte aber außer dem Stein noch etwas anderes aus Indien mitgebracht — die Beulenpest, die kurz nach seiner Ankunft in Venedig ausbrach. Morosini flüchtete mit dem blauen Diamanten nach Florenz, aber die Seuche folgte ihm und auch er musste ihr erliegen. Der Stein kam nun in den Besitz eines florentinischen Heerführers, Marsilo, der kurze Zeit darauf in einem Raufhandel erstochen wurde. Der Unglücksstein wechselte dann fortwährend seinen Besitzer, aber alle starben bald darauf eines gewaltsamen Todes.

Zu Anfang des vorigen Jahrhunderts fand er sich wieder in dem Schatz des italienischen Klosters San Cosimo. Dort fiel er den Soldaten der ersten französischen Republik in die Hände. General Lasalle kaufte ihn von einem Plünderer und fiel wenige Tage darauf in der Schlacht bei Lodi. Ein Sultan der Türkei besaß ihn kurze Zeit, wurde entthront und starb in der Verbannung. Auch Frankreichs unglückliche Königin Maria Antoinette besaß ihn bis sie enthauptet wurde. Dann trug ihn die Prinzessin Lamballe; sie wurde vom Pöbel massakriert und vollständig entkleidet aus einem Fenster ihres Palastes auf die Straße geworfen. Später finden wir den Stein im Besitz eines jungen spanischen Diplomaten, Don José Ruiz y Maryat, der bald darauf auf einer Dienstreise in Katalonien ermordet und beraubt wurde.

Es gelang den spanischen Behörden, die Verbrecher bis auf einen dingfest zu machen; sie wurden hingerichtet. Dieser eine Entkommene flüchtete auf einen Westindienfahrer. Die übergroße Strenge des Kapitäns veranlasste ihn mit mehreren anderen Matrosen zur Meuterei, der Kapitän wurde jedoch der Meuterer Herr und ließ die Rädelsführer kurzerhand an den Raben aufhängen. Der eine der Hingerichteten trug am Finger einen kostbaren Ring — den viel gesuchten blauen Diamanten.

Der Kapitän des Westindienfahrers nahm den Ring an sich und wurde bald nach seiner Landung in Verakruz am mexikanischen Golf in einer Spielhölle erschossen. Seine Leiche fand man im Straßengraben, der Ring mit dem blauen Diamanten war verschwunden.

Wir finden ihn wieder im Besitz eines Amsterdamer Juwelierhändlers, der Selbstmord beging; dann trug ihn ein Angloamerikaner namens Steward, der bei einer Schaustellung infolge Einstürzens einer Tribüne verunglückte; sodann besaß ihn ein Spanier, der von seiner Frau erschossen wurde.

1830 erwarb ihn der Bankier Thomas Philipp Hope für 18 000 Pfund Sterling. Sein Enkel Lord Henry Francis Hope heiratete 1904 die australische Schauspielerin Miss May Yohe, die ihn ruinierte und dann verließ. Dann gelangte der Stein in den Besitz eines Diamantenhändlers, von dem er, immer schnell wieder den Besitzer wechselnd, in die Hände des russischen Fürsten Kanitocski gelangte. Dieser wurde geisteskrank, erschoss im Wahn unvermutet seine Geliebte, der er den Stein geliehen hatte, als sie in den *Folies Bergeres* in Paris auftrat. Er selbst wurde einige Tage später von Mitgliedern eines politischen Geheimklubs erschossen. Dann kam dieser *blaue Schrecken* in den Besitz eines griechischen Juwelierhändlers, Simon Montharides, der, nachdem er den Stein schnellstens an den Sultan Abdul Hamid verkauft hatte, nebst Frau und zwei Kindern bei einer Wagenfahrt ums Leben kam.

Abu Sabir, des Sultans Steinschneider, wurde mit der Pflege des Steines betraut; er hatte das Pech, eine kostbare Perle Abdul Hamids durch Unachtsamkeit zu zerbrechen, wofür ihn der Sultan auspeitschen und einsperren ließ. Sein Edelsteinverwalter wurde kurz darauf ermordet und dessen Nachfolger bei einem Straßenaufruhr in Konstantinopel aufgehängt. Aber das war noch nicht alles. Die Favoritin des Sultans, Salama Zubayba, wurde bei dem Umsturz von dem Pöbel, der den Yildiz stürmte, erschlagen. Abdul Hamids Schicksal ist bekannt, er musste abdanken und starb in Verbannung. Der Stein fiel in die Hände der türkischen revolutionären Partei, die ihn an den reichen Spanier Señor Habib verkaufte, der im Herbst 1909 mit dem Dampfer „Seyne“ bei Singapore mitsamt dem unglücksbringenden Stein unterging, der nun ausgetobt zu haben schien. Er sollte aber noch mehr Unheil anrichten, denn er wurde von Tauchern, die das Wrack der gesunkenen „Seyne“ durchsuchten, wieder ans Tageslicht gebracht und 1911 für 52 000 Pfund Sterling an Mr. Edw. Maclean, den Besitzer der „Washington Mail“ verkauft. Auch dieser neue Besitzer sollte das mit dem Besitz dieses Unglücksdiamanten verbundene Missgeschick gründlich erfahren. Als seine Frau zum ersten Mal auf einem Spaziergang den *blauen Diamanten* trug, wurde ihr beim Überschreiten der Straße ihr einziges Kind, ihr Sohn Vinsou Walsh Maclean, allgemein *the billion dollar baby* genannt, von einem Auto von der Seite gerissen und getötet. Bald darauf hat dann Herr Maclean die Scheidung eingereicht, da er innerlich seiner Frau die Schuld am Tod seines Sohnes beimaß, weil sie trotz aller Warnungen auf dem Ankauf des ihnen solches Unheil bringenden Steines bestanden hatte.

Der Stein fand einen neuen Besitzer in dem Franzosen Monsieur de Hautville. Nach drei Monaten wurde seine Frau beim Überschreiten der Straße in Paris von einem Auto totgefahren, der älteste Sohn starb einen schrecklichen Tod durch Vergiftung, — er hatte aus Versehen die Flaschen verwechselt — die Tochter ertrank plötzlich und der jüngere Sohn verlor durch Platzen des Rohres seines Gewehres das Augenlicht — eine Kette von Unglücksfällen, wie sie nicht heimtückischer erdacht werden könnten.

Natürlich trennten sich die Hautvilles so schnell als möglich von diesem Unheil über Unheil bringenden Stein — wo wird er von Neuem auftauchen? Wer wird den Mut haben, sich den geheimnisvoll unheimlichen Kräften dieses Steines entgegen zu stellen?

Dieser *blaue* Diamant hatte übrigens einen Vorgänger, denn Herodot berichtet schon von einem blauen Diamanten, den ein Skythenkönig an dem Tag auf der Brust trug, der ihn Schlacht und Leben kostete. Sein Besieger, ein persischer Satrap, schenkte den blauen Stein seiner Favoritin. Einige Wochen später wurde sie von einem Eunuchen ermordet. Nun wollte der Satrap nichts mehr von dem Stein wissen und schickte ihn als Geschenk dem Gouverneur einer Nachbarprovinz, den er hasste. Bald darauf wurde dieser im Bad von seiner Frau mit der Axt erschlagen. Sein Nachfolger trug den Stein als Ring, aber nicht lange, denn schon im dritten Monat seiner Regierung starb er an Fischvergiftung. Sein Bruder steckte den Unglücksbringer in einen Beutel und versenkte ihn ins Meer — so berichtet Herodot.

Der unter dem Namen Kohinoor (Koh-i-nur) bekannte Diamant, der sich jetzt im britischen Kronschatz befindet, verdankt seinen Namen einer romantisch klingenden Geschichte, die ihrer Originalität wegen hier erzählt sei.

Der persische Eroberer Nadir-Schah wusste, dass der letzte Mogulherrscher Mohammed einen als Wunderstein bekannten Diamant besaß und ließ, nachdem er Mohammed besiegt hatte, in den Schatzkammern des unterworfenen Herrschers vor allem nach diesem Stein suchen. Aber alles Suchen war vergeblich, bis er schließlich durch eine Lieblingsfrau Mohammeds das sorgfältig gehütete Geheimnis erfuhr, dass der Kaiser den Edelstein verborgen in seinem Turban trüge, den er Tag und Nacht nicht vom Haupt nahm. Um sich in seinen Besitz zu setzen, wandte Nadir eine List an, die des Humors nicht entbehrt. Bei einem feierlichen Durbar, bei dem sein Gefangener neben ihm saß, regte er plötzlich an, man solle die Turbane wechseln, ein damals beliebtes Zeichen gegenseitiger freundschaftlicher Gesinnung. Bevor der besiegte Herrscher noch etwas sagen konnte, hatte Nadir seinen eigenen einfachen Turban auf den Kopf des anderen gesetzt, der ihm nun seine kostbare Kopfbedeckung überreichen, musste Mohammed Schah behielt dabei eine so vollkommene Ruhe, dass Nadir fürchtete, der Stein sei nicht drin. Er brach daher sofort das Durbar ab, zog sich in seine Gemächer zurück und riss die Falten des Turbans auseinander. Ein kleines Päckchen fiel ihm entgegen, und als er es aufmachte, war sein Auge von einer unermesslichen Lichtfülle geblendet. „Koh-i—nur! Du Berg des Lichtes", rief Nadir bewundernd aus und hatte damit dem Edelstein seinen Namen verliehen. —

Dieser berühmte Stein soll nach den Angaben englischer Forscher um 1300 herum in der Golconda-Mine gefunden werden sein, indessen behaupten die Hindupriester, er stamme aus der Zeit des Gottes Krishna und das Wasser, in dem dieser Stein ein Weilchen gelegen habe, heile alle Krankheiten. Er wog ursprünglich 793 Karat, verlor aber durch ungeschickte Schneider erheblich an Gewicht, sodass er 1849, als er von der East India Company der Königin Victoria zum Geschenk gemacht wurde, nur noch 186 Karat schwer war. In Amsterdam wurde er dann nochmals nachgeschliffen, wobei er wieder an achtzig Karat verlor, so dass er heute nur noch $106^{1}/_{16}$ Karat wiegt. Sein Wert wird auf etwa 100 000 Pfund Sterling geschätzt. —

Von dem unter dem Namen Pitt oder Regent bekannten Diamanten berichtet I. Kozminski: Dieser Stein wog $163\ /_{8}$ Karat und brachte seinem Besitzer William Pitt andauernd allerhand Trubel und Ärger, sodass er ihn an den Herzog von Orleans verkaufte. Diesem wurde er 1792 während der Revolution gestohlen, gelangte später aber in nicht aufgeklärter Weise in den Besitz Napoleon Bonapartes, der ihn in den Griff seines Säbels setzen ließ. Auf der Ausstellung 1855 war dieses Schwert mit dem Regent-Diamant noch ausgestellt. Interessant ist nun, dass ein Minister dieses Kleinod mit nach Bordeaux rettete, als 1914 die deutschen Truppen bedrohlich auf Paris marschierten. Als die Gefahr vorbei war, wurde er wieder nach Paris überführt, wo er in der Apollo-Galerie des Louvre deponiert wurde.

Der „Cullinan" oder „Stern von Afrika" gehört zu den großen Diamanten, die ihren Besitzern kein Unheil gebracht haben, an ihm hängt kein Blut und keine fantastische Vergangenheit. Er wurde 1905 bei Pretoria in Südafrika gefunden und nach dem Direktor der Mine Sir T. M. Cullinan genannt. Er wog 3025¾ Karat und wurde für 150 000 Pfund Sterling an die Regierung von Transvaal verkauft, die ihn 1907 dem englischen König Eduard VII. als Geburtstagsgeschenk überreichen ließ, nachdem er 1905 auf Wunsch des Königs Georg V. Den Namen „Stern von Afrika“ erhalten hatte.

Dieser Riesenstein wurde dann in Amsterdam in 105 kleine Steine gespalten, die nach dem Schliff noch $1036^{5}/_{32}$ Karat wogen. Es ist niemals bekannt geworden, dass die verschiedenen großen Diamanten, welche das englische Königshaus besaß, diesem irgendwelche Sorgen verursacht hätten, wogegen fast alle die im Besitz der russischen Herrscher waren, sich unheilbringend ausgewirkt haben. Und es gibt selbstverständlich auch viele Tausende solcher Steine, die bei ihren Trägern nur ihre guten Eigenschaften zur Geltung brachten, aber von diesen, wie z. B. von dem Diamant, der durch Abgleiten des Mörderdolches an ihm Isabella II. von Spanien das Leben rettete, hört man selten etwas — man stellt sein Glück nicht gern zur Schau und spricht nicht von seinem eigenen Talisman!

Der unter dem Decknamen „Charubel“ schreibende englische Hellseher, genannt „the great seer“, der auch von den deutschen Astrologen als Verfasser des wertvollen Buches: „Die Grade des Zodiaks, ihre Symbole und Bedeutung“ sehr geschätzt wird, schreibt über die okkulten Kräfte des Diamanten: „der Diamant ist heilig, er ist einer der heiligsten, ja der heiligste von allen Steinen ... Der Diamant besitzt eine einzigartige Kraft, wenn er im Besitz von Königen, Präsidenten, Lords, Richtern, Magistratspersonen, usw., und in Händen von vorgeschrittenen Okkultisten ist, aber kein Offizier des Landheeres oder der Marine, keiner der berufsmäßig Menschen oder Tiere töten muss, sollte ihn tragen. Ebenso sollte niemals irgendein Gegenstand wie ein Schwert, Dolch oder auch nur ein Gegenstand, der solche vorstellen soll, mit einem Diamanten geschmückt werden.“

Diese Bemerkung steht in Charubels Werk „Psychology of Botany“, das 1906 in Leight in England erschien und zur Zeit vergriffen ist. In diesem Buch bringt Charubel in dem Abschnitt „The psydiological properties of minerals“ eine Beschreibung der geheimen Kräfte einiger wertvoller Steine, wie er sie erfühlt hat.

Er beschreibt den Diamant, Rubin, Saphir, Smaragd, Tapas, Bergkristall, Granat, Karfunkel, Türkis, Amethyst und die Koralle. Für jeden, mit Ausnahme des Diamanten, gibt er das Siegel und den heiligen Namen, mit dem man die Seele des Steines wecken soll, an, wie diese ihm als Seher zugekommen sind.

Charubels Standpunkt ist folgender: Zwischen der menschlichen Seele und der sie umgebenden Natur besteht eine unmittelbare Beziehung und er zeigt, wie man diese beiden ewigen unsterblichen Kräfte miteinander in Verbindung bringen und gerade die Kräfte anziehen kann, die man braucht.

„Das Reich der wertvollen Steine“, schreibt er, „ist erfüllt von Wunderkräften, die alles übersteigen, wovon ich hier berichtet habe oder was sich die regste Fantasie erdenken könnte.“

Er gibt nun für jeden der genannten Steine ein Siegel, ein Symbol und ein *heiliges Wort* an, mit dem man die geheimen Kräfte des Steines wirksam machen kann.

Nur für den Diamant gibt er nichts Derartiges an, mit der eigenartig anmutenden Begründung, „er habe keine Erlaubnis, Wort und Siegel dieses Steines mitzuteilen“.

Bei einer Konzentration auf diese zunächst ziemlich einfach erscheinenden Symbole empfindet man ein Gefühl der Zugehörigkeit derselben zu dem entsprechenden Objekt, das natürlich verstandesmäßig nicht wahrzunehmen oder gar zu begründen ist, aber doch eine gegenseitige Verbundenheit anzudeuten scheint.

Deshalb soll hier, jeweils am Schluss der Beschreibung der Eigenschaften der Steine, auch die Ansicht dieses alten Sehers und das von ihm zugeordnete Siegel und Wort angegeben werden. Vielleicht ist manchem sensitiven Leser damit eine willkommene Anregung zur weiteren Erforschung der magischen Kräfte der Mineralien gegeben.

Nächst dem Diamanten ist der **Rubin** als Talismanstein bedeutsam. Er wird oft der Bruder des Brillanten genannt, da er ihm an Härte und Feuer am nächsten kommt. Audi ihm wurden schon im Altertum die stärksten Kräfte und köstlichsten Eigenschaften zugesprochen.

Zahlreiche Märchen und Sagen sind über ihn im Umlauf und manchen Dichter hat er zu Lobeshymnen begeistert.

„Die Wassertropfen, die aus Wolkenlenden fallen,
Verwandelt Gottes Hand in Perlen und Korallen,
Durch seiner Strahlen wärme wird gestocktes Blut
In Felsenadern flüssig als Rubinenglut.“
(Mohamed ben Mansur)

Mineralisch gehört der echte Rubin zu den edlen Korunden, es gibt aber eine ganze Reihe von Steinen, die im Handel als Rubine gelten. Almandine, Caprubine, sirische Rubine, Spinelle, Karfunkel, Rubellite, alle diese werden häufig als Rubine bezeichnet, gehören aber gar nicht zu der Korundgruppe der eigentlichen Rubine. Für talismanische Zwecke kann dort, wo ein Rubin zugeordnet ist, nur der natürliche Edelkorundstein infrage kommen, auch niemals ein sogenannter synthetischer Stein und wenn er noch so täuschend *rekonstruiert* ist und angeblich aus kleinen echten Rubinen zusammengeschmolzen sein soll, was meist gar nicht der Fall ist.

Ihm fehlt die *Seele* des echten Rubins, denn man kann ebenso wenig einen *lebenden* Stein fabrizieren wie man einen *lebenden* Kanarienvogel schaffen kann.

Der Rubin ist schwerer schmelzbar als z. B. der Diamant, und der Glaube, dass man kleine Diamanten zu einem einzigen großen zusammenschmelzen könne, hat dem armen Alchimisten Textorius das Leben gekostet. Er hatte nämlich dem Alchimisten-Kaiser Rudolf II., der in seinem Laboratorium auf dem Hradschin in Prag mit Diamanten experimentierte, versprochen, durch Erhitzung von mehreren kleinen Steinen einen großen zusammenzuschmelzen. Es wurden also eine Anzahl Steine in einem festverschlossenen Schmelztiegel dauernd erhitzt, und als man die Form zerschlug, waren die Diamanten spurlos verschwunden. Der Kaiser glaubte natürlich, Textorius hätte sie irgendwie beiseite gebracht und ließ den unglücklichen Diamantenschmelzer aufhängen. Als dann 1751 Kaiser Franz I. in Brüssel Diamanten und Rubine zusammen dem gleichen Verfahren aussetzen ließ, zeigte sich bezüglich ersterer das gleiche Resultat, aber die Rubine hatten die Hitze gut ausgehalten und waren unbeschädigt geblieben.

Diese Feuerbeständigkeit war auch den Alten bekannt; Plinius spricht schon von indischen Carbunculis, »welche der Gewalt des Feuers widerstehen«, weshalb sie vom Volk *Apyroti* genannt wurden. Die Bezeichnung Carbunkel darf hier nicht irreführen; so wurden die Rubine von den Alten genannt. Als dann das Wort Karfunkelstein aufkam, womit mineralogisch der Edelgranat bezeichnet wird, trat erst die Verwechslung der beiden Steine zutage. Seit der Frühzeit des Menschengeschlechts spielt der Rubin die Rolle eines mit besonderen — guten wie teuflischen — Kräften ausgestatteten Steines. Die diesbezüglichen Mitteilungen stammen meist aus dem Mutterlande des Rubins, aus Indien, wo in Birma und Ceylon die bisher wertvollsten Steine gefunden wurden.

Von einem solchen Wunderstein wollen wir berichten, was der Artillerie-Oberst Alexander Gardner, der im Dienste des Maharaja Ranyit Singh stand, von ihm erzählt.

Gardner suchte zusammen mit dem Baron von Kirghir einen ehrwürdigen alten Fakir auf, der im Besitz eines selten schönen Rubins sein sollte. Der Baron trat zunächst allein in die Hütte des Fakirs ein und erklärte diesem, nur durch Hergabe seines Rubins könne er den mitgekommenen Räuberhauptmann bewegen, Leben, Eigentum und Ehre von allen den unschuldigen Familien, die hier in der Umgebung wohnten, zu schonen.

Der Fakir, der schweigend und unbeweglich da saß, erhob sich nach einigem Nachdenken und kramte den Stein hervor, den er mit unterwürfiger Miene in die Hand des Barons legte. Dann gab er ihm seinen Segen und sprach die Hoffnung aus, dass seine Gabe nun auch den gewünschten Erfolg haben möge, und verfiel wieder in seine stille Versenkung. Irgendeine Bezahlung lehnte er ab, bat aber, ihm einige Körnchen von dem Stein zurückzusenden, damit er imstande sei, verirrten und hilflosen Wanderern zu helfen.

Bei näherem Untersuchen des Steines fand der Oberst, dass auf der länglichen Seite das Bild eines kleinen Altars Zoroasters reliefartig eingeschnitten war, und um diesen herum zwei Reihen Buchstaben, wie man sie auf Scythobaktrischen Münzen findet, standen. Der Stein war ganz fehlerfrei und von wunderbarem Glanz, wog 150 – 200 Karat und repräsentierte einen hohen Wert. Er war zu Timurs Zeit von einem Vorfahren des Fakirs in einer Höhle nahe bei dem berühmten Altar der Stadt Oosch gefunden worden.

Wesentlich besser benahm sich Peter der Große, der stets einen herrlichen Rubinring trug, der ihm erstaunliche magnetische Kräfte verliehen haben soll.

Als er auf der Schiffswerft zu Zaardam bei Amsterdam als Zimmermann arbeitete, begegnete er dem König Wilhelm III. von Oranien und steckte ihm ein Päckchen in die Hand, in dem sich ein Rubin im Werte von zehntausend Pfund Sterling befand. — Ein wahrhaft eines Königs würdiges Geschenk. —

Ein Unglücksrubin war eine Zeit lang auch der sogenannte Eierrubin von Parma. Er war jahrhundertelang im Besitz der Herzog von Este ohne irgendwelche bösen Eigenschaften zu zeigen. Das änderte sich sofort als Cesare Borgia den Herzog ermordete und den Eierrubin seiner Schwester Lucretia schenkte.

Dieses satanische Weib trug (nach ihrem eigenen Geständnis) den Stein immer dann, wenn sie zum letzten Mal mit ihrem Liebhaber zusammen war, dessen Ermordung sie bereits beschlossen hatte. Als ihre Untaten selbst in dem Italien des frühen 16. Jahrhunderts peinlich auffielen, nahm ihr Cesare den Ring wieder ab und trug ihn selbst. Er ist dann bald darauf in Spanien gefallen. Der Ring kam in die Schatzkammer der spanischen Regierung und hat von da an seine mörderische Kraft verloren; denn immer haben ihn Mitglieder des Königshauses seither getragen, ohne dass ihnen ein Unglück zugestoßen wäre.

Im Altertum wurde auch oft das Bild einer Schlange in Rubinen eingeschnitten, da man glaubte, dass hierdurch der weltliche Besitz des Trägers vermehrt würde. Stets galt der Rubin als Symbol für Leidenschaft, Kraft und Sieg und wurde als Amulett gegen Gift, Sorgen und böse Geister getragen, weil letztere die Strahlen des Steines fürchten sollten. Wenn man von einem Rubin träumt, so sollte dies für den Kaufmann ein gutes Geschäft, für den Landmann eine gute Ernte bedeuten. Die Farbe des Rubins schwankt zwischen Hellrosa und Tiefrot, die geschätztesten sind die von Taubenblut-Farbe.

Charubel sagt vom Rubin: Wenn du in Sorge bist, so konzentriere deine Gedanken auf den Rubin; seine verborgenen Kräfte werden dein Bündel Sorgen auf sich ziehen, du wirst ruhig und getröstet werden. Blicke auf sein Siegel und wiederhole neunmal sein heiliges Wort: DER — GAB — EL. —

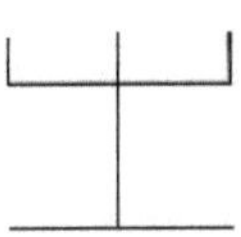

Der **Granat**, ein ebenfalls sehr beliebter Stein, stellt kein einzelnes Mineral von bestimmter Zusammensetzung dar wie z. B. der Diamant und der Rubin, sondern umfasst eine ganze Gruppe von Steinen, die sämtlich in der Hauptsache Silizium- (Kieselsäure-) Verbindungen, also Silikate sind. Seine Farbe schwankt zwischen reinem karmesinrot und tief dunkelrot. Die verbreitetste Granatart ist die in Böhmen gefundene, die als Pyrop oder einfach als böhmischer Granat bezeichnet wird.

Sie zeichnet sich durch eine dunkelblutrote Farbe aus, die stets einen unverkennbaren Stich ins Gelbliche hat. Dieser Pyrop wird durchschnittlich nur in kleinen Stücken gefunden, sodass oft 32 – 100 auf 1 Lot (17,5 g) gehen.

Schöner als dieser und auch höher im Preise ist der im Kaplande gefundene Granat, der unter dem Namen Kaprubin im Handel ist. Ihm gleich ist der um die Jahrhundertwende in Deutschostafrika gefundene Granat, der im Handel die Bezeichnung „Faschoda-Granat" erhielt und sich durch seine kolumbinrote Farbe und seinen kräftigen Glanz den besten Granatarten als ebenbürtig erwiesen hat.

Der Granat war im Altertum sehr geschätzt; man sagte von ihm, dass er unkeusche Gedanken vertreibe, vor dem Blitz schützt und vor Ansteckung bei Pestilenz bewahre.

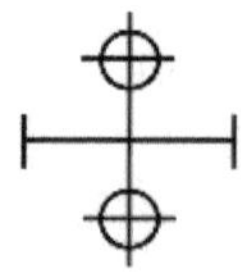

Charubel sagt, „dieser Stein ist ein besonderes Schutzmittel gegen diabolische Einflüsse und keine Macht des Bösen kann dem Träger eines Granat Schaden zufügen. Sein Siegel ist (siehe Abbild.) und sein heiliges Wort AR — HU — CAL.

Außer diesen Granatarten gibt es noch die Klasse der Edel-Granate, die Almandine genannt werden, ein Wort das verstümmelt aus dem Namen Carbunculus alabandicus hergeleitet sein soll, den der alte Plinius dem Steine gab, weil dieser auch bei der Stadt Alabanda in Kleinasien gefunden wurde. Hieraus entstand dann die Bezeichnung Karfunkel, jetzt wird er einfach als „der edle Granat" bezeichnet. Als Fundort kommt zunächst Ceylon in Betracht, dann Sirian in Birma, weshalb der Almandin (Karfunkel) auch oft „sirischer Granat" genannt wird. In Vorderindien wird er in so großen Mengen gefunden, dass er ein wichtiges Erzeugnis des Landes darstellt.

Er wird in reinen, durchsichtigen, sehr schönen hell- bis dunkelroten Exemplaren auf den Markt gebracht und ähnelt dann wirklich dem edlen Korund, dem Rubin, als welcher er Nichtkennern oft genug angeboten wird.

Im Mittelalter galt der Karfunkel als Beschützer gegen die Pest und gegen alle Gefahren auf langen Land- oder Seereisen. Er wurde mit dem roten Arterienblut in Verbindung gebracht und von den alten Ärzten in Pulverform als Mittel gegen Herzkrankheiten verordnet.

Charubel rät, ihn auf seine Art zu benutzen, wenn man mutlos und enttäuscht ist und nicht die nötige Energie aufbringen kann, die man, um

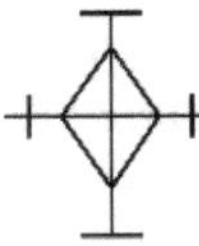

sich durchzusetzen, braucht. Er gibt dafür dieses Siegel (siehe Abbild.) und das Wort APH — RU — EL.

Der **Saphir**, der königsblaue, kornblumenblaue Edelkorund, gehört zur gleichen Klasse wie der oft als sein Bruder bezeichnete Rubin. Er wird namentlich in Ceylon, Indien, Siam, USA, und Australien in größeren Mengen gefunden und ist nur einen Härtegrad weicher als der Diamant. Der geschätzteste und kostbarste ist der blaue Ceylon-Saphir; weniger wertvoll sind der weiße oder Leuko-Saphir, der gelb schimmernde, „orientalischer Topas" oder „Topassaphir" genannt und der hellrosafarbene „Königstopas". Er galt seit den ältesten Zeiten als heiliger Stein, „der die ätherischen Kräfte der Luft empfindet, mit den Himmeln sympathisiert und anders glänzt, wenn der Himmel strahlt, als wenn er bedeckt ist". Er galt als Beschützer des Augenlichts, als Helfer gegen Melancholie und alle körperlichen Störungen. Papst Innozenz III. (12. Jahrhundert) verordnete seinen Bischöfen, in ihre goldenen Ringe einen Saphir einsetzen zu lassen, „den Stein, welcher das Siegel des Geheimnisses darstellt und bei der Einkleidung wurde der Nonne als heiliges Zeichen ihrer mystischen Vermählung ein vom Bischof geweihter Saphirring angesteckt.

Die Buddhisten nennen ihn den Stein der Wahrheit und Beständigkeit, des Seelenfriedens und der Freundschaft. Er galt als Besitzer elektrischer Kräfte, sollte warnen vor verborgenen Gefahren und Vergiftungen, die Kraft der Imagination erhöhen und berechtigten Hoffnungen und Wünschen die Erfüllung bringen.

Als Amulett eignet sich nur ein blauer Saphir, wie ihn bereits der weise König Salome als Siegelstein trug. Wer ihn seiner Natur entsprechend als Schutzstein tragen darf, wird seine wunderbare Hilfe bald spüren. Er verhilft dann zur Entfaltung von Herzensgüte und Mitleid und ist der beste Schutz für Sensitive und Medien, denen er Freunde heranzieht und Feinde fernhält; außerdem Schützt er vor Herzkrankheiten.

Von der berühmten Schauspielerin Anna Hypolite Mars, die zur Zeit Napoleons I. am Theater Français wirkte und als die damals erfolgreichste Bühnenkünstlerin Frankreichs galt, erzählte man sich, dass sie einen glückbringenden Saphir besessen habe, den sie nie ablegte. Sie trug ihn an einem goldenen Kettchen um den Hals. In gewissen Rollen, die ein tiefes Decolleté verschrieben, trug sie ihn als eine Art Strumpfband um das Bein gewickelt. Ohne diesen Glückbringer hat sie während ihrer langen erfolgreichen Tätigkeit als Schauspielerin niemals die Bühne betreten.

Der Saphir hat auch einst dem bekannten Humoristen Saphir zu seinem Namen verhelfen. Als zur Zeit Kaiser Joseph II. im Jahre 1780 den in Ungarn und Österreich-Polen lebenden Juden zwangsweise deutsche Familiennamen gegeben wurden, befand sich unter den hierzu Vorgeladenen auch der Kaufmann Israel ben Jacub, wie Saphirs Vater sich vorher nannte. Als dieser vor die Kommission kam, um einen Namen anzugeben, den er in Zukunft führen sollte, konnte er sich nicht zu einer Angabe entschließen. Da sagte der Vorsitzende der Kommission: „Du trägst einen Ring, in dem sich ein schöner blauer Saphir befindet, ergo sollst du Saphir heißen! Punktum!“ — und so entstand der Familienname Saphir, den der Sohn dann zu einem so geachteten machte.

Charubel gibt als Siegel des Saphirs dieses Symbol (siehe Abbild.) an und als Wort: TROO — AV — AL, dem er ganz besondere Kräfte zuschreibt.

Der **Smaragd**, dieser herrliche, grüne Edelstein hat schon im ersten Jahrhundert nach Christi den römischen Schriftsteller Plinius den Älteren so begeistert, dass er im 37. Buch seiner Naturgeschichte schrieb: „Wahr ist es, dass wir hochbeglückt sind vom Grün der Kräuter und der Blätter der Bäume, aber dies ist nichts im Vergleich zu dem Entzücken, das wir beim Beschauen eines Smaragdes empfinden, denn mit was immer wir seine Farbe auch vergleichen mögen, sie übertrifft alles an erfreuendem Grün.”

Mineralogisch gehört der Smaragd zur Klasse der Berylle, zu der auch der Aquamarin zu zählen ist. Die schönsten Steine haben einen eigentümlichen samtartigen Schimmer, der bei künstlicher Beleuchtung ebenso schön ist wie bei Tageslicht. Es gibt keinen anderen Edelstein, bei dem fehlerhafte Exemplare so verbreitet und fehlerfreie so selten sind als beim Smaragd, ebenso wie große Exemplare nur wenige sicher bekannt sind. Gefunden werden gute Steine in Ägypten, Südamerika (Kolumbien) und im Ural.

Die seinerzeit so ergiebigen Gruben in Peru sind von den spanischen Eroberern unter Pizzaro niemals aufgefunden worden, ebenso wenig der straußeneigroße Stein, den die Peruaner als Göttin verehrten.

Die Sage, dass der sagenhafte „Schatz der Inkas“ noch heute an unzugänglicher Stelle ruhe, will nicht verschwinden. In einer Indianerfamilie soll von Geschlecht zu Geschlecht das Geheimnis des Schatzortes sich forterben, und es sind seitdem mehr als fünfhundert Jahre vergangen, ohne dass sich ein Verräter gefunden hätte.

Der Smaragd galt immer als der Stein der Harmonie und der Freundschaft, der Offenheit und Treue. Er schützte vor dem bösen Blick und wurde als Amulett gegen Fallsucht und Krämpfe getragen. Wegen seiner wunderbaren grünen Farbe galt er als Augenheilmittel, und man legte bei Entzündungen kleine Perlen aus echtem Smaragd in die Augenwinkel. Steinschneider, die sich ihre überanstrengten Augen stärken wollen, arbeiten eine Zeit lang nur an Smaragden und erhalten durch das Schauen auf das wunderbare Grün ihre Sehschärfe wieder.

Damigeron sagt, dass ein Smaragd in Form eines Skarabäus, auf dessen unterer Seite man eine stehende Isis eingraviert, als Amulett die Kraft hat, seinem Besitzer die Zukunft zu offenbaren, vorausgesetzt, dass derselbe durchaus keusch lebt. Ganz wunderbar ist die Wirkung des Smaragds auf Liebende; das helle Grün verdunkelt sich bis zu einem fahlen Braun, sobald der Geber seiner Geliebten die Treue nicht hält.

Eine weitere gute Eigenschaft des Smaragds soll darin bestehen, dass er Geburten erleichtert und gegen schwere Träume hilft, wenn er auf der Brust getragen wird.

Die Smaragden sind die dem heiligen Apostel Johannes zugehörigen Steine, also die Schutzsteine aller, die diesen als Schutzpatron verehren.

Charubel rät allen nur auf materielle Interessen Bedachten ab, einen solchen Stein zu tragen, denn er würde ihnen immer feindlich sein und sie ruhelos und erfolglos suchen lassen, was ihnen zu finden nicht bestimmt ist. Hingegen empfiehlt er ihn allen aufrichtigen Wahrheitssuchern, denen er zum Segen gereichen würde. Als sein Siegel gibt er dieses Symbol (siehe Abbild.) und als Wort, durch welches das Leben des Steines angerufen wird„ nennt er: AMVRADEL.

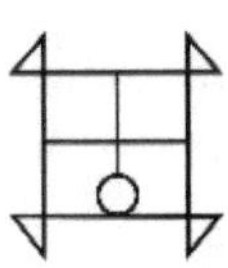

Der **Amethyst** ist eine besondere Art des violetten Quarzes; nur die durchsichtigen, edlen Steine werden als Edelsteine geschliffen und dann als okzidentale Amethysten gehandelt. Wichtiger ist der orientalische

Amethyst, der violette Edelkorund, dessen Farbe alle gesättigten und blassen Nuancen zwischen dem Rot des Rubins und dem Blau des Saphirs zeigen, die Farben dieser beiden Edelsteine sind bei ihm gewissermaßen gemischt. Audi dieser Stein kommt aus Ceylon, Uruguay, Brasilien und Oberstein an der Nahe. Die Alten kannten diese beiden Amethystqualitäten sehr gut; schon Plinius erwähnt den indischen Amethyst als den wertvolleren.

Der meistbenutzte ist der okzidentale, von dem außerordentlich schöne Exemplare gefunden werden.

Das Wort *Amethystos* bedeutet im Griechischen: *Trunkenheit verhindernd*, und es wird berichtet, dass man im Altertum Becher aus ihm anfertigte oder ihn in den Becher legte, um die bösen Geister des Weines zu bannen, denn die Haupteigenschaft, die man diesem Steine noch bis ins 18. Jahrhundert hinein zuschrieb, war der *Schutz gegen die Volltrunkenheit*.

Außerdem aber hatte er noch weitere gute Kräfte. Man sagte von ihm, er verleihe eine keusche Gesinnung und mache stark gegen Verführung. Er ist der Ringstein der Bischöfe und Kardinäle, die ihn mit Vorliebe als Zeichen für Seelenreinheit und Keuschheit tragen. Die heilige Hildegard von Bingen, die vielerlei Anweisungen über den Gebrauch von Edelsteinen hinterlassen hat, nannte die Amethyste wahre Schönheitsmittel; wenn man die Steine mit Speichel befeuchtet und damit Flecken und Pusteln im Gesicht bestreicht, so verschwinden diese. Hält man den Stein in warmes Wasser und lässt den Niederschlag davon in reines Wasser träufeln, so erhält man ein vortreffliches Waschwasser, das alle Raubheiten der Haut beseitigt.

Wo ein Amethyst sich befindet, fliehen Schlangen und giftiges Gewürm; daher legt auch der Adler, wie Hieronymus berichtet, einen Amethyst in sein Nest, um die Jungen vor Giftschlangen zu schützen.

Besonders wertvoll sind Amethyste auch als Freundschaftssteine; sie bilden ein Bindeglied zwischen zwei Freunden, das so lange unzerstörbar bleibt, als sich der Amethyst im Besitze derselben befindet.

Ferner galt er (nach Camillus Leonardus, einem Schriftsteller des 16. Jahrhunderts) als besonderer Beschützer der Pferde und ihrer Reiter, wenn ein galoppierendes Pferd darauf eingeschnitten war, dessen Reiter ein Szepter in der Hand hält. Um die vollen magischen Kräfte des Amethystes zu genießen, soll der Stein, alter Vorschrift gemäß, am dritten Finger der linken Hand getragen werden, wie es die alten Ärzte stets taten.

Außerdem wurde er im alten Ägypten von den Soldaten sehr geschätzt, die ihn mit eingeschnittenen Skarabäen als Schutz gegen Verwundungen trugen.

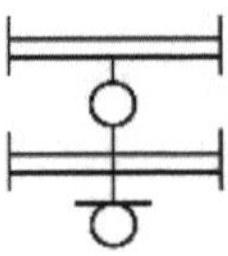

Charubel sagt: der Amethyst stärkt das Gedächtnis, schützt vor Halluzinationen und hilft gegen Farbenblindheit; sein Siegel sieht so aus (siehe Abbild), das Wort zur Anrufung des Lebens des Amethystes heißt: AVRUTHEL.

Der **Topas**. Mit diesem Namen werden im Edelsteinhandel Mineralien bezeichnet, die nicht mit dem wirklichen Topas identisch sind. Der sogenannte Goldtopas ist gelber böhmischer Quarz (Zitrin) oder gelbgeglühter Amethyst, der Rauchtopas ist Rauchquarz, usw.

Um hier Klarheit zu schaffen, hat man dem wirklichen Topas im Steinhandel jetzt die Bezeichnung Edeltopas gegeben, wodurch alle Verwechslungen mit den minderwertigen Quarzarten ausgeschaltet wurden.

Die reinsten Edeltopase sind vollkommen farblos, ganz durchsichtig und klar, wasserhell, weshalb sie im französischen Edelsteinhandel auch *gouttes d'eau* heißen. Daneben finden sich aber auch solche mit einem leichten lichtblauen Schimmer mit einem Stich ins Grüne und Lichtrosafarbene. Dies sind die selteneren Stücke, die meisten sind gelb, hellweingelb bis dunkelgelb und werden je nach ihrer Reinheit bewertet.

Gefunden wird der edle Topas im Ural, Brasilien, Australien und Sachsen.

Wer einen Topas als seinen auf ihn abgestimmten Stein trägt, wird bald empfinden, dass er beruhigend auf die Nerven wirkt und die Gabe verleiht, folgerichtig zu denken und sich verständlich in Wort und Schrift auszudrücken. Schon im Altertum war es bekannt, dass die Kräfte des Topas eng mit dem Mond zusammenhängen und dass durch diesen die Ausstrahlungen des Steines stark beeinflusst werden.

Bei herannahendem Gewitter wird der Stein elektrisch und übt auf seinen Träger eigenartige Wirkungen aus, Einige werden hellsehend und sehen prophetisch allerlei Ereignisse voraus, bei anderen fördert er in anderer Weise das Verständnis für okkulte Dinge. Am linken Arm oder auf der Brust getragen, soll der Topas seinen Beschützer vor dem bösen Blick und vor allen neidischen Intrigen schützen.

Nach Camillus Leonardus galt der Topas im Altertum als gutes Mittel gegen Asthma und Blutsturz.

Charubel schreibt nur dem hellrosafarbenen, d. h. dem lichtgelben mit einem Stich ins Rosafarbene, der durchsichtig ist, magische Kräfte zu. Er behauptet, dass dieser Topas schwächlichen und kalten Naturen eine ganz besondere Stärkung bringe und dass er den Menschen, die immer auf der Schattenseite des Lebens bleiben, weil ihr Können nicht gewürdigt oder erkannt wird, durch Tragen eines solchen Topases zu besonderer Anerkennung ihrer Fähigkeiten verhelfe. Als Siegel gibt er dieses Diagramm (siehe Abbild), das, nach seiner Anweisung betrachtet, ganz besonders hilfreich wirkt, wenn das heilige Wort SOO — MAH — THU — EL — DI VOO — MATH — EL dabei meditiert wird.

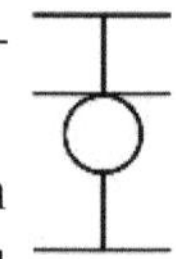

Der **Türkis**. Dieser himmelblau bis berggrüne Edelstein kommt überwiegend aus Persien und von der Sinaihalbinsel zu uns. Er hat die Eigenschaft, seine schöne blaue Farbe zu verlieren und eine grüne Färbung anzunehmen sobald der Träger eines solchen Steines krank wird, aber er nimmt seine ursprüngliche blaue Farbe wieder an, sobald die Krankheit behoben ist. Hierfür gibt es sowohl aus dem Altertum als aus der Neuzeit zahlreiche verbürgte Fälle. So beschreibt S. Kozminski in seinem Buch „The magic and science of jewells and stones“ ein derartiges Vorkommnis aus seinem Bekanntenkreise. Er erzählt: Eine befreundete Dame besaß ein Türkisarmband, dessen Steine die Form von ägyptischen Skarabäen hatten. Als sie auf einer Reise nach Japan erkrankte, wechselten die Steine ihre Farbe von schönem Blau in tiefes Grün, nahmen aber die erstere wieder an, sobald sie selbst wieder genesen war.

Einer großen Juwelierfirma passierte es, dass ein ihr zum Fassen anvertrauter besonders wertvoller Türkis plötzlich unter den Händen ihres angestellten Steinfassers die schöne blaue Farbe verlor und dunkelgrün wurde, als dieser bei der Arbeit erkrankte. Als der Stein nun einem anderen, gesunden Arbeiter übergeben wurde, nahm er seine ursprüngliche Farbe wieder an.

Im alten Ägypten galt er als Spezial-Schutzstein für Reiter und Pferd. Camillus Leonardus sagt in seinem alten Steinbuch: solange ein Reiter einen Türkis bei sich trägt, wird ihm niemals sein Pferd ermüden noch ein Unfall zustoßen, denn man glaubt, dass der Stein alles Unglück auf sich ziehen wird. In England, Amerika und Australien wird der Türkis jetzt noch gern von Jockeys und Jagdreitern als spezieller Talisman getragen, im Mittelalter war er der „Stein des jungen Mädchen“ denn er galt als Beschützer der Tugend und Abwehr des bösen Blicks.

Die alten Araber benutzten ihn als „Bringer von Gesundheit und Geld“, indem sie ihn in der Jupiterstunde in die rechte Hand nahmen, ihn starr ansahen und ihre Wünsche „in den Stein hineinsprachen“.

Charubel nennt ihn „den Stein der Sympathie“, einen unschätzbaren Helfer zur Meditation, einen Erwecker der inneren Kräfte zur Vereinigung der Seelen. Er gibt als Siegel dieses Diagramm (siehe Abbild.) und als Meditationswort: HAR — VAL — AM.

Bergkristall nennt man den vollkommen wasserhellen, farblosen und durchsichtigen Quarz (ist dieser aber von brauner bis schwarzer Farbe, so nennt man ihn Rauchtopas). Er wird in Europa im Hochgebirge der tiroler, schweizer, italienischen und französischen Alpen gefunden. Weit größere Vorräte kommen in den anderen Weltteilen vor, in Indien, Brasilien, Nordamerika und besonders schöne und große Stücke auf der Insel Madagaskar.

Er ist bereits vor mehr als 1500 Jahren v. Chr. Von den Ägyptern und Babyloniern verwendet werden, wie die aufgefundenen Skarabäen- und Zylinderamulette aus dieser Zeit bezeugen. Es ist auch überliefert worden, dass der König der Äthiopier den Abgesandten des Perserkönigs Kambyses (525 v. Chr.) neben anderen Wundern die Sarkophage seiner Vorgänger zeigte, die aus reinstem Bergkristall bestanden und in denen die Körper der Abgeschiedenen vollkommen erhalten geblieben waren. Im Kapuzinergewölbe in Wien befinden sich 150 Kristallvasen, die, in Gold gefasst und mit der Krone geschmückt, die Herzen der Mitglieder des kaiserlichen Hauses bewahren. Dieser Brauch soll auf eine Anordnung des österreichischen Herzogs Franz zurückzuführen sein, der in der Schweiz starb und befohlen hatte, dass sein Herz auf diese Weise nach Wien gebracht und dort beigesetzt würde.

In China und Japan heißt der Bergkristall „Sinsho“ und wird sehr geschätzt als „der Stein der Konzentration und Beharrlichkeit“, der den „Atem der weißen Schlange“ in sich trage. Er wurde dort gern in Form einer großen Kugel zur Meditation verwendet und wahrscheinlich ist der Gebrauch solcher Kristallkugeln zum Hellsehen, der noch heute sehr verbreitet ist, von dort zu uns gekommen.

Dass der Bergkristall eine besondere Kraft in sich besitzt ist durch die Forschungen Baron Reichenbachs erwiesen; er besitzt zwar einen positiven und einen negativen Pol, aber er zieht Eisen nicht an, ist also selbst ein Leiter von Kräften wie die menschliche Hand oder das menschliche Auge, und kann die Seele des Menschen mit der Allseele in Verbindung bringen. (Kristallsehen — Kristallvision!)

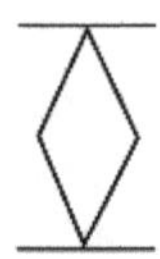

Dies ist auch die Ansicht Charubels, der aber nur solchen rät, den Stein zu benutzen, „die reines Herzens sind und an ein Weiterleben glauben". Nur für solche ist er ein Schutz gegen Täuschungen und Betrügereien von Seiten falscher Freunde. Er gibt für ihn das Siegel (siehe Abbild.) und das Meditationswort: EV — AG — EL.

Ein bei uns wenig beliebter Stein ist der in prächtigen bunten Farben schillernde edle **Opal**, der vielen als unglückbringender Stein gilt; jedenfalls schreibt man ihm mehr schlechte als gute Eigenschaften zu.

Sein wechselndes Farbenspiel verdankt der in der Hauptsache aus nicht kristallisierter Kieselsäure bestehende Stein den feinen, kaum sichtbaren Rissen, die ihn durchziehen und seinem Wassergehalt, in denen sich das Licht in verschiedener Intensität bricht. Man findet auch Opale, die kabbalistischen Zeichen ähnliche Eindrücke erkennen lassen, was vielleicht dazu beigetragen hat, dem Stein geheimnisvolle Zauberkräfte zuzuschreiben.

Das wundervolle unnachahmliche Lustre des Opals hat schon im Altertum Dichter und Schriftsteller begeistert und von „opalgefärbtem Morgen, vor dessen Schönheit die Sterne verblassen", „von zarter Farbe, die an ein liebliches, liebendes Kind erinnert" u. dgl. schwärmen lassen. Auch Plinius versteigt sich zu den Sätzen: „in dem Farbenspiel dieses Edelsteins sind miteinander vereinigt, das feurige Rot des Rubins, das prächtige Grün des Smaragds, das goldige Gelb des Topases, das tiefe Blau des Saphirs und das lebhafte Violett des Amethystes."

Als Hauptfundort des Opals kam lange nur Ungarn in Betracht, wo die schönsten bisher bekannten Steine gewonnen wurden, und es unterliegt nach den aufgefundenen Bergwerksgeräten keinem Zweifel, dass sich schon die alten Römer in den ungarischen Gruben von Czerwenitza ihre Opale geholt haben. Später wurden Opallager in Honduras, Guatemala und vor allem 1878 in Queensland und 1889 in Neu-Süd-Wales entdeckt.

In letzterem wurde in nicht ganz zwanzig Jahren mehr Edelopale gefunden als in Ungarn in den Jahrhunderten des Bestehens der dortigen Gruben. Schon das Ausgraben dieses mysteriösen Steines mutet sonderbar an. Prof. Dr. Frederic Wood Johns von der australischen Universität Adelaide schildert die seltsamen Wohnungen und Arbeitsformen der Opaljäger in Coober Pedy im Stuart-Gebirge, wo der Opal besonders reichlich gefunden wird, in seinen „Unwissenschaftlichen Essays“:

„Es scheint eine merkwürdig ungewohnte Welt“, schreibt er, „denn obwohl man Spuren menschlicher Tätigkeit überall findet, so gibt es doch keine Häuser, keine Hütten noch Zelte. Wir müssen von der gewöhnlichen Welt, in der Menschen in Häusern wohnen, in ein seltsames Reich herniedersteigen, wo Menschen in Felslöchern hausen.

Sonst bauen die Menschen überall ihre Häuser und schmücken die Wände mit ihren Schätzen; in Coober Pedy aber hauen die Menschen ihre Wohnungen in den Felsen und finden Schätze an den Wänden. In einer solchen Wohnung der Opaljäger, die aus drei Zimmern und einer hübschen Küche besteht, gibt es gute Betten, Kleiderrechen und allen möglichen Komfort.

Aber das merkwürdigste, was man in dem Kerzenschein erblickt, das ist ein schmaler Streifen von schillernder Leuchtkraft, eine glänzende, fremdartig wirkende Ader im Gestein, an der man Spuren der Arbeit entdecken kann. Und dieses Band, nicht breiter wie ein Streichholz, das ist die Ursache dieser merkwürdigen Höhlenwohnungen, ist die Sehnsucht und Hoffnung der Menschen, die hier im Dunklen leben, ist eine dünne Ader von Opal. Der Opal, dieser wundervolle, rätselhafte, kostbare Edelstein, ist kein Kind des Lichts, sondern tief vergraben in den Felsenhöhlen von Coober Pedy. Darum spielt sich hier das ganze Leben unter der Erde ab; darum lebt diese kleine Gemeinschaft im Dunkel, abgesperrt von den Freuden der Oberwelt.

Es sind gegenwärtig etwa fünfzig Opaljäger, die hier hausen und eine einzige Frau. Sehr verschiedenartig ist ihr Schicksal. Es gibt Männer, die hier schon seit Jahren arbeiten, ohne auf die geheimnisvolle Lichtader gestoßen zu sein, und es gibt andere, die nach wenigen Wochen Opale im Werte von vielen 1000 Pfund Sterling gewonnen haben und jedem Besucher in ihrer Höhle stolz das verlockende Band zeigen, das ihnen noch größeren Reichtum verspricht.“

Weshalb dieser herrliche Stein bei uns in Europa als unglücksbringend gilt, ist mit Sicherheit nicht festzustellen gewesen, nur dass dieser Glaube erst seit dem 14. oder 15. Jahrhundert aufgekommen ist, als der „Schwarze Tod“ in Venedig grassierte und Savonarola die Vernichtung der Eitelkeit predigte, gilt als zuverlässig.

Wie dem auch sei, wir kennen Geschichten von guten und bösen Opalen. Zunächst sei von einem glücksbringenden Opalring berichtet.

A. M. Pachinger erzählt in seinem Werk „Glaube und Aberglaube im Steinreich“ nachstehende interessante Geschichte, die sich in Paris abgespielt hat: Ein junges, einfach gekleidetes Mädchen betrat in der Avenue de l'Opera einen der glanzvollen Juwelierläden und bot einen Ring zum Verkauf an, der als Mittelstück einen Opal von seltener Schönheit enthielt.

Der Stein war in Form eines halben Ellipsoides geschliffen und von kleinen Diamanten umgeben. Der Goldschmied sah zuerst das Mädchen, dann den Ring, dann wieder das Mädchen an, schließlich trat er aus dem Laden und rief den an der Ecke stehenden Schutzmann.

Das Mädchen erzählte, dass es vor wenigen Minuten über den Opernplatz gegangen und auf einer der Verkehrsinseln gewartet habe, bis die Wagenreihe unterbrochen werde, damit es die Straße passieren könne. Neben ihr habe eine elegante junge Dame gestanden. Diese habe plötzlich ihren Handschuh abgestreift, einen Ring vom Finger gezogen und ihn dem Mädchen geschenkt.

„Bitte“, sagte die Dame, „nehmen Sie diesen Ring, machen Sie damit, was Sie wollen, ich schenke ihn Ihnen.“ Noch ehe das Mädchen antworten oder über die sonderbare Gabe nachdenken konnte, war die Geberin in einen herankommenden Wagen gestiegen und davongefahren.

Die Sache kam vor den Untersuchungsrichter, der seine Pariserinnen kannte. Er war sofort von der Unschuld des Laufmädchens überzeugt und schenkte deren Aussage vollen Glauben. Der Wahrheitsbeweis musste aber trotzdem erbracht werden. Ohne Rechtstitel durfte er der Kleinen den kostbaren Ring nicht aushändigen.

Es erschien daher ein Aufruf in den gelesensten Pariser Zeitungen, in welchem die unbekannte Dame gebeten wurde, im Interesse des wahrscheinlich unschuldigen Mädchens sich zu melden.

Der Aufruf hatte den gewünschten Erfolg. Eine Angehörige des französischen Hochadels hatte den Ring aus abergläubischer Scheu verschenkt, denn er habe ihr in der kurzen Zeit, die sie ihn besitze, nichts als Unglück gebracht. Bis zu dem Morgen, an dem sie den Opal an das Laufmädchen gab, traf sie Unglück über Unglück, sodass sie, wie Polykrates, den Entschluss fasste, sich des kostbaren Kleinods zu entledigen.

Der Richter wollte den Ring der Eigentümerin zurückgeben, diese weigerte sich jedoch, ihn auch nur mit einem Finger zu berühren. Mit Entsetzen wies sie das Schmuckstück von sich.

Der kleinen Laufmamsell brachte der Opal entschieden Glück. Die Geschichte war in aller Mund, der Chef des Warenhauses, in welchem das Mädchen bedienstet war, bestand darauf, dass sie den Ring behalte, und zwar aus guten Gründen.

Der schwere Dienst des Laufmädchens war für sie vorüber, sie blieb im Geschäft, wo selbst sie bald in eine sehr günstige Stellung aufrückte. Alle Pariser Damen wollten den für seine neue Besitzerin zum Glücksträger gewordenen Unglücksstein sehen; er wurde zur denkbar günstigsten Reklame für das Geschäft und hat dem armen Mädchen bald eine geachtete Stellung gebracht. —

Als verhängnisvoll für seine Trägerin soll sich der feurige Opal erwiesen haben, den Napoleon seiner Josephine geschenkt hatte und auf den das Missgeschick der Kaiserin, die gerade diesen herrlichen Stein mit Vorliebe trug, vielfach zurückgeführt wird. Dieser „Burning of Troy" genannte Stein ist auf unaufgeklärte Weise verlorengegangen und nie wieder aufgefunden worden. —

Eine andere Geschichte — der Unglücksopal des spanischen Herrscherhauses.

Als Alfons XII. seine Geliebte, die Gräfin von Castiglione verließ und die Prinzessin Mercedes heiratete, schenkte ihm erstere „zum Andenken an ihre alte Freundschaft" einen kostbaren Opalring, dessen Schönheit die junge Königin Mercedes so entzückte, dass sie sich den Ring von ihrem Gatten ausbat. Sie starb, nachdem sie den Ring einige Monate getragen hatte, an einer mysteriösen Krankheit, und des Königs Großmutter, die den Ring nach ihr trug, folgte ihr kurze Zeit darauf ins Jenseits. Der König schenkte nun den Ring seiner Schwester, der Infantin Maria, die ebenfalls an der gleichen mysteriösen Krankheit dahinging. Nun trug ihn der König selbst — und auch er starb nach kurzer Zeit ebenfalls an der Krankheit, an der die Vorbesitzer zugrunde gegangen waren. Nach dieser Unglücksserie ließ die Königin Christine den Ring an einer goldenen Kette der Statue der Schutzpatronin von Madrid, der Heiligen Jungfrau, Frau von Alumdena, umhängen, der einzigen, der dieser fatale Stein nicht schaden konnte.

Untersucht man das Horoskop des spanischen Königs, dem dieser Opal zum Verhängnis wurde, so findet man den Saturn als Herrn des Krankheitshauses in exaktem Gegenschein zur Spitze derselben, außerdem ein Quadratschein zu Jupiter und Mond. — Kein Astrologe würde dem König zum Tragen eines Opals geraten haben.

Nach den Erfahrungen des Verfassers dürfte der Opal nur von Personen getragen werden, die einen harmonisch bestrahlten Saturn an einem guten Platz im Horoskop haben und deren gutbestrahlter Geburtsgebieter kein dem Saturn feindlicher Planet ist. Ist der Geburtsgebieter ein dem Saturn befreundeter Planet und steht in gutem Schein zu ihm, so wird der Opal auch wohltätig wirken; besonders dann, wenn der Träger im Zeichen Waage geboren ist, deren Herrin Venus gut gestellt und mit Saturn durch günstigen Aspekt verbunden ist.

Niemals sollte aber ein Opal als Verlobungsgeschenk gegeben werden, er eignet sich hierzu gar nicht, auch darf er nicht zu egoistischen Zwecken Verwendung finden, er würde dann nur Misserfolge bringen. Im Osten ist er der heilige Stein, der den Geist der Wahrheit in sich trägt und in Griechenland sagte man, er verleihe die Gabe des Vorhersehens. Wer auf ihn abgestimmt ist, für den erweist er sich auch als Warner: er wird stumpf in seinem Farbenspiel, wenn seinem Träger ein Unglück droht. —

Wir wollen nun einen beliebteren Stein betrachten, den himmelblauen **Lapis Lazuli**, den Stein der Freundschaft und seelischen Harmonie, der schon vor mehr als 1500 Jahren vor unserer Zeitrechnung von den ägyptischen Priestern als „Stein des Himmels“ ganz besonders geschätzt wurde.

Er wird in Deutschland, Persien, China und Sibirien gefunden und wegen seiner schönen blauen Farbe, die durch metallisch glänzende gelbe oder weiße Punkte unterbrochen wird, gern als Schmuckstein getragen. Er ist der „Saphir“ der Alten, die meist jeden blauen Stein als Saphir bezeichneten. Plinius vergleicht ihn mit dem sternbedeckten Firmament und der im 4. Jahrhundert lebende Bischof von Constantia, Epiphanius, berichtet, dass nach den ältesten Quellen die Gesetztafeln des Moses Lapislazulisteine waren.

Er galt als ausgesprochener Freundschaftsstein, der aber auch gegen allerlei üble Einflüsse schütze, vor allem gegen Verletzungen der Füße. Die alten Ärzte ließen ihn einige Minuten in warmes Wasser legen und in diesem Wasser die Augen baden, außerdem verwandten sie ihn erwärmt zum Auflegen auf geschwollene Glieder, schmerzhafte Nervenstellen u. dgl. Man sagte auch von ihm, „dass er als Ringstein ein gut Geblüt mache, die Melancholie vertreibe und einen gesunden, tiefen Schlaf gäbe, aus dem der Schläfer nur schwer zu erwecken sei. Kleinen Kindern um den Hals gehangen, nähme er diesen das scheue Wesen“.

Er wurde auch gern zu Werken der Kleinkunst verwertet, Heiligenfiguren, kunstvoll geschnittene Anhänger in Form von Skarabäen, Herzen, Händen oder Kreuzen finden sich zahlreich genug. Er war der Lieblingsstein Ludwig XIV., des Sonnenkönigs und der unglückliche Bayernkönig Ludwig II., der diesen gern nachahmte, ließ auf seinen berühmten Königsschlössern ganze Tischplatten und Kästchen aus Lapislazuli aufstellen. In Zarskoje-Selo, dem kaiserlich-russischen Lustschloss, befinden sich ganz mit Lapislazuli getäfelte Wände, ebenso sollen die Stufen zum Tempel der Isis auf der Nilinsel ganz mit Lasurstein belegt gewesen sein.

Wegen ihrer klaren blauen Farbe werden die aus dem Osten kommenden Steine mehr geschätzt als die deutschen, die oft trübe sind und nachgefärbt werden müssen oder für die mit Blutlaugensalz imprägnierter Jaspis untergeschoben, der ganz offiziell als *deutscher Lapis* gehandelt wird. Man muss also ungefärbten orientalischen Lapislazuli verlangen, wenn man den wirklich wertvollen Stein besitzen will. —

Turmalin. Dieser ist ebenso wenig wie der früher hier besprochene Granat einer bestimmten gleichmäßig zusammengesetzten Gruppe von Mineralien zugehörig, sondern seine chemische Zusammensetzung ist sehr verschieden, nur die Kristallisation ist bei allen Turmalinen im wesentlichen die gleiche. Sie zeigen aber die Eigentümlichkeit, dass die Gruppierung der Kristallformen an dem einen Ende der Prismen eine andere ist als an dem entgegengesetzten.

Der Turmalin ist zwar auch ein Silikat, also ein Kieselsäure enthaltendes Mineral, aber er ist durch die verschiedensten Bestandteile, die in ihm mit der Kieselsäure vereinigt sind, der am kompliziertesten zusammengesetzte von allen Edelsteinen. In ihm sind vierzehn verschiedene Beimischungen nachgewiesen, von denen immer mindestens Borsäure, Tonerde, Magnesia, Natron, Kali, Fluor, Lithion und Wasser, das erst bei Glühhitze entweicht, neben der Kieselsäure vorhanden sind. Der Turmalin steht also dem Diamant, dem einfachsten von allen, gerade gegenüber und ist ein an sich schon sehr interessanter Stein, hat aber auch noch allerhand ungewöhnliche Eigenschaften, die ihn als Schmuck- wie als Talismanstein wertvoll erscheinen lassen.

Es kommen farblose, rote, grüne, schwarze und blaue Exemplare vor; in seinen edlen Varietäten, die allein sich zum Schleifen eignen, findet man ihn hauptsächlich in Brasilien, Ceylon, Nordamerika und im Ural. Der verbreitetste ist der grüne Turmalin, der, bald lichter, bald dunkler, oft an Schönheit an den Smaragd heranreicht. Charakteristisch für ihn ist die Fähigkeit, leicht elektrisch zu werden, schon durch einfaches Reihen mit Tuch oder Seide wird er stark und für längere Zeit erregt und zeigt an einem Ende positive, am anderen entgegengesetzten Ende negative Elektrizität. Diese Entdeckung machte man bereits am Anfange des 18. Jahrhunderts in Holland, wo man bemerkte, dass erwärmte Turmalinkristalle bei der Abkühlung Aschenteilchen anzogen, weshalb der Stein dort *Aschenzieher* genannt wurde. Übrigens kannten die Alten diese Eigenschaft des Turmalins, der bei ihnen *Lyncurium* oder *Lychnis* hieß, auch bereits, denn Plinius schreibt in seiner schon erwähnten Naturgeschichte im 37. Buch von der Kraft des Lychnis, „Strohhalme und Staubflocken anzuziehen“, wenn er erwärmt wurde. Er galt als Symbol des Wissens, der Inspiration und der Beredsamkeit, war der Stein der Lehrer, Schriftsteller, Verleger und geeignet Protektion und Freundschaften zu vermitteln.

Der farblose Turmalin wird auch als „Achroit“, der rosa bis dunkelrote als „Rubellit“ oder „Siberit“ und der blaue als „Indigolith“ gehandelt, die anderen werden je nach ihrer Farbe einfach als grüne, schwarze, braune Edelturmaline bezeichnet; manche Juweliere versuchen den schöngefärbten grünen Turmalin auch unter dem Namen *Brasilianischer Smaragd* zu verkaufen, um einen höheren Preis erzielen zu können, ebenso den blauen als *Brasilianischen Saphir*. Als Talisman werden nur die grünen, blauen und roten Turmaline getragen. Sie gelten als die Intuition anregend, wertvolle Freundschaften und Protektionen bringend und Wissen vermittelnd. Daher sind die Steine vornehmlich geeignet für Literaten, Schriftsteller, Verleger und Lehrer.

Karneol. Dieser fleischfarbene Halbedelstein gehört mineralogisch zur Gruppe der Chalcedone, zu der von uns hier interessierenden Steinen noch der Heliotrop, Jaspis, die Onyxarten und die Achate zu rechnen sind.

Der Karneol ist also roter Chalcedon; seine charakteristische Färbung ist fleischrot, vom tiefsten Blutrot bis fast rein weiß. Die schönen, gleichmäßig dunklen Steine, die stark durchscheinend sind, heißen *Karneole vom alten Stein* oder *männliche Karneole*, die heller roten und gelbroten werden *weibliche Karneole* genannt. Als maßgebende Fundorte kommen jetzt nur noch Indien und Brasilien in Betracht, die früheren Gruben in Sardinien, wo der Stein Sarder hieß, sowie kleinere ebensolche in Sibirien, Südamerika, Queensland liefern zu geringe Mengen für eine Ausfuhr. Der Karneol fand schon in den ältesten Zeiten vielseitige Verwendung als Talisman und als Zaubermittel bei den verschiedensten magischen Operationen. So legten ihn die Schamanenpriester in die linke Achselhöhle, um sich dadurch das Aussenden ihres Astralkörpers zu erleichtern. Im Altertum galt er als Schutzstein gegen plötzlich eintretende Unfälle und als Feind aller Gifte, deren Kraft er aufheben sollte Albertus Magnus sagte, „der Karneol befreit die Seele von schwermütigen Gedanken und vertreibt die Dämonen und die Furcht“, und Mohammed trug ihn, weil er Genügsamkeit und Wohltätigkeitssinn bewirke.

Auch in der Medizin fand er vielfache Verwendung. Er galt als blutstillend und sollte „das träge Geblüt frisch und lebendig machen, dabei den Durchlauf hemmend, wenn in der Dosis von 31 bis 36 genommen wird“ (wohl ein altes Apothekergewicht), sagt der im 17. Jahrhundert lebende Mineraloge Albanus Theodorius Grotius, der gewiss von der Zauberkraft des Karneols fest überzeugt war. „Vier bis höchstens zehn Tropfen der Essenz von diesem Steine in destilliertem Wasser eingenommen“, fährt der gleiche Autor fort, „stärkt das Gedächtnis, löschet die innerliche Hitze und stillet die Ruhr.“

Im ganzen Abendland wurde der Karneol als Siegelstein benutzt, oft mit Symbolen geschmückt. So siegelte Kaiser Augustus mit einer eingeschnittenen Sphinx, und seine Freunde sagten von den mit diesem Zeichen gesiegelten Verordnungen, sie seien ebenso unlösbar wie das Rätsel der Sphinx. Infolgedessen änderte Augustus sein Siegel und verwandte das Bildnis Alexanders des Großen. Weniger beliebt noch war das Siegel seines Schatzmeisters Maecenas, ein Karneol mit eingeschnittenem Frosch, womit dieser seine Steuerlisten siegelte — eine Unbeliebtheit, die wir alle den alten Römern nachfühlen können.

Jaspis — Heliotrop — Onyx — Sardonyx — Achat

In die gleiche Chalcedongruppe gehören, wie schon erwähnt, obige Steine, von denen mancherlei Hierher gehörendes zu berichten ist.

Der **Jaspis** ist ein durch viele fremde Beimengungen verunreinigter Quarz, der sich nur, wenn er sehr schön grün gefärbt ist, zum Schmuckstein eignet. Wenn von ihm in der Literatur für unsere Zwecke die Rede ist, so handelt es sich meist um den einheitlich dunkelgrünen, rot getüpfelten Heliotrop, der auch als orientalischer Jaspis, als Blutjaspis oder gar als Blutstein bezeichnet wird. Dieser Stein ist um so wertvoller, je schöner rot die Punkte sind, je mehr sie sich in der Größe gleichen und je regelmäßiger sie auf dem grünen Untergrund verteilt sind. Ist der Stein blattgrün, so nennt man ihn Plasma. Er stammt fast nur aus Ostindien, wenige Stücke kommen aus Brasilien und Australien zu uns. Anders der Achat, der fast ausschließlich in Oberstein und Idar a. d. Nahe gefunden wird.

Der Jaspis-Heliotrop stand schon bei den alten Babyloniern in hohem Ansehen, aus deren Zeit uns zahlreiche Siegel und Amulette erhalten sind.

Nach Christi Kreuzigung entstand eine Legende, die es verständlich erscheinen lässt, dass gerade diesem Stein so viele geheimnisvolle Kräfte zugeschrieben wurden. Es wurde erzählt, dass ein grüner Jaspis am Fuß des Kreuzes gelegen habe, auf welchen das Blut aus den fünf Wunden des Heilands herabgetropft sei und diese Tropfen seien für immer in den Stein imprägniert werden. In einer viel genannten Skulptur aus Heliotrop, die in der Nationalbibliothek in Paris aufbewahrt wird und die Geißelung Christi darstellt, sind diese roten Punkte mit großer Kunst zur Darstellung der Blutstropfen auf den Gewändern benutzt worden. Infolge obiger Legende ist wohl der Stein dem astrologischen Zeichen Jungfrau zugeordnet worden, weil auf ihm die Blutstropfen des Sohnes der Jungfrau verewigt seien. (Wir kommen später bei den Zuordnungen der Steine, zu den einzelnen Planeten und Sternbildern noch darauf zu sprechen.)

Wie schon erwähnt, wurden gerade diesem Steine besonders starke magische Kräfte nachgesagt, vor allem heilende Kräfte, und diese Angaben finden wir von den Zeiten des ägyptischen Königs Nechepsos (600 v. Chr.) her bis in das 17. Jahrhundert immer wieder von Ärzten bestätigt. Der genannte Nechepsos soll ein Jaspis-Amulett in Form einer Strahlen aussendenden Schlange besessen haben; diese Schlangenform, die von den alten Rosenkreuzern her als *das Rad des Ezechiel* bekannt ist, symbolisierte in Ägypten das Geheimnis der drei Tierkreiszeichen Jungfrau — Waage — Skorpion —, Weisheit — Mitgefühl — Stärke. Galenus, der bekannte Arzt aus dem zweiten christlichen Jahrhundert, der dieses Amulett beschreibt, fügt hinzu, dass ein solcher grüner Jaspis tatsächlich die ihm nachgesagte Heilkraft besitze; er habe einige eigene Erfahrungen darüber, er habe eine Halskette aus grünen Jaspissteinen machen und sie so tragen lassen, dass die Steine die Magengrube berührten — wir würden sagen das Sonnengeflecht, den Plexus solaris —, und er habe, auch ohne dass die Steine in der von Nechepsos angegebenen Weise präpariert worden seien, die gleiche Wirkung erzielt, nämlich die Beseitigung von Magenschmerzen und Blutungen. Trallianus, der im 6. Jahrhundert lebte, bestätigt gleichfalls die heilende Kraft des Jaspis bei Schmerzen im Magen und in den Därmen, desgleichen Cardanus (16. Jahrhundert) und zahlreiche andere Ärzte. Alle stimmen darin überein, dass der Stein die Magengrube berühren müsse, dann stärke er einen schwachen Magen, befördere die Verdauung und lasse Übelkeiten nicht aufkommen. Vor allen anderen Steinen aber vertreibe der Jaspis den Stein in der Harnblase, wenn in der Stunde, in der die Sonne in das Zeichen Skorpion eintritt (also etwa am 23. Oktober eines jeden Jahres), das Bild eines solchen in den als Amulett zu tragenden Jaspis hineingeschnitten wird.

Der sehr vertrauenswürdige englische Arzt Dr. William Cullen schreibt es der Überlieferung des Galenus zu, dass solch schmerzlinderndes Halsband heute noch in England so hoch geschätzt wird.

Ein anderer Stein unserer Quarz-Chalcedonfamilie ist der **Onyx** oder **Sardonyx**, der im Altertum als besonderer Glücksstein angesehen wurde.

Der im 17. Jahrhundert lebende holländische Mineraloge de Boot, der sich nach Mitteilung von A. M. Pachinger in seinem schon in diesem Abschnitt erwähnten Buch besonders eingehend mit diesem Edelstein beschäftigt hat, hält den Onyx für den ältesten und früh bekanntesten der

Welt. Man findet, schreibt er, auch in den ältesten chinesischen Schriften, dass man in früher Zeit kein Werk von dem Diamanten geschaffen habe, wohl aber von dem Onykel (Onyx), wie Rumpls in seiner „Ambrosinischen Raritätenkammer" bezeugt. Diesen Onykel nennen die Chinesen „Joc" oder auch „Tu" und aus einem solchen bestehe das geheime Privatsiegel des Kaisers von China. Deshalb ist es allen Untertanen bei Todesstrafe verboten, ihre Siegel aus „Joc" anfertigen zu lassen.

Der Onyx ist aber nicht nur als Siegelstein bedeutsam, sondern vor allem auch als Kameen- und Gemmenstein. Unter Gemme versteht man ein Bild, das vertieft in den Stein eingeschnitten ist, sodass es als Siegelabdruck dienen kann, während Kamee als erhabenes Bild aus dem Stein herausgeschnitten wird, also als Reliefbild wirkt. Zur Kamee eignet sich der dunkle Onyx deshalb besonders gut, weil er aus rauchbraunen und milchigen Schichten besteht, von denen man die untere dunkle als Hintergrund benutzen kann, aus dem dann das hellere Reliefbild besonders gut hervortritt.

Der Karneol-Onyx, ein Stein, der noch eine dritte Schicht aus Karneol besitzt, wird auch als Sardonyx bezeichnet, und es sind kostbare Arbeiten aus solchem Stein in den Museen zu finden, als deren kostbarste das „Mantuanische Gefäß" gilt, eine Vase von 15,5 cm Höhe und 6,5 cm Stärke, die kunstvoll aus einem einzigen Stück Onyx geschnitten ist — vermutlich griechische Arbeit.

Die alten Ärzte verwandten den Onyx zum Bestreichen von entzündeten Augen oder in Pulverform zum Aufstreuen auf eiternde Wunden; innerlich verordnet wurde er gegen Herzschwäche und Blutkreislaufstörungen.

Übereinstimmend mit den mittelalterlichen Astrologen raten auch die indischen keinen schwarzen Onyx zu tragen, wenn man einen ungünstig bestrahlten Saturn im Horoskop hat — man würde dann aus der materiellen Not niemals herauskommen, behaupten beide.

Dagegen wird denen, die in gewissen Graden des Tierkreiszeichens Krebs (1., 2., 10., 11., 12., 28. und 29. Grad) günstige Planeten (Sonne, Venus oder Jupiter) stehen haben oder diesen Grad als Aufgangsstelle haben, ohne Zweifel ein weißer Onyx mit dem eingeschnittenen Bild der Venus besonderes Glück bringen. Vielfach schnitt man in den Sardonyx auch das Bild von Mars oder Herkules ein, um den Träger des Steines, der an sich „Kraft und Macht zum Befehlen“ geben sollte, noch furchtloser und widerstandsfähiger zu machen.

Nach Plinius soll in dem aus der gleichnamigen Dichtung bekannten Ring des Polykrates auch ein Sardonyx als Ringstein verwendet werden sein.

Der **Achat** gehört gleichfalls zur Quarz-Chalcedongruppe; er kommt in den verschiedensten Farbmischungen vor und ist namentlich als Moosachat oder als Bandachat bekannt. Wie den anderen Steinen dieser Gruppe billigte man ihm die verschiedensten guten Einflüsse zu; so empfahl ihn Albertus Magnus besonders als Mittel gegen Hautkrankheiten, Dioskorides gegen Ansteckung bei Epidemien, gegen Skorpionbisse und Insektenstiche. Bei den Mohammedanern wurde er gepulvert in Apfelsaft als Mittel gegen Geisteskrankheit gegeben. Er hat im ganzen Orient seinen Ruf als Talismanstein nie verloren und wird heute dort noch mit Vorliebe als Glücksbringer und Abwender von allem Üblen getragen.

Chrysopras heißt der apfelgrüne Chalcedon, der vorzugsweise aus Schlesien stammt, wo ihn 1740 ein preußischer Offizier bei der Windmühle von Kosemütz zufällig entdeckte. Friedrich der Große interessierte sich für diesen schlesischen Stein und ließ in Sanssouci zwei Tische aufstellen, die mit Chrysoprasplatten belegt wurden.

Der Name Chrysopras war im Altertum schon bekannt, bezeichnete aber ein ganz anderes Mineral. Auch die Entdeckung des preußischen Offiziers war keine neue, der schöne grüne Stein wurde nur durch ihn langjähriger Vergessenheit entzogen, denn es ist kein Zweifel, dass der Chrysopras der Prager Wenzelskapelle gleichfalls aus Schlesien stammt, dass das Vorkommen dieses Steines also im 14. Jahrhundert schon bekannt gewesen sein muss.

Er wurde durch die Königin Anna in England eingeführt und war deren sowie später der Königin Victoria Lieblingsstein. Glück in Unternehmungen wurde ihm nachgesagt, außerdem galt er als Heilmittel für Augenleiden, wenn er zu der Zeit angewendet wird, zu welcher der Mond in den Tierkreiszeichen Stier und Krebs steht. Im Mittelalter war er geschätzt als Hilfe bringend gegen Unruhe, die persönliche Gewandtheit und Anpassungsfähigkeit fördernd und als Beschützer auf Seereisen. Er wird heute noch gern als Anhänger oder Ringstein getragen.

Beryll — Goldberyll — Chrysoberyll — Aquamarin — Alexandrit — Chrysolith

Als wohltätiger Stein gilt auch der Beryll, der aus dem gleichen Stoff besteht wie der Smaragd, über den wir schon gesprochen haben. Alle anderen Beryllarten werden unter dem Namen „edler Beryll“ zusammengefasst. Von diesen heißt der ganz lichtblaue oder hellbläulich grüne **Aquamarin**, der goldgelbe **Goldberyll**, der hellgelbe einfach **Beryll**.

Hauptfundplätze sind Indien, Ceylon, Sibirien und Brasilien. Schon im Altertum sprach man dem Beryll besonders starke Kräfte zu und er spielte in der Medizin eine große Rolle als Mittel gegen Aufstoßen aus dem Magen, Durchlauf, Husten, Schwäche der Leberfunktion und gegen triefende Augen, aber es hieß: der Beryll muss vorsichtig verwendet werden, denn die in ihm wohnenden Kräfte sind gewaltig und es ist große Klugheit bei Abwägung der Dosis nötig. Mancher Leichtsinnige, der glaubte, dieser Edelstein werde seine Gebrechen heilen, ist daran elendiglich gestorben (gemeint ist hier natürlich der innerliche Gebrauch!).

(Was die Alten fühlten, haben jetzt unsere Wissenschafter bestätigt, denn es wurde von zwei Physikern der Universität Gießen festgestellt, „dass die Energie der Berylliumstrahlung sich nur durch die Annahme erklären lässt, dass bei dem Bombardement von dem Berylliumkern A-Teilchen eingefangen werden, wodurch der Berylliumkern zu einem Kohlenstoffkern mit Kernladung 6 und Atomgewicht 13 anwächst. Damit wäre also zum ersten Mal eine Kernsynthese wahrscheinlich gemacht.)

Er war den Arabern und Juden, die ihn Baraketh nannten, gut bekannt und von beiden als magischer Stein geschätzt, sollte er doch vor allem die Einigkeit unter den Ehegatten erhalten, weshalb ihn besonders die Frauen höher schätzten als den Diamanten oder einen sonstigen Edelstein.

Weiter war er der Stein der Seher und Mystiker, aber auch der Seeleute und der Abenteurer, die er vor Gefahren und Krankheiten beschützen sollte.

Zur Gruppe der Berylle gehören noch der **Chrysoberyll** und der Alexandrit, beide enthalten aber etwa 80 Prozent Tonerde und nur etwa 18 Prozent Beryllerde, werden aber an Härte nur vom Diamanten und vom edlen Korund übertroffen.

Die Farbe des hellen, durchsichtigen Chrysoberylls ist grün, meist mit einem Stich ins Gelbe. Höher im Werte steht noch der schillernde Chrysoberyll, das sogenannte *Chrysoberyll Katzenauge*, das einen milchigen, weißen, bläulich- oder grünlichweißen, selten aber goldgelben, wogenden Lichtschimmer verbreitet, der sich beim Drehen des Steines über dessen ganze Oberfläche hinzieht.

Der Chrysoberyll hat die gleichen Eigenschaften und Kräfte wie der Beryll und wie der grasgrüne bis smaragdgrüne **Alexandrit**, der außerdem noch die Eigenheit hat, seine grüne Farbe bei künstlicher Beleuchtung verschwinden zu lassen und dafür eine violette bis blutrote Färbung anzunehmen. Er wurde 1830 am Tage der Großjährigkeitserklärung des nachmaligen russischen Kaisers Alexander II. in einer Smaragdgrube bei Katharinenburg im Ural entdeckt und nach dem Herrscher Alexandrit genannt. Da er gleichzeitig die Hauptmilitärfarben Russlands, rot und grün, zeigte, wurde er dort besonders gern gertragen.

Oft verwechselt mit dem Chrysoberyll wird der zur Gruppe der Olivine gehörende Chrysolith, bei den französischen Juwelieren Peridot genannt. Nur die ganz klaren, durchsichtigen Olivine werden geschliffen und als „edler Chrysolith“ in den Handel gebracht. Bezüglich der Bezeichnung Chrysolith besteht keine Übereinstimmung unter den Mineralogen und der echte Chryso1ith, der edle Olivin, wird mit manchen anderen Steinen verwechselt, welche dieselbe oder eine ähnliche grüne Farbe haben.

So werden manche als Smaragde ausgegeben, die aber durch ihr niedriges Gewicht leicht unterschieden werden können. Es sind z. B. die sogenannten Smaragde des Reliquienschreins der heiligen drei Könige im Kölner Dom in Wirklichkeit Chrysolithe von außergewöhnlicher Größe und Schönheit. Da die Brasilianer und die französischen Juweliere den Chrysoberyll im Handel Chrysolith nennen und da der olivengrüne Turmalin auch als „ceylonischer“ Chrysolith bezeichnet wird, außerdem der gelblichgrüne Korund „orientalischer Chrysolith“ heißt, der grüngelbe Topas aus Sachsen „falscher Chrysolith“, ja sogar der Vesuvian und der Demantoid unter dem Namen Chrysolith gehandelt werden — so ist hier der Rat angebracht, sich nur an ganz vertrauenswürdige Juweliere oder sonstige Steinkenner zu wenden, wenn man einen echten „edlen Chrysolith“ erwerben will.

Hämatit — Iserin — Magnetit

Der **Hämatit** oder Blutstein, Eisenglanz, natürliches Eisenoxid, ist ein durch Metallglanz und dunkelstahlgraue bis eisenschwarze Farbe sowie durch vollkommene Undurchsichtigkeit ausgezeichnetes Mineral und wird besonders gern als gravierter Schmuckstein getragen. Schon in den Ruinen von Babylon hat man zahlreiche Zylindergemmen aus diesem Material gefunden, ebenso in alten ägyptischen Gräbern. Eine Varietät des Eisenglanzes ist das Titansäure enthaltende, stark magnetische Titaneisen, das Iserin heißt und einen noch höheren Glanz beim Schleifen annimmt. Dieses wirkt ungemein nervenstärkend, wenn es, in Silber gefasst, auf rechte Weise getragen wird, wie Verfasser in mehreren Fällen selbst feststellen konnte. Nicht verwechselt darf der Iserin werden mit dem magnesiahaltigen, aber nicht magnetischen Titaneisen — Ilmenit, das ein Begleitmaterial des Diamanten und eine für unsere Zwecke ganz wertlose Substanz ist.

Der Blutstein fand vor allem in der alten Medizin mehrfach Verwendung. Pulverisiert und mit Honig vermengt wurde er auf entzündete Augenlider aufgelegt und in Form einer Niere bei Schmerzen in dieser daraufgebunden. Die Ägypter legten ihn unter das Kopfkissen der Mumie und ließen Sprüche aus ihrem Totenbuch auf ihm eingravieren.

Die Chinesen behaupten, er müsse in Gold gefasst sein, um seine vielen guten Kräfte zur Auswirkung zu bringen, andere gaben an, man müsse die Figur eines Skorpions darauf eingravieren, wenn die Sonne in das Zeichen Skorpion eintritt — dann sei der Blutstein ein sicheres Mittel gegen den Blasenstein. Wieder andere schätzen ihn sehr als Blutstiller und wollen wunderbare Resultate durch ihn erzielt haben. Sicher ist, dass er nicht magnetisch ist und das unterscheidet ihn vom

„**Magnetit**“, auch „Siderit“ oder „Herkulesstein“ genannt, der starke magnetische Kräfte in sich trägt und der als erster die Kraft aufwies, die wir jetzt Magnetismus nennen. Mithilfe eines solchen Steines soll der chinesische Kaiser Huang-ti schon 2634 v. Chr. einen Kompass konstruiert haben, während zu uns erst im 12. Jahrhundert die ersten Nachrichten über die dazu verwendete Magnetnadel aus Norwegen kamen. Wie dem auch sei, die Heilkraft des Steines für rheumatische Leiden und körperliche Schwäche war im ganzen Altertum wohl bekannt und hoch eingeschätzt.

Der im 4. Jahrhundert lebende römische Schriftsteller Claudianus berichtet, dass sich in einem Tempel in Rom zwei Figuren befanden, die bei den Heiratszeremonien in Anspruch genommen wurden, und zwar eine Figur der Venus aus einem Magnetit und eine des Mars aus Eisen.

Diese sollten bei der Vermählung das Symbol für die gegenseitige Anziehung von Mann und Weib darstellen und Einigkeit und dauernde Liebe der Ehegatten verbürgen. Aus der gleichen Erwägung heraus wurde der Magnetit auch gern in Trauringe eingesetzt. Die Inder trugen ihn als „Kraft und Gesundheit bringenden Stein“, die Mohammedaner „zur Abwendung von bösen Geistern“.

Nephrit. Dieser im wahren Sinne des Wortes prähistorische Stein gehört zur Familie der Hornblende und ist aus dem fernsten Osten, aus China und Neu-Seeland, zu uns gekommen. Er ist eine Varietät des Strahlsteins und besteht aus mikroskopisch kleinen filzartig durcheinanderlaufenden Fasern, die ihm eine außerordentliche Härte geben. Er ist meist grünlichgelb, seltener ist der weiße Nephrit, der in China als der wertvollste gilt. Bei uns heißt er auch „Beilstein“, wahrscheinlich, weil man aus frühestens vorgeschichtlichen Zeiten stammende Nephritbeile ausgegraben hat. Bisher ist er nur im Orient gefunden worden, und es hat die Forscher manche Theorie gekostet, um nachzuweisen, wie diese Steine in die Gräber und Fundstätten aus der Stein- und Bronzezeit in unserem Westen gekommen sein können — gelöst ist diese Frage bis heute noch nicht.

Wir wissen nur, dass er seit Jahrhunderten vor unserer Zeitrechnung in China nicht nur zu Vasen, Tellern, Schalen, Dolch- und Schwertgriffen, sondern auch in Form von Götterbildchen, Herzen und Nieren als Amulett und Talisman verarbeitet wurde und dort in höchstem Ansehen stand. Vor allem bei den Frauen; denn neben seinen sonstigen guten Wirkungen war er — und ist heute noch — der grüne Stein der Hoffnung, das ideale Amulett für Erleichterung und Beschleunigung der Geburt, und zwar nicht etwa nur im Orient, nein, auch bei uns, in allen Ländern des Westens. Wahrscheinlich spielt hierbei neben der Farbe der Hoffnung die Vorstellung des *Öffnens durch das Nephritbeil* eine grundlegende Rolle, denn die schwer Gebärende gilt als *verschlossen* und das in Form eines kleinen Nephritbeils an die Oberschenkel gebundene Nephritamulett, oft noch mit mystischen Zeichen versehen, sollte hier magisch wirken und den Geburtsakt schneller vor sich gehen lassen. Wer die ungeheure Macht der Sympathie kennt, wird das verstehen.

Außerdem wurde ein Nephritamulett in Form einer Niere als Heilmittel bei Nierenkoliken aufgelegt, worüber besonders französische Autoren berichten. Sonst wurde er im Orient in den seltsamsten Formen, in Silber gefasst, um den Hals gehangen als Schutz gegen den bösen Blick und Verzauberungen jeglicher Art. Vor Tausenden von Jahren schon schrieb man in China einem „Yu-chi" genannten Nephritamulett die fünf Kardinaltugenden zu: Wohltätigkeit — Tapferkeit — Bescheidenheit — Gerechtigkeit und Scharfsinn.

Malachit. Wegen seiner schönen grünen Farbe findet auch der sonst wenig beachtete Malachit, der in der Hauptsache aus dem Ural kommt, als Schmuck- und Talismanstein Verwendung. Er hieß in Deutschland früher „Molacks", wahrscheinlich eine Verstümmelung des griechischen Audrucks „Malaku", womit die Malve bezeichnet wurde, deren Grün (Malvengrün) der Farbe des Malachits entspricht. Mineralogisch besteht er zu circa 71 Prozent aus Kupferoxid neben 19 Prozent Kohlensäure und 8 Prozent Wasser und auf den starken Kupfergehalt sind auch die Heilkräfte zurückzuführen, die ihm nachgerühmt wurden. Im Osten ist er heute noch sehr populär als Schutzmittel gegen Kolik und Rheumatismus; bei den Hindus gilt er als besonderer Talisman gegen die Cholera. Im Mittelalter wurde das Sonnensymbol in den Stein eingeschnitten und er galt dann als Beschützer vor dem Blitz, vor Depressionen und vor bösen Geistern.

Zirkon — Hyazinth — Hessonit. Dieser aus Kieselsäure und Zirkonerde bestehende Edelstein wird trotz seiner Schönheit selten getragen, am meisten noch die durchsichtige, gelbrote Varietät, die den Namen „Hyazinth" erhalten hat. Nach ihm heißt auch die schon erwähnte rotgelbe Farbe „hyazinthrot". Sie kommt in ganz derselben Weise noch bei einem zweiten Edelstein vor, dem zur Granatfamilie gehörenden Kaneelstein oder Hessonit, der mit dem Hyazinth zusammen in Ceylon gefunden und gern für ihn untergeschoben wird, obwohl er ihm an Glanz und Feuer nicht annähernd gleichkommt. Der schon erwähnte Forscher Boetius de Boot empfiehlt besonders den edlen, orientalischen Hyazinth (Jacinth) als gutes Mittel gegen Schlaflosigkeit, Marbodus und Barrett sagen „er macht den Träger angenehm und anziehend, und wenn der Stein in einen goldenen Ring gefasst getragen wird, so bildet er ein Spezifikum gegen Ruhelosigkeit und ein ermüdetes Gehirn".

Camillus Leonardus rühmt ihn als Stärker der Herzkraft, Verjäger der Eifersucht, Beschützer auf Reisen vor Unfällen und Dieben und vor Epidemien. Er ist der gleiche Stein, den Theophrast irrtümlich als „Lyncurium" beschreibt und den unter den Zeichen Stier und Skorpion Geborene meiden sollten.

Mondstein — Adular. Mit diesem Namen bezeichnet man farblose, fast durchsichtige Feldspate, die einen bläulich-weißen, milchigen Lichtschein ausstrahlen, den man mit dem Licht des Mondes vergleicht. Die intensivste Lichterscheinung, das sogenannte Chatoyieren, zeigt die „Adular" genannte Qualität, die auch als einzige als Schmuckstein getragen wird und das Schleifen dieses Minerals lohnt und die fast nur auf Ceylon gefunden wird, weshalb sie im Handel auch „Ceylon-Opal" genannt wird. Die Alten kannten ihn als „Selenit" und schrieben ihm mancherlei magische Kräfte zu. So schreibt Plinius, er enthalte ein Bild des Mondes, das je nach dem Stadium des Mondes wachse oder abnähme, außerdem sei er ein guter Schutzstein für alle Reisende zu Wasser und zu Lande, gäbe eine gute Intuition, bringe Glück in der Liebe und bewahre vor Wassersucht und allen Krankheiten, denen die unter dem Zeichen Krebs geborenen Menschen ausgesetzt wären.

In Indien schätzt man vor allem den Adular mit einem bläulichen Schimmer, und eine alte Legende sagt, dass die See immer nach dreimal sieben Jahren Steine von selten schönem, opalgleichem, blauem Schimmer durch die Kraft des Mondes auf den Strand werfe, die auch besondere Kräfte in sich trügen. Im Besitz des Papstes Leo X. Befand sich, wie berichtet wird, ein Mondstein, der ganz mit dem Zustand des Mondes seinen Glanz veränderte — er wurde stumpf, wenn der Mond im Abnehmen war und glänzte in wundervollem Lüster, wenn der Mond sich zum Vollmond rundete. Er gilt als Symbol der Hoffnung, und wenn man von ihm träumt, so zeigt er eine gute und erfolgreiche Reise an, sofern er im Traum als hell glänzender Stein erscheint, andernfalls bedeutet er eine unglückliche Reise, die man lieber unterlassen sollte.

Bernstein. Dieser seit Menschengedenken viel benutzte gelbe Schmuckstein gehört zwar nicht zu den Mineralien, sondern ist ein fossiles Harz vorweltlicher Bäume, aber er ist geladen mit okkulten Kräften und wohltätigen Einflüssen. Die Griechen nannten ihn „Elektron", wovon vielleicht unser Wort Elektrizität abgeleitet wurde, und gebrauchten ihn gegen Fieber und andere Krankheiten, z. B. Magenbeschwerden, Asthma, Bräune, meist in Form einer um den Hals zu tragenden Kette, aber auch als Pulver, das mit Mastix vermischt wurde.

Thomas Nicols schrieb 1675 in seinem „Edelgestein-Büchlein": „Der Bernstein wird als Heilmittel sehr hoch geschätzt und entwickelt große Kraft und Wirkung gegen die verschiedensten Krankheiten, so gegen Schwindelanfälle, Asthma, Katarrhe, Magenschmerzen und gegen Herzkrankheiten und wird sowohl von Männern wie von Frauen und Kindern gebraucht." In China, wie im ganzen Orient, ist der Bernsteinschmuck gut bekannt und wird heute noch gern getragen. Auch in den Königsgräbern der 6. Dynastie (3200 v. Chr.) fanden die Forscher Bernsteinschmuck und Bernsteinamulette, ein Beweis, dass damals bereits ein Warenaustausch der Ostseeprovinzen mit dem Pharaonenland bestanden haben muss, denn unsere Ostseeküste ist immer der größte Fundort für Bernstein gewesen.

Heute noch wird Kindern ein Bernsteinhalsband zur Erleichterung des Zahnens gegeben, wie es früher gegen Bezauberung und den bösen Blick getragen wurde. Dass im Bernstein starke elektrische Kräfte enthalten sind, zeigt ja seine Anziehungskraft, wenn er durch Reihen erwärmt wird, wie viel aber diese Kräfte in Wirklichkeit vermögen, das lehrt nur die Erfahrung, die jeder selbst machen kann, wenn er will.

Die Koralle. Die rote oder edle Koralle, die neben den Edelsteinen eine nicht unwichtige Rolle als Schmuckstück spielt, besteht aus den inneren Hartteilen eines niedrig organisierten Tieres, des sogenannten Korallenpolypen, das fast ausschließlich im Mittelmeer zu finden ist. Die Koralle ist der ausgesprochene Schmuck für junge Mädchen und Kinder. Plato schon sagt: „Die Koralle ist gut als Halsband für Kinder, um sie vor der fallenden Sucht zu bewahren. Sie hat eine besondere Verbindung mit der Natur, denn die beste rote Koralle, als Halsband getragen, wird blass, wenn der Träger krank wird und nimmt ihre frühere Farbe wieder an, sobald er genesen ist." Diese Eigenschaft der Koralle bestätigt auch ein englischer Schriftsteller Brand um 1584 mit den Worten: „Die Koralle wird blass, wenn du krank bist."

Im Mittelalter hing man noch kleine Glöckchen zwischen die Korallen des Kinderhalsbandes, um die Dämonen abzuschrecken, und den gleichen Brauch pflegte man in China, Japan und in anderen östlichen Ländern. Ungemein verbreitet war und ist die Koralle noch in den Mittelmeerländern, wo man nur die hellen, roten Korallen trug, weil diese nur die bösen Geister abwehren, wogegen die dunklen sie heranziehen.

Dr. Franz Hartmann bestätigt, dass er Fälle von Depression, Hypochondrie u. dgl. kenne, bei denen durch das Tragen von roten Korallen Erfolge erzielt wurden, nachdem andere Mittel versagt hatten, es kann sich hier also nicht um eine Suggestion handeln, obgleich, wie Dr, Hartmann sagt, die Ignoranten es natürlich bequemer finden, solche Dinge ins Lächerliche zu ziehen, als sie zu erforschen.

Bezeichnenderweise ist die Koralle das Amulett der Tänzerinnen, was wohl mit ihrer Eigenschaft zusammenhängt, die Tugend der jungen Mädchen zu beschützen und der Zuneigung der Koralle zu dem Tierkreiszeichen Fische, das nach astrologischem Ritus die Füße beherrscht.

Die Perle. Gleichberechtigt neben den kostbarsten Juwelen stehen die Perlen, die seit unvordenklichen Zeiten als Schmuck getragen werden und bei allen Völkern in höchstem Ansehen standen. Der Name Perle stammt aus dem lateinischen Worte „pilula", die Pille, sie selbst entsteht infolge eines durch die verschiedensten Ursachen möglichen Reizes in gewissen Muschelarten, und ihre Schönheit und ihr Wert richten sich nach dem Glanz der Oberhaut und der Form der ganzen Perle, sowie nach ihrer Farbenreinheit.

Die wertvollste, die sog. Orientperle, stammt aus dem persischen Golf und aus den Ceylongewässern, alle anderen Fundorte sind wenig ergiebig in Bezug auf Quantität wie auf Qualität, ebenso wie die Süßwasserperle nur eine untergeordnete Rolle spielt.

Perlen bedeuten Tränen, sagt ein altes Sprichwort — aber nur dann, fügt der Spötter hinzu, wenn eine Frau sie nicht bekommt. Wenn wir die Tradition berücksichtigen, so sind Perlen ungünstig für alle Menschen, die einen verdorbenen Mond, bzw., das Zeichen des Mondes, Krebs, in ihrem Horoskop ungünstig besetzt haben; denn die Perle galt als Sinnbild von Unschuld und Reinheit, war der keuschen Diana und dem Mond geweiht.

So wurde sie seit den ältesten Zeiten von jungen Mädchen als Zeichen der Unschuld getragen. Hingegen sollten Verlobte niemals Perlen im Verlobungsring tragen — diese bedeuten dann wirklich Tränen —, wie überhaupt nach alter Überlieferung Perlen nur dann ihre helfenden magischen Kräfte ausströmen, wenn sie als Kollier, also um den Hals getragen werden und allein, nicht mit irgendeinem Edelstein zusammengefasst.

Die Hindus rechnen die Perle zu den fünf wertvollen Steinen des magischen Halsbandes Vishnus, das außer ihr noch aus je einem Diamant, Rubin, Smaragd und einem Saphir bestand. Die goldne Perle galt ihnen als Sinnbild des Wohlstandes, die weiße des Idealismus, die schwarze als solches der Philosophie, die rosafarbige als solches der Schönheit, die rote als solches der Gesundheit und Kraft und die graue als Sinnbild für Gedankenreichtum.

Perlen gelten vielen als leblose Gegenstände, in Wirklichkeit aber leben sie und können auch sterben, je nach den Verhältnissen, in die sie hineinkommen — und man spricht dann von toten Perlen. So sieht man, dass Perlen, die Toten mitgegeben werden, in Staub zerfallen und dass die in Museen aufbewahrten ihre Schönheit einbüßen.

Die Perle braucht die Lebenskraft des Menschen, deshalb hatten frühere Herrscher, die kostbare Perlen besaßen und deren Träger nicht alle eine gesunde Ausstrahlung an sich hatten, geeignete Perlenträger angestellt, d. h. Menschen, die starke magnetische Kräfte ausstrahlten, durch die die glanzlos und matt gewordenen Perlen wieder aufgefrischt wurden. Solche Perlenträger waren im Orient sehr gesucht und an manchen Höfen außerordentlich hoch bezahlt, denn nur wenige Menschen verfügen über die starken magnetischen Kräfte, welche die Perlen zum höchstmöglichen Glanz bringen, der für ihre Schönheit und für ihren Wert bestimmend ist.

Als ganz besondere Glücksbringer gelten im Malaiischer Archipel die Perlen, die in der Kokosnuss wachsen. Diese sind allerdings sehr selten und stehen deshalb auch sehr hoch im Preise, sie werden aber von den Eingeborenen höher geschätzt als jedes andere Kleinod, und zwar nicht nur wegen ihrer Kostbarkeit, sondern wegen ihrer Heilwirkung und als Glücksbringer. Erklärt wird das Wachstum dieser Perlen in der Kokosnuss folgendermaßen: Man findet in einer Kokosnuss drei runde Löcher, von denen zwei durch holziges Gewebe abgeschlossen sind, während das dritte Loch weich bleibt. Durch dieses weiche Loch sprießen die Kokosnusskeime. Im Inneren der Nuss ist eine Samenkapsel, in der sich die jungen Keime entwickeln, bis sie durch die Löcher hervordringen. Einige Kokosnüsse nun sind *blind*, d. h. alle drei Löcher sind verhärtet, sodass die Keime keinen Weg nach außen finden können, und hierdurch verhärtet der

Samen in seltenen Fällen und verwandelt sich in eine Perle — ein Fall, der unter Tausenden von solchen blinden Kokosnüssen einmal vorkommt. Die Perle schwimmt dann entweder in der Milch der Nuss oder ist auf der Innenseite angewachsen; ihre Größe schwankt zwischen der eines kleinen Saatkorns und eines Taubenherzens. — Jedenfalls gibt es Perlen, die auf Bäumen wachsen!

Es wäre noch mancherlei zu sagen über die den einzelnen Steinen zugeschriebenen Kräfte, wir wollen es aber bei dieser Übersicht bewenden lassen, die genügend Einblick in diese Seite der Talismankunde vermittelt und die wohl alle für unser Thema wichtigen Mineralien umfasst.

Die Zuordnungen der Steine zu den einzelnen Planeten und Tierkreiszeichen sowie deren Metalle, Farben und Zahlen. Die sogenannten Monatssteine

Die Ansicht der Alten, dass zwischen den Planeten, Tierkreiszeichen, Steinen, Metallen, Farben, Tönen und Zahlen eine ganz wunderbare Sympathie herrsche, ist durch neuere Forschungsergebnisse jetzt schon zum Teil bestätigt worden, es dürfte also nicht absurd erscheinen, hier einmal ein Bild von der Anschauungsweise der Alten zu geben, das dem alten Werke A. Belins: „Traité des talismans ou figures astrales“ aus dem Jahre 1668 entnommen ist.

Es heißt dort: „Da die alten Gelehrten von der Sympathie, die zwischen Steinen, Planeten und Metallen herrscht, überzeugt waren, gaben sie den Planeten in ihrer Gelehrtensprache die Namen der ihnen zugeeigneten Metalle, und wir wissen, dass sie Saturn Blei, Jupiter Zinn, Mars Eisen, die Sonne Gold, den Mond Silber, die Venus Kupfer und den Merkur Quecksilber nannten, um die Natur eines jeden zu bezeichnen.

Wenn nun Saturn kalt, Jupiter feucht, Mars heiß, Merkur kalt, Sonne heiß, Venus und Mond feucht sind, so sehen wir, wie ihre natürlichen Eigenschaften denjenigen ihrer Metalle entsprechen und es wird erklärlich, dass die Metalle durch ein sympathisches Band mit den Planeten verbunden sein müssen, d. h. dass die Metalle durch eine geheime Bewegung der Natur fragen, fordern und Einflüsse der Planeten anziehen, und dass dieselben Planeten eine in sympathischer Zuneigung begründete Bewegung ihnen liebevoll und freigebig zuteilen. Es ist also kein Zufall, dass die alten Weisen beim Herstellen ihrer Talismane die Steine und Metalle nahmen, welche den Sternen entsprachen, deren Einflüsse und gute Eigenschaften sie anzuziehen wünschten."

Wir wollen nun zunächst die einzelnen Zuordnungen und die Beziehungen der Planeten, Metalle usw. zueinander besprechen, bevor wir ihre Verwendung bei Amuletten oder Talismanen näher erörtern.

Es sind also zugeordnet der **Sonne**:
als Tag: der Sonntag,
als Farbe: goldfarben,
die Zahlen: 1 – 6 – 36 – 666,
die Steine: Rubin und Diamant,
das Metall: Gold.

Wie Blut *ein ganz besonderer Saft* ist, so ist auch das Gold ein ganz besonderes Metall! Himmel und Hölle sind in ihm enthalten, je nach dem Gebrauch, der von ihm gemacht wird. Gold hat eine Seele, aber auch einen Dämon, wer geschmolzenes Feingold kennt, das wie ein glühender Sonnenball anmutet, der kann die Seele, aber auch den Dämon in ihm erfühlen.

Den Segen des Geldes wird nur der erfahren, der beim Anblick oder im Besitz des Geldes nicht an seinen materiellen Wert denkt, nicht daran, was er sich dafür kaufen könnte, sondern der sich seiner Schönheit freuen kann, ohne Gier nach seinem Besitz zu empfinden.

Der englischer Seher Charubel, von dem schon berichtet wurde, sagt:

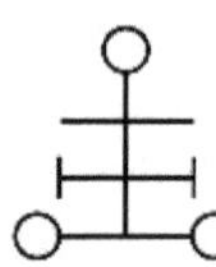

„Wenn du auch noch so viel Gold besitzest, sage nie zu dir selbst, dies ist so und so viel wert, sondern sage dir, ich habe einen Talisman in meinem Besitz, den kostbarsten von allen existierenden Materialien. Ich will für der das Gold nicht als *gewöhnlichen Staub* ansehen, sondern als einen wahrhaftigen Spiegel, in dem ich die Schönheiten der Seele zurückgeworfen erblicke." Als sein Symbol für Gold gibt er dieses Signum (siehe Abbild).

Dem **Mond** sind zugeordnet:
als Tag: der Montag, die Farben: weiß – violett und meergrün,
die Zahlen: 9 – 81 – 369 – 3321,
das Metall: Silber, als Vokal: a,

die Steine: Mondstein, Smaragd, Chrysoberyll, Chrysopras, Alabaster, Perlen.

Dem **Mars** sind zugeordnet:
als Tag: der Dienstag,
die Zahlen: 5 – 25 – 65 – 325,
die Farben: alle Nuancen rot bis violett,
die Steine: Blutstein (Hämatit), Diamant, Magnetit, Topas, Iserin,
das Metall: Eisen.

Charubel gibt als Symbol des Eisens an (siehe Abbild.) und als Wort für die Erweckung der Kräfte: AR — PHO — RI — EL, das siebenmal gesprochen werden muss.

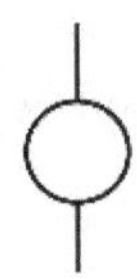

Dem **Merkur** sind zugeordnet:
als Tag der Mittwoch, der Vokal: e,
die Zahlen: 8 – 64 – 260 – 280,
das Metall: Quecksilber,
die Farben: gelb und alle Mischungen von gelb und grün,
die Steine: Goldberyll, gelber Turmalin, Achat, Hyazinth, Jaspis, Carneol, Nephrit, Almandin – Spinell – Balasrubin.

Dem **Jupiter** sind zugeordnet:
als Tag: der Donnerstag, der Vokal: u,
die Zahlen:4 – 16 – 34 – 136,
die Farben: bläulich-violett, leuchtendes Rot bis Purpur,
die Steine: Karfunkel, Türkis, Granat, Amethyst-Saphir,
das Metall: Zinn.

Der **Venus** sind zugeordnet:
als Tag: der Freitag, der Vokal: i,
die Zahlen: 7 – 49 – 175 – 1225,
die Farben: grün, blaugrün bis blau,
die Steine: Moosachat, Smaragd, Aquamarin, Malachit, Lapislazuli, Diamant, grüner Epidot,
das Metall: Kupfer.

Der Wert des Kupfers wird in der Jetztzeit gern unterschätzt, aber es gab eine Periode, in der es mehr galt als Gold, und es gibt noch heute ein Volk, das die wertvollen Eigenschaften des Kupfers höher einschätzt als die des Geldes — die Chinesen.

Das sogenannte prähistorische Kupferzeitalter, das zwischen der Stein- und der Bronzezeit lag, ist eine wissenschaftlich anerkannte Tatsache ebenso wie das Wissen um Kupfer 5000 Jahre v. Chr., zu welcher Zeit es bereits auf der Sinaihalbinsel gewonnen wurde. Dass sich gerade das Kupfer bei den Alten höchster Wertschätzung erfreute und man ihm wichtige magische Kräfte zuschrieb, wird durch die neuesten wissenschaftlichen Entdeckungen immer einleuchtender. Es galt z. B. als vorzügliches Mittel gegen Ansteckung bei Seuchen, Pest usw., und es war kein Geheimnis, dass die Arbeiter, die mit Kupfer zu tun hatten, von der Ansteckung verschont blieben, ja dass gerade die Kupferschmiede, ohne sich anzustecken, sich beim Wegschaffen der Leichen betätigten. Nun hat der Berliner Arzt Dr. Zondek festgestellt, dass das Kupfer zweifellos in irgendeiner Beziehung zum Blut oder zur Blutmischung steht und dass im Blut des Menschen immer Spuren dieses Metalls nachweisbar sind.

Dieser Kupfergehalt ist bei gesunden Menschen immer gleich hoch, was sicher nicht der Fall wäre, wenn das Kupfer nur eine zufällige Begleiterscheinung wäre. Nur während der Schwangerschaft steigt die Kupfermenge des Blutes auf den doppelten Betrag an. Der Säugling kommt mit einem reichen Kupfervorrat zur Welt, der sich aber rasch bis auf ein Zehntel verringert. Hier scheint nun die Muttermilch, die einen dreimal so großen Kupfergehalt als Kuhmilch aufweist, für den notwendigen Ersatz zu sorgen, wohingegen die Kuhmilch den Bedarf an Kupfer nicht zu decken vermag. Die Tatsache, dass man die Blutarmut der Kuhmilchkinder in der letzten Zeit mit Erfolg durch Kupfer behandelt hat, ist ein Beweis für die Wichtigkeit dieses Metalls.

Die Widerstandsfähigkeit gegen Ansteckungskrankheiten wird gleichfalls auf den Kupfergehalt des Blutes zurückgeführt. Die Kuhmilchkinder sind häufig nicht nur blutarm, sondern sie sind auch den Ansteckungskeimen gegenüber sehr empfänglich. Dr. Zondek führt ferner eine interessante Statistik der Sterblichkeit durch Cholera an. In den Jahren 1830 – 1870 kamen auf 10 000 Einwohner durchschnittlich 37 Todesfälle, während unter 10 000 Arbeitern in Kupferbergwerken nicht einmal drei Erkrankungen verzeichnet wurden, die tödlich verliefen!

Man kann hier natürlich nur, sagt der vorsichtige Referent, mit größter Vorsicht einen ursächlichen Zusammenhang vermuten, wahrscheinlich handelt es sich beim Kupfer um die sog. Wirkung kleinster

Mengen, deren Bedeutung für den Ablauf der Lebensvorgänge erst in den letzten Jahren erkannt wurde, wir wissen nur, dass sie für unseren Organismus unentbehrlich sind, dass ihr Fehlen zu Mangelkrankheiten führt, aber wir sind noch ganz im unklaren, wie sie eigentlich wirken, Metalle, von denen man bisher nur Giftwirkungen kannte. — Nun, es gibt genügend Biochemiker und homöopathische deutsche Ärzte, die das sehr wohl wissen, aber es ist ja wichtig, dass, wie dieser neueste Bericht zeigt, jetzt auch die offizielle Medizin sich an solche Sachen heranmacht und heranwagt!

Den Alten, über die sich viele Zeitgenossen an Wissen hocherhaben dünken, würden diese allerdings nichts Neues bringen, denn die wussten ja noch manches andere vom Kupfer, wenn sie dies auch dem Gotte zuschrieben, der nach ihrer Ansicht aus dem Kupfer herausatmete und damit stärkend auf die Seele wirkte, bis zu einem Grade, der uns unmöglich erscheinen muss; nämlich so stark, dass der diesen Atem Erfühlende so reinen Herzens wurde, dass er „Nein" sagen konnte, wenn ihm Unrechtes zugemutet wurde, auch wenn er den größten Vorteil vom „Ja" gehabt hätte. Daraus ergibt sich, wer es recht nötig hätte, sich mit Kupfer und seiner Seele vertraut zu machen und unser schon oft zitierter Seher Charubel gibt uns dazu das magische Wort: AV — MAH — HU — JAH

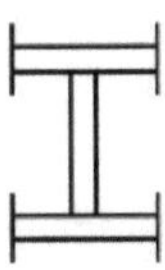

und das Siegel (siehe Abbild), das eine Kraft darstellt, die auf Wahrheit gegründet ist. (Wir kommen in einem späteren Abschnitt noch auf die Verwendbarkeit des Kupfers bei den aus ihm gefertigten Venus-Talismanen und kombinierten Schwingungsringen zu sprechen.

Dem **Saturn** sind zugeordnet:
als Tag: der Sonnabend,
die Zahlen: 3 – 9 – 15 – 45,
die Farben: dunkelgrün bis schwarz, grau,eisblau,
die Steine: Opal, schwarzer Onyx, Alexandrit,
das Metall: Blei,
der Vokal: o.

Zu diesen Zuordnungen ist zu sagen, dass über die einzelnen Farben sowohl als über die zugeordneten Steine durchaus keine Übereinstimmung unter den Astrologen besteht, unter denen es manche gibt, die sich eine eigene Zuordnungsweise zurechtgemacht haben. Ebenso haben Anhänger der alten Tradition die Irrtümer ihrer Vorgänger infolge Verwechslung von Namen verständnislos nachgeschrieben, was nur wenige Astrologen neuerer Richtung rechtzeitig erkannt und richtiggestellt haben. Es sind auch ganz neue Einteilungen veröffentlicht worden, die auf den neuesten Farbenforschungen beruhen und die größte Beachtung verdienen, wie die „Astrologische Farbenlehre“ von v. Bressendorff-Koch, die wir jedem, der hier weiterforschen will, aufs Wärmste empfehlen können. Wir sind aber hier nicht in der Lage, eingehende Definitionen zu geben und haben uns daher mit den auf langer Erfahrung beruhenden Angaben begnügt, die wir eben hier bei den einzelnen Planeten in aller Kürze gebracht haben.

So wenig wie ein Zeichen oder ein Planet als alleinbestimmend in einem Horoskop vorgefunden wird, so wenig lässt sich hier tabellenartig schematisieren, aber gute Unterlagen zur präzisen Bestimmung bieten diese Angaben unbedingt. Das gleiche gilt nicht von der jetzt *grassierenden Mode* der sogenannten Monatssteine, die in noch geringerem Ausmaße eine Sicherheit dafür bieten, dass der danach Wählende nun den Stein erhält, der ihm helfende Strahlungen bringt, da noch zu viele andere Faktoren zu berücksichtigen sind, die durchaus nicht für alle im gleichen Monat Geborenen zutreffen. Immerhin ist eine gewisse Sicherheit dafür gegeben, dass man wenigstens nicht gerade einen Stein trägt, der seinem Lebensrhythmus entgegengesetzt ist, deshalb wollen wir die Theorie der Monatssteine hier mit anführen, die auf folgender Erwägung beruht.

Die Sonne, der Hauptstern unseres Planetensystems, durchläuft während eines Jahres alle zwölf Tierkreiszeichen, bleibt also in jedem etwa einen Monat. Sie tritt jedes Jahr etwa am 21. März in das Zeichen Widder (V) ein, bleibt bis zum 20. April in diesem und betritt dann das nächste Tierkreiszeichen Stier (8), aus dem sie dann wieder nach etwa 30 Tagen in das nächste Zeichen Zwillinge (II) hinüberwechselt, und sofort, bis sie wieder beim Zeichen Widder, von dem sie am 21. März (Frühlingsanfang) ausging, angelangt ist.

Auf diesem Stand der Sonne in den einzelnen Zeichen ist nun die Theorie der Geburts- oder Monatssteine aufgebaut, nach der man jedem während solcher 30 Tage geborenen Menschen nach dem Zeichen, in dem sich die Sonne während dieser 30 Tage aufhält, den gleichen Stein als sogenannten Monatsstein zuordnet. Dieser wird also nicht nach dem

Kalendermonat, der am ersten Tag zu zählen beginnt, bestimmt, sondern jeweils vom 21. des Monats. Wer also am 10. April geboren ist, soll den Stein tragen, der für alle zwischen dem 21. März bis 20. April Geborenen als Monatsstein gilt; wer aber am 25. April geboren ist, für den gilt dann der in nachstehender Aufstellung für die Zeit vom 21. April bis 20. Mai angeführte Stein.

Aus diesen Ausführungen geht also hervor, dass jedem der 12 Tierkreiszeichen, die wir ja schon früher kennenlernten, ein oder mehrere Steine zugeordnet sind, die dann als Monatssteine für den gelten, der geboren wurde, während sich die Sonne in diesem Tierkreiszeichen befindet, was, wie wir vorher kennenlernten, jedes Jahr fast an den gleichen Tagen der Fall ist.

Wir führen nun hier die betreffenden Steine an, müssen aber das schon einmal Gesagte wiederholen, dass es auch hierin die verschiedensten Kombinationen gibt, da auch die Zuteilung der Steine zu den einzelnen Tierkreiszeichen sehr unterschiedlich angegeben wird. Im Allgemeinen gilt nachstehende Aufstellung als zweckentsprechend. Es soll danach tragen: Wer geboren ist in der Zeit

vom 21. März bis 19. April einen Diamant
vom 20. April bis 22. Mai einen Moosachat
vom 23. Mai bis 21. Juni einen Goldberyll
vom 22. Juni bis 21. Juli einen Smaragd
vom 22. Juli bis 22. August einen Rubin
vom 23. August bis 22. Sep. einen Jaspis
vom 23. Sep. bis 22. Okt. einen Aquamarin
vom 23. Okt. bis 22. Nov. einen Tapas
vom 23. Nov. bis 22. Dez. einen Karfunkel
vom 23. Dez. Bis 20. Jan. einen schwarz. Onyx
vom 21. Jan. bis 19. Febr. einen Saphir
vom 20. Febr. bis 20. März einen Amethyst

Alte Autoren stellen nun noch besondere Tabellen auf für Christen und Nicht-Christen, am liebsten sogar wieder gesonderte für Katholiken und Protestanten, Juden, Mohammedaner, usw.

Diese Spitzfindigkeiten wollen wir hier beiseitelassen, aber die Angaben, die der Führer einer Hindu-Gemeinde macht und die zugleich einige kurze Ratschläge für seine in den verschiedenen Monaten geborenen Schüler enthalten, möchten wir unseren Lesern mitteilen, da sie für manchen zur Nachprüfung von Wert sein können.

Dieser alte Hindu schreibt also:

Wer zwischen dem 21. März und 20. April geboren wurde, wenn die Sonne im Zeichen Widder steht:

Vermeide alle Hast und Aufregung, überlege jede Handlung besonders gründlich, bekämpfe alle Eifersuchtsanwandlungen, sonst wirst du die größten Fehlschläge erleben. Deine Astralfarben sind: gold und schwarz, (d. h. die Farbe deiner Aura). Deine Schutzsteine sind: brasilianischer Amethyst und Diamant.

Die zwischen dem 20. April und 22. Mai Geborenen (Sonne im Stier):

Bemühe dich, deine Unausgeglichenheit, deinen schnell aufbrausenden Zorn und Ärger zu bekämpfen und sorge dich nicht so unnötig, du ziehst dadurch nur allerlei Übel an. Deine Astralfarben sind: rot und Zitronengelb, deine Schutzsteine: Smaragd und Moosachat.

Zwischen dem 23. Mai und 21. Juni Geborene (Sonne in den Zwillingen):

Bemühe dich, was du tust, gründlich zu besorgen, zersplittere dich nicht, sieh nach deinen eigenen Fehlern mehr als nach denen anderer, lies viel über erfolgreiche Menschen und sei mäßig im Essen und Trinken. Deine Astralfarben sind: rot, weiß, blau, deine Schutzsteine: der Beryll und der Aquamarin sowie dunkelblaue Steine.

Zwischen dem 22. Juni und 21. Juli Geborene (Sonne im Krebs):

Überwinde deine Wankelmütigkeit durch Festigung deines Willens, lass dich nicht durch Schmeicheleien beeinflussen und halte deine Pläne stets geheim — lass dir nicht die Zunge ziehen! — Deine Astralfarben sind: grün und braunrot, deine Schutzsteine: Smaragd und schwarzer Onyx.

Zwischen dem 22. Juli und 22. August Geborene (Sonne im Löwen):

Versuche niemals, dich um die Erfüllung einer Verpflichtung zu drücken, sondern arbeite aus gutem Wollen und Willen heraus. Halte deine Gedanken fest im Zaum, nimm dein Herz fest in die Hand und vergiss nie, dass Schweigen eine große Kraft ist. Deine Astralfarben sind: rot und grün, deine Schutzsteine: Rubin und Diamant.

Zwischen dem 23. August und 22. September Geborene (Sonne in der Jungfrau):

Erziehe dich streng dazu, optimistisch zu denken, gebrauche möglichst wenig Arzneien, kritisiere nicht zu viel deine Umwelt und glaube nicht, du könntest die Welt verbessern, fange mit Verbesserungen bei dir an, indem du allen Zweifel und jede Furcht bannst. Deine Astralfarben sind: gold und schwarzgesprenkelt mit blauen Punkten, deine Schutzsteine: roter Jaspis und Hyazinth.

Die zwischen dem 23. September und 22. Oktober Geborenen (Sonne in der Waage):

Lerne zu warten, bezähme deine Ungeduld, sei weitherzig und wohlwollend, behandle alle Tiere gut und sorge dich nicht um Geld, gehe ruhig den von dir als richtig erkannten Weg, vertraue deiner inneren Führung. Bleibe nicht unverheiratet, du wirst ein glückliches Familienleben und Heim haben. Deine Astralfarben sind: schwarz, karmesinrot und hellblau, deine Schutzsteine: Diamant und Opal.

Die zwischen dem 23. Oktober und 21. November Geborenen (Sonne im Skorpion):

Heirate nicht, bevor du dir die Eifersucht abgewöhnt hast, bezwinge deine schlechten Neigungen, dann wirst du auch Erfolge haben. Sei rücksichtsvoll gegen deine Mitmenschen, stelle dich ganz auf Erfolg ein und lies die Bücher, in denen edle Menschen und ihre Handlungen geschildert werden. Deine Astralfarben sind: goldbraun und schwarz, deine Schutzsteine: Topas und Malachit.

Die zwischen dem 23. November und 22. Dezember Geborenen (Sonne im Schützen):

Verschwende deine Zeit nicht mit Hineinmischen in die Angelegenheiten anderer, sei freundlich und offen gegen deine Mitmenschen und sei immer hoffnungsvoll; stelle dich darauf ein: ich will das Gute in der Welt sehen, ich will erfolgreich und glücklich sein! Bedenke, der Weg zum Wohlstand ist so breit wie der Weg zum Markt; Fleiß und Sparsamkeit bringen den Erfolg, drum verschwende auch nie Zeit und Geld, sondern bemühe dich, stets den rechten Gebrauch von beiden zu machen. Umgib dich mit fröhlichen Menschen, pflege Sport und Musik. Deine Astralfarben sind: goldgelb, rot und grün, deine Schutzsteine: Karfunkel und Diamant.

Die zwischen dem 22. Dezember und 20. Januar Geborenen (Sonne im Steinbock):

Setze stets deine ganze Kraft ein für alles, was du unternimmst, bekämpfe dein allgemeines Misstrauen und deine Gewohnheit, sorgenvoll in die Zukunft zu sehen, zweifle nicht an deinem Können, unternimm nur Angelegenheiten, die dir wirklich liegen, höre gute Musik, verborge kein Geld und begründe eine Familie, die zu deinem Glück notwendig ist. Deine Astralfarben sind: granatfarben, braun, silbergrau und schwarz, deine Schutzsteine: weißer Onyx und Mondstein.

Die zwischen dem 21. Januar und 19. Februar Geborenen (Sonne im Wassermann):

Verschließe dich nicht gegen den Fortschritt, dränge stets vorwärts, sei aber immer optimistisch und stärke bewusst deinen Willen, dann werden dir die unsichtbaren Kräfte zu Hilfe kommen und dich führen. Sprich nie über deine Pläne mit deinen Freunden, arbeite im stillen daran und du wirst Erfolg haben, je größeren, je mehr du an dich glaubst. Deine Astralfarben sind: blau, rosa und nilgrün, deine Schutzsteine: Saphir, Opal und Türkis.

Die zwischen dem 20. Februar und 20. März Geborenen (Sonne in den Fischen):

Sei tolerant gegen deine Mitmenschen, glaube nicht, dass deine Religion die einzig richtig ist, jage nicht dem Mammon nach, setze all dein Vertrauen auf deinen Gott, aber in weltlichen Dingen richte deine Bestrebungen nicht auf eine Sache allein, du musst stets mehrere Eisen im Feuer haben. Heirate und schaffe dir ein Heim, das gehört zu dir. Deine Astralfarben sind: weiß, rosa, smaragdgrün und schwarz, deine Schutzsteine: Chrysolith, Mondstein und rosafarbene Muscheln.

Soweit dieser alte Hindu-Astrologe, der seinen Schülern in den vorstehenden Ausführungen manchen beherzigenswerten Rat mit auf den Lebensweg gegeben hat, Ratschläge, die auch manchen Zeitgenossen aufhorchen lassen sollten.

Die praktische Anwendung

Wollen wir uns nun die Erfahrungen der alten Geheimwissenschaftler zunutze machen, so müssen wir bei der Anfertigung von Amuletten nach folgenden Gesichtspunkten verfahren, die der Verfasser selbst vielfach nachgeprüft und stets zutreffend befunden hat.

Vor allem müssen wir die individuellen Grundanlagen desjenigen, für den das Amulett bestimmt ist, berücksichtigen, d. h. wir müssen aus seinem Horoskop feststellen, zu welcher der vier verschiedenen Menschentypen er gehört, ob er ein lymphatisches (kaltes), sanguinisches (feuchtes), gallig-cholerisches (hitziges) oder nervös-melancholisches (trockenes) Temperament hat.

Wir haben in dem Abschnitt über Astrologie gesehen, dass die zwölf Tierkreiszeichen in vier Trigone zu je drei Zeichen eingeteilt werden, die den menschlichen Temperamenten entsprechen. In jedem Tierkreiszeichen finden wir immer zwei von diesen Temperamenten vereinigt, und zwar:

Im *wässerigen* Trigon (Krebs, Skorpion, Fische) die kalten und feuchten Naturen (lymphatisch-sanguinische);

im *luftigen* Trigon (Zwillinge, Waage, Wassermann) die warmen und feuchten (gallig-sanguinische);

im *feurigen* Trigon (Widder, Löwe, Schütze) die warmen und trockenen (gallig-nervöse);

im *erdigen* Trigon (Stier, Jungfrau, Steinbock) die kalten und trockenen (lymphatisch-nervöse).

Wir sehen also, dass jedes Trigon, ja sogar jedes einzelne Tierkreiszeichen, eine Mischung aus zwei Grundanlagen ist. Nun kommt noch die Einwirkung der Planeten hinzu, sodass selten ein Grundtypus rein zum Ausdruck kommen wird, aber in der Regel wird einer vorherrschen. Nach diesem Haupttypus bezeichnet man dann den Betreffenden als Sanguiniker, Lymphatischer, Choleriker oder Nervösen. Für unsere Zwecke ist dann noch die Stellung des Herrschers des Geburtszeichens sowie die der anderen Planeten maßgebend, um zu bestimmen, welche Einflüsse günstig oder ungünstig für den Horoskop-Inhaber sind und welche durch das Amulett verstärkt oder abgeschwächt werden müssen.

Man wählt als Basis des Amuletts das passende Metall aus, sucht dann entsprechend dem Horoskop die beiden Hauptplaneten heraus, wählt die ihnen entsprechenden Steine und nimmt als dritten Stein denjenigen hinzu, dessen Wirkung den speziellen Zweck des Amuletts fördern soll. Diese drei Steine setzt man in das Metallplättchen, welches am besten runde oder ovale Form haben soll, so ein, dass sie sich im Trigon anblicken und dadurch sowohl sich als auch den Träger des Amuletts harmonisch bestrahlen.

Wir wollen dies an einem praktischen Beispiel erörtern, welches der Verfasser aus seiner Praxis heraus liefern kann.

Anfang 1915 wurde ich gebeten, für einen Herrn ein Horoskop und entsprechendes Amulett auszuarbeiten, das in erster Linie seine schwankende Gesundheit und seine Nervenschwäche günstig beeinflussen sollte. Ich fand ein ganz eigenartiges Geburtsbild. Geburtstag war ein Montag, Geburtszeichen: Löwe, dessen Beherrscher, die Sonne, aber so schwach gestellt war, dass von ihr wenig Gutes zu erwarten war; außerdem hatte der Mond vier schlechte Scheine, unter anderen mit dem Herrn des Krankheitshauses, dem Saturn und dem Mars, welch letzterer außerdem im Quadratschein zum Punkt für Krankheiten und Tod stand. Als einziger günstiger Schein war ein schwacher Sextilschein der Sonne zum Mond vorhanden.

Ich kombinierte nun unter Berücksichtigung aller in Betracht kommenden sonstigen Punkte folgendes Amulett: Um stärkeren Sonneneinfluss heranzuziehen, wählte ich als Basis ein Goldplättchen, schmolz also an einem Sonntag zur Sonnenstunde, als die Sonne günstig im Geburtszeichen Löwe stand, ein entsprechendes Quantum Feingold und formte daraus ein rundes Goldplättchen. In dieses setzte ich drei Edelsteine so ein, dass sie im Dreieck zueinander standen.

An die obere Spitze platzierte ich einen Rubin zur Stärkung der Gesundheit, an die beiden anderen einen Diamant zur Anregung der Energie und einen Saphir zur Abschwächung der Marsstrahlungen; außerdem gravierte ich auf der Rückseite einige magische Zeichen ein. (Erklärung derselben erfolgt in dem späteren Abschnitt über magische Talismane.)

Ich gab dann dem Betreffenden noch einige besondere Verhaltungsmaßregeln über die Behandlung dieses Amulettes und empfahl ihm, dasselbe an einem goldenen Kettchen auf der Brust zu tragen und gegen jedermann davon zu schweigen.

Das Amulett erfüllte die darauf gesetzten Erwartungen im vollsten Maße. Mein Auftraggeber dankte mir nach Monaten in überschwänglichen Worten, schrieb mir, er habe ein solch angenehmes Gefühl der Sicherheit, seit er dies Amulett trage, dass er es unter keinen Umständen wieder entbehren möchte; er habe seine Nerven seitdem vollständig in der Gewalt, sein schwankender Gesundheitszustand habe sich bedeutend gebessert und er fühle sich so wohl und arbeitsfähig wie selten zuvor. (Noch vor kurzem erfuhr ich von ihm, dass er sich nach wie vor des besten Wohlseins erfreue und sein Amulett immer noch mit gleichem Erfolg trage.)

Diese Kombination hat sich also als zutreffend erwiesen, ebenso wie in den folgenden Jahren noch manche andere, die der Verfasser im Laufe der Jahre zu erproben Gelegenheit hatte.

Es wäre eine dankbare Aufgabe für fortgeschrittene Okkultisten, wenn sie ihre Erfahrungen auf diesem Gebiete veröffentlichten, damit die Wechselbeziehungen zwischen uns und den geheimen Kräften der Natur, besonders der Sterne und Edelsteine, allgemeiner bekannt und von vielen Seiten nachgeprüft und zum Nutzen unserer Mitmenschen angewendet werden könnten.

(Diese in vorstehenden Zeilen ausgesprochene Anregung hat seit ihrer Veröffentlichung manchen Fachmann und Leser veranlasst, sich an mich zu wenden, und ich habe zur Erfüllung manchen Wunsches durch meine Erfahrungen verhelfen können. Deutlich zeigte sich an verschiedenen Fällen, dass jedes Schematisieren auf diesem Gebiete „fehl am Ort ist“.

Es gibt keine allgemein gültigen Regeln für die Kombination und Anfertigung solcher Kleinodien, und ein nicht genau auf den Träger abgestimmtes Amulett oder ein Talisman bleibt lediglich ein mehr oder weniger schönes Schmuckstück.)

„Den Stein der Weisen“, der auf anderer Ebene liegt, wird nur ein dazu Auserwählter finden, aber:

Trotz allem: Der Glaube an Glück oder Unglück bringende Steine wird niemals verschwinden, solange Menschen auf dieser Erde sorgen und schaffen — und wer möchte ihnen die geheimnisvollen Kräfte absprechen? Wer vermag dieses Geheimnis zu ergründen? Schon Goethe erkannte:

„Geheimnisvoll am lichten Tag
Lässt sich Natur des Schleiers nicht berauben,
Und was sie deinem Geist nicht offenbaren mag,
Das zwingst du ihr nicht ab mit Hebeln und mit Schrauben.“

VIII. Amulette mit rein-suggestiver oder magisch-suggestiver Wirkung

Wunder verstoßen nicht gegen die Natur,
sondern gegen die uns bekannte Natur.
(Augustinus.)

Auch jetzt noch ist das früher stets mit einem gewissen Odium behaftete Wort Suggestion in aller Munde und gewissermaßen ein Schlagwort.

Zunächst: Was ist Suggestion? Wir verstehen darunter einen Vorgang, durch den eine uns ursprünglich fremde Vorstellung in unser Gehirn eingeführt und von diesem aufgenommen wird, dann das Bestreben hat, sich in eine Handlung umzusetzen und dadurch Anstoß gibt zu neuen Vorstellungen und Handlungen. Ob die Suggestion in uns selbst entstanden ist, etwa durch den Anblick eines Gegenstandes oder ob sie uns durch Einflüsterung beigebracht wird, ist an sich gleichgültig; im ersteren Falle nennen wir sie Autosuggestion (Selbstsuggestion), im anderen Fremdsuggestion.

Den schlagendsten Beweis für die schier unheimliche Macht der Suggestion lieferte uns der Coueismus, so genannt nach seinem Verkünder, dem Apotheker Coué aus Nancy, dessen Schriften in Hunderttausenden von Exemplaren in allen Kreisen der Bevölkerung verbreitet sind.

Coué hat folgende Grundsätze aufgestellt: Alles, was wir denken, wird für uns Wirklichkeit. Es ist somit sträflicher Unfug, Falsches zu denken. Der Geist muss und kann das Tier in uns bezwingen. Im Widerstreit zwischen Willen und Einbildungskraft siegt letztere ausnahmslos. Die Einbildungskraft ist lenkbar.

In seiner Anleitung zur Autosuggestion empfiehlt er den Kranken, täglich mehrmals an den zwanzig Knoten, die man in einen Bindfaden geschlungen hat, abzählend zwanzigmal vor sich hin zu sprechen: „Mit jedem Tag geht es mir in jeder Hinsicht immer besser und besser.“ Hierdurch soll man seinem Unterbewusstsein den richtigen Gedanken einbilden und da dieses unsere organische Tätigkeit ordnet, wird es den Befehl aufnehmen und nach und nach arbeiten, wie es soll.

Herr Coué hat unzweifelhaft große Erfolge; nach jedem öffentlichen Vortrage verlassen eine Anzahl Geheilter die Bühne.

Dem erfahrenen Okkultisten sagt Herr Coué nichts Neues, seine Methode ist uralt, aber er hat das unbezweifelbare Verdienst, öffentlich ausgesprochen und durch die Tat bewiesen zu haben, was vor ihm zwar viele kannten, aber nicht den Mut hatten, es praktisch anzuwenden, weil sie fürchteten, dass man sie sofort als Charlatane brandmarken würde.

Da ist es erfreulich, dass ein Frankfurter Arzt letzthin auf einer Ärzteversammlung erklärte:

„Psychologie müsse Pflichtfach des ärztlichen Studiums werden, damit der junge Arzt den Kranken auch seelisch zu behandeln verstände.

Es wäre eine Schmach, dass sich Ärzte dies erst von einem Nichtarzt dem Apotheker Coué, sagen lassen müssen, was sie schon längst hätten aus der einschlägigen Wissenschaft erfahren können …

Wegfallen müsse, was eigentlich zur Laienmedizin geführt: die Hemmung gegen neue Gedanken."

(*Ärztlicher Ausbildungskurs Berlin 19/20, Februar 1926.*)

Die erstaunlichen Krankenheilungen Coués machen uns die Wirkung einer Art Amulette verständlicher, von der wir jetzt reden wollen, nämlich der lediglich auf Auto- bzw. Fremdsuggestion beruhenden, deren es mehr gibt, als man gemeinhin anzunehmen geneigt ist.

Zu dieser Art gehören die zahlreichen volkstümlichen Amulette in Gestalt von Heiligenbildern, Weihemedaillen, Neidfeigen, Korallenhänden, Fraisensteinen, Wehenkreuzen, Zahnperlen, Krebsaugen, Kreuzen aller Art, Gichtkugeln und wie sie alle heißen, es möge genügen, darauf hinzuweisen, dass ihre Objekte aus allen Teilen des Naturreiches sowie der menschlichen Tätigkeit entnommen werden, von der Pflanzenwurzel bis zum magischen Zaubersiegel, vom Richtschwert des Henkers bis zum glückbringenden Strick des Gehenkten, von der Korallenhand bis zu den Sternbildern und vom Schmelztiegel des Alchimisten bis zum Gebrauch von Tier- und Menschenblut.

Mit dem Blutzauber wollen wir uns hier nicht befassen, denn er führt unweigerlich zur Schwarzen Magie, wir wollen stattdessen eines der ältesten Amulette aus der Pflanzenwelt auswählen, die sog. „Alraunen“, im Volksmunde Galgenmännlein oder Heckenmännchen genannt (Abbild. 50), die aus der Alraunwurzel (Mandragora officinalis) hergestellt wurden. Man unterschied zweierlei, ein Männlein, das man Morion, und ein Weiblein, das man Thridacias nannte. Letzteres wächst wild in den apulischen Bergen, ersteres soll in Frankreich, Spanien und Italien aus Wurzeln oder Samen, die aus Kanada stammen, gezogen werden.

Die Wurzelrinde wirkt schmerzstillend und schlafbringend und wurde in Wein gekocht; als Amulett getragen wurde sie gegen die Rose, rote, entzündete Augen, Geschwüre, Kröpfe und Beulen.

Man zahlte im Mittelalter außerordentlich hohe Preise dafür, zumal die Verkäufer erzählten, sie wüchse nur unter einem Galgen und müsse von einem schwarzen Hund, an dessen Schwanz man sie anbinde, herausgezogen werden, wobei die Pflanze einen grässlichen Schrei ausstoße und der Hund tot umfalle. Der Alraungräber selbst müsse sich die Ohren mit Wachs verstopfen, um das Geschrei der Wurzel zu überleben.

Von diesem den Menschen unerträglichen Geschrei spricht auch Shakespeare in „Romeo und Julia“, wo Julia (im 4. Akt) klagt:

Abbild. 50. Alraunen oder Heckenmännchen

„Wenns kreischt als grübe man Alräunchen aus,
Bei deren Ton der Mensch von Sinnen kommt.“

Die menschenähnliche Form, der schlaue Händler wird durch Beschneiden sicherlich oft nachgeholfen haben, machte sie von vornherein besonders geeignet, die abergläubische Fantasie anzuregen und sie zur berühmtesten aller Zauberpflanzen zu machen. Im Altertum hieß sie *Dudaim* und eine solche Dudaim wünschte Rahel zu haben, um die Liebe Jacobs zu erwecken und gesegneten Leibes zu werden. Denn als bei ihr die Sehnsucht nach einem eigenen Sohn immer mächtiger wurde, muss ihr die in solchen Dingen erfahrene Lea die Mandragora, als Mittel, schwanger zu werden, überlassen und diese Dudaim, die im Hebräischen *Liebeskraut* heißt, soll ja auch gewirkt haben, denn Rahel wurde darauf die Mutter Josephs. —

Der Glaube an diese Alraunen ist bis heute, besonders auf dem Land, noch nicht ausgestorben, und im geheimen wird noch manches *Alräundien* zu Hilfe gerufen. Wenn einer besonderes Glück im Kartenspiel hat, sagt man noch heute in Österreich: „Der muss ein Alraundel im Sack haben.“

Das Bernsteinpüppchen von Großbeeren

Ob diese „Alräunchen“ immer ihre Schuldigkeit getan haben, darüber haben wir keine authentischen Berichte, der Volksglaube ist sich aber darüber einig, dass pietätlose Gesinnung oder mutwillige Zerstörung solcher Zaubergaben sich gar oft böse gerächt haben; wenigstens scheint dies beim Schicksal der ‚Familie von Beeren auf Großbeeren in der Mark Brandenburg der Fall gewesen zu sein, mit deren Los sich abergläubische Gemüter einst gern beschäftigten. Die Chronik berichtet darüber: vor mehreren hundert Jahren lag eine Frau von Beeren krank in ihrem Zimmer darnieder. Da sah sie plötzlich hinter dem Ofen hervor eine Schar von Zwergen in den Raum kommen. Die Kleinen hatten den Wunsch, eine Hochzeit in der Wochenstube abzuhalten, und weil die Herrin des Hauses sie gewähren ließ, legte ihr der Zwergenkönig zum Dank einen merkwürdigen Talisman in die Wiege. Es war ein Püppchen aus Bernstein, trug einen Menschenkopf und einen Fischschwanz; der kleine Geber verhieß, solange dies Püppchen im Hause bliebe, wohlbehütet und bewacht, solange würde auch das Glück unter dem Dach weilen. Der Verlust des Geschenkes aber würde den Untergang des Geschlechtes bedeuten. Jahrhundertelang wurde dieses „Alräunchen" von der Familie in Ehren gehalten, bis ein Nachkomme des Geschlechts, Geist von Beeren, mit dem dann auch die Manneslinie des Geschlechtes 1812 erlosch, im Kreise ausgelassener Freunde in frevelhaftem Übermut einst an einem Weihnachtsabend das Glückspüppchen ins Feuer warf, um dessen Wunderkraft zu erproben. Ein langer, banger, wehklagender Ton zog durch den Raum, als die Flammen das Bernsteingebilde zerstörten.

Mit Spannung blickte nun das Landvolk ringsum auf das Haus des Frevlers. Und es sah des Zwergenkönigs Prophezeiung in Erfüllung gehen: Missernten und Feuersbrünste im Verein mit den Plünderungen zerstörten schnell den schönen Wohlstand des Geschlechts. Die Todesfälle in der Familie schienen einander zu jagen. Kurz nacheinander verlor Geist von Beeren seine jungen, blühenden Söhne. Im Jahre 1812 starb er selbst. Auch seine Tochter überlebte ihn nicht lange, auf einer Fahrt von Berlin nach Großbeeren wurde sie durch Herzschlag dahingerafft. Die Witwe Geists von Beeren verlobte sich zwei Jahre nach dem Tod ihres Gatten noch einmal, aber wenige Tage vor der Hochzeit fiel der Bräutigam im Duell; auch hierin erblickte man den Beweis, dass auf dem ganzen Haus derer von Beeren ein Fluch ruhe, und dieser schien nicht allein der Familie, sondern auch dem Gut, das andere Besitzer fand, zu gelten; denn niemand von den Nachfolgern Geists fand auf Großbeeren Glück oder Frieden. Die Stadt Berlin erwarb später das Gut zu Rieselzwecken. Das Bernsteinpüppchen aber war im Volk nicht so bald vergessen. Als Fontane seine Wanderungen durch die Mark Brandenburg unternahm, traf er noch alte Männer und Frauen an, die sich rühmten, in den ersten Jahren des 19. Jahrhunderts das Geschenk des Zwergenkönigs mit eigenen Augen gesehen zu haben.

Die Schicksalsbecher der Familie v. Asseburg

Ein ähnliches Schicksal wird von der Familie v. Asseburg auf Schloss Falkenstein durch den Verlust eines Pokales berichtet, der daselbst als Talisman von Geschlecht zu Geschlecht behütet worden war. Auf diesem Schloss waltete einst eine sehr fromme, mildtätige Herrin. In einer kalten Winternacht bat einst ein Gnom die Gräfin, seinem Weiblein beizustehen.

Die mitleidige Gräfin erfüllte seinen Wunsch und erhielt zum Dank drei gläserne Becher, auf deren Grunde je eine goldene Kugel ruhte. Solange einer dieser Becher unversehrt bliebe, versprach der Zwerg, sollte das Haus derer von Asseburg blühen und gedeihen. Einen der Becher bewahrt man auf Falkenstein noch heute, den zweiten hütet man auf der Hinnenburg in Westfalen, über den dritten gibt uns das Kirchenbuch von Walbhausen Auskunft. Im Jahre 1696 tranken zwei Söhne des Grafen Ludwig v. Asseburg in angeregter Stimmung einem Freunde aus einem dieser Zauberbecher zu.

Der Becher ging dabei in Scherben, und noch am gleichen Tage verunglückten die beiden Brüder auf scheu gewordenen Pferden in der Helme. Man sieht an diesem Fall, dass der Verlust eines Talismans durch Unachtsamkeit oder durch frevelhaften Übermut nicht ungerächt bleibt, und für den Schuldigen schlimme Folgen nach sich zieht.

Der anhaltinische Krötenring

Neben dem Becher spielt als Talisman der Ring die größte Rolle. Der typische Talisman ist natürlich der Ehering. Er soll aus reinem Gold bestehen, zum Zeichen, dass die Liebe der Ehegatten untereinander rein wie Gold sein soll, und um die Bindung zu erhöhen, graviert man ihre Anfangsbuchstaben hinein. Der Augenblick, in dem der Ehemann seiner jungen Gattin vor dem Priester den Ring gibt, heißt es in einem alten Zauberbuch, ist von höchster Bedeutung. Wenn der Mann den Ring an der Fingerspitze anhält, ohne ihn über das zweite Glied zu schieben, wird die Frau Herrin im Haus, streift er ihn jedoch über den ganzen Finger, wird er der Herr und Gebieter sein. Damit nun der Trauring nicht über das zweite Glied hinübergleitet, wenden abergläubische Frauen manchmal die List an, dass sie den Finger *krumm* machen.

Aber auch als Bedeutet des Schicksals finden wir häufig einen Ring erwähnt, an dem manchen hohen Hauses Wohlfahrt hing. Es sei hier eines solchen sagenumwobenen Besitzstückes der anhaltinischen Fürstenlinie, des sog. Krötenringes, gedacht, über den Richard Schönbeck nach Aufzeichnungen Beckmanns in der alten anhaltinischen Chronik berichtet:

Eine Fürstin von Anhalt-Dessau habe längere Zeit hindurch, während sie gesegneten Leibes war, allein gespeist und nach jeder Mahlzeit Brosamen aus dem Fenster geschüttet. Eines Nachts sei eine unbekannte Frau mit einer Laterne an ihrem Bett erschienen und habe gesagt: Ihre Frau Kröte dankt sehr für die Brocken Brotes, die sie unter der Frau Fürstin Fenster genossen und schickt ihr aus Dankbarkeit diesen Ring, den sie wohl bewahren und Sorge tragen möchte, dass er allezeit in dem fürstlichen Hause bliebe, dann würde es den darin Wohnenden stets wohl ergehen und der Stamm des fürstlichen Hauses nicht aussterben. Man solle auch jede Christnacht in diesem Schloss gut Obacht auf das Feuer haben, weil dieses sonst leicht in Brand geraten und ganz und gar abbrennen würde. Obzwar man, sagt Beckmann, nicht weiß, welche der anhaltinischen Fürstinnen es gewesen oder wann es geschehen sei, so sei doch diese Tradition seit vielen Jahren im Schwange, auch sei der Ring noch vorhanden. Diesen beschreibt er als einen schmalen, goldenen Ring, unten offen, oben breit mit drei eingesetzten Diamanten, von denen die beiden äußeren dreieckig, der mittlere länglich viereckig ist. Alle Christabende werden im Schloss die Feuer in den Dienerschaftsgemächern schon mit anbrechender Dunkelheit, in den herrschaftlichen aber um acht Uhr gelöscht, worauf der Hausvogt bis gegen drei Uhr morgens Wache halten und die Gemächer nicht außer acht lassen darf.

Jedenfalls könne der Ring nicht vor 1647 entstanden sein, denn in diesem Jahre sei das fürstliche Schloss zu Dessau abgebrannt. Zum Schluss erwähnt Beckmann noch einen alten sächsisdnen Abgott „Krodo“ oder „Kröde“, der mit dem Namen des Ringes in Verbindung gebracht werden könnte. Schönbeck erzählt dann, was er über den besagten Ring neuerdings gelegentlich einer Unterhaltung aus dem Mund eines hohen, dem herzoglichen Haus nahestehenden Herrn im Anfang 1917 erfahren habe.

Der Herzog Franz von Dessau (1740 – 1817), erzählte der hohe Herr, habe beweisen wollen, dass die ganze Sage über den geheimnisvollen Ring und seine Kräfte ein törichter Aberglaube sei und nahm ihn eines Tages bei einem Austritt mit. Als er die Muldenbrücke passierte, die nahe dem Schlosse ist, vernahm er ein starkes Krachen vom Schloss her.

Da war ihm unheimlich zumute, und er kehrte sofort zurück. Das Krachen rührte, wie sich erwies, vom Zerreißen des Mauerwerkes am

Schloss her. Der Riss ist jetzt noch sichtbar und muss häufig wieder geschlossen werden. Dass diese Begebenheit wahr ist, sei über jeden Zweifel erhaben, da der Herzog sie vielfach — auch seinen Söhnen — selbst erzählt hat und viele Zeitgenossen sie bestätigen.

Des ferneren dürfe man den Ring nicht fallen lassen. Dies passierte in neuerer Zeit einer hohen Dame des herzoglichen Hauses, und kurz darauf brach in der dem Schloss nahe gelegenen Wassermühle ein Brand aus, der die Sicherheit des Schlosses bedrohte.

Dasselbe Unglück des Fallenlassens passierte auch dem Erzieher eines der herzoglichen Prinzen; kurz danach wurde der Ausbruch eines großen Brandes in der Stadt gemeldet.

Sind dies auch nur Zufälligkeiten, meinte der Gewährsmann Schönbecks, so sind sie in Verbindung mit der Sage mindestens merkwürdig.

Bis vor dreißig Jahren durften die Kastellane den Ring den Besuchern des Schlosses zeigen, wobei sie viel Geld verdienten, da es hieß, dass ein bei Berührung des Ringes ausgesprochener Wunsch in Erfüllung gehe. So kamen oft Menschen wieder, deren Wünsche in Erfüllung gegangen waren, deren Gewährung sie für unmöglich gehalten hatten, und auch Schönbecks Gewährsmann erklärte ganz unumwunden, dass es ihm selbst so gegangen sei und dass er mit dem Ring Dinge erlebt habe, die ans Wunderbare grenzen.

Der Schicksalsring der Grafen von Veltheim

Auf deutschem Boden wuchsen viele solche Sagen empor, und von manchem alten Geschlecht wird ähnliches berichtet. Am berühmtesten ist wohl der Schicksalsring der Grafen von Veltheim zu Harbke, ein uralter Familienbesitz, über welchen die Nachrichten bis ins 12. Jahrhundert zurückgehen.

Noch heute ist dieser Ring vorhanden, der nach einigen von einem Veltheim, der Tempelritter war, nach anderen von Rudgerus von Veltheim, im 12. Jahrhundert Erzbischof von Magdeburg, abstammen soll; das Kleinod galt von jeher als Amulett, „vor Gott und Menschen angenehm zu machen“. Ein unbekannter Wandersmann, der auf Harbke gastlich aufgenommen, dort erkrankt und wochenlang verpflegt werden sei, habe der

Hausfrau beim Scheiden als Glückspfand den Ring zurückgelassen, so berichtet die Sage. Der Ring war aufbewahrt und Missgeschick blieb durch Jahrhunderte der Schwelle des Hauses fern. Im Jahre 1625 teilten sich zwei Brüder Josias und Gottschalk von Veltheim in den Familienbesitz, und brüderlich teilen wollten sie sich auch in das Familienglück, das an den Ring gebunden sein sollte. So nahm der eine den Reif, der andere den Stein.

Von diesem Tage an schien die Kraft des Ringes gebrochen zu sein. Gottschalks Linie erlosch etwa nach einem halben Jahrhundert, das Haus Josias blieb bestehen, doch nur, um Prüfung über Prüfung zu erdulden. Da beschlossen zwei Frauen, um die dunklen Mächte zu versöhnen, dem Reif seinen Diamanten wiederzugeben, und von Stunde an lächelte dem Geschlecht das Glück von neuem.

Der in der Abbildung 51 wiedergegebene Ring besteht aus schwerem Dukatengold, der Stein, ein Diamant ist à jour gefasst und hat die Gestalt einer doppelt vierseitigen Pyramide. Er ruht in einem Kästchen, das von zwei Drachenfiguren getragen wird, deren Augen kleine Rubinen bilden. Zu beiden Seiten des Kastens befinden sich zwei sechsblättrige Röschen aus Stahl, in deren Mitte ebenfalls zwei Rubinen stehen.

Abbild. 51.

Die Buchstaben der Inschrift sind entweder schwarz angelaufen gearbeitet oder gleich den Röschen ebenfalls von Stahl.

Die sonderbare Inschrift war bisher — wie wir auch in der vorigen Auflage dieses Buches mitteilten — nicht zu entziffern, bzw. zu deuten gewesen, erst jetzt ist es auf eine Aufforderung in der „Neue I. Z.“ hin gelungen, eine Auslegung zu finden, die wahrscheinlich das Rätsel einwandfrei löst. Wir entnehmen der Nr. 2 der genannten Zeitschrift darüber folgende Angaben:

Die richtige Lösung der Zauberformeln des Ringes hat nach der Auffassung der Mitglieder des Hauses Veltheim Herr Alfred Jaffé-Petrus in Königstein a. Elbe gefunden; sie lautet:

Die Enträtselung der Zauberformeln:

Die Inschrift ist mönchslateinisch und folgendermaßen zu lesen:

Auswendig:
1. Guggug, Cobalt, Niba, Alp
2. vocant: „Cocroza! Cocroza!
3. Au, Cocroza!“ voce maga.

Auf deutsch:
1. Kuckuck, Kobold, Niba, Alp
2. rufen: „Cocroza! Cocroza!
3. Au, Cocroza!“ mit zauberischer Stimme.

Inwendig:
4. voto, voto, voto, voto.

Auf deutsch:
4. ich wünsche mir, ich wünsche mir, ich wünsche mir.

GVGGVG = Guggug (Kuckuck), V altes Zeichen für U.

BALTOC = Cobalt (die Buchstaben sind umzustellen, C = O und C) = Kobold.

BANI (Durch Umstellung ergibt sich Niba) = Elf der Unterwelt (derselbe Stamm wie in Nibelung, d. h. Sohn der Finsternis).

ALP = Elf der Oberwelt.

hAOCTW (für W ist V zu lesen. h ist ein verziertes N). Durch Umstellung ergibt sich vocant = sie rufen.

OCZOCR · A · OCZOCR. Durch Umstellung ergibt sich Cocroza! Cocroza! wobei das A beiden Worten gemeinsam ist. Dieser Zauberruf ist wahrscheinlich ein verderbter Ausdruck aus „o crux" oder italienisch „o croce" = o Kreuz. Mit dem Schreckensrufe: „O Kreuz!" flohen gewissermaßen die bösen Geister Kuckuck, Kobold, Niba, Alp vor dem heiligen Zeichen. Wir haben hier etwas Ähnliches wie bei dem Zauberworte Hokuspokus, das wahrscheinlich ein verderbter Ausdruck aus „hoc est corpus" (nämlich Christi) = „das ist Christi Leib" ist.

AV OCZOCRA = Au, Cocroza! (Siehe oben.)

VOCEAGAM = Voce maga (letzteres aus Umstellung von AGAM gebildet) = mit zauberischer Stimme.

AOT (das A ist ein verziertes und auf dem Kopfe stehendes V. Das Wort ist von links nach rechts, dann von rechts nach links bis O zu lesen. Dann ergibt sich voto).

ΛoꞱo (T steht auf dem Kopf) = voto.

Ʇ oΛo (V und T stehen auf dem Kopf. Das Wort ist von rechts nach links zu lesen) = voto.

Λ o∴o = (V und das außerdem verzierte T stehen auf dem Kopf) = voto = ich wünsche mir.

Anwendung des Ringes:

Der Träger ruft erst den Spruch auf der Außenseite. Dann ruft er viermal hintereinander „ich wünsche mir" (folgt, was er sich wünscht) und dreht dabei einmal den Ring herum. Im ganzen muss er achtmal den viermaligen Wunsch äußern und dabei immer einmal den Ring herumdrehen. Er ruft also im ganzen 32 mal: „ich wünsche mir" usw., dreht aber nur achtmal den Ring.

Anmerkung: Vor der inneren Inschrift steht das Zeichen ∷, hinter der Inschrift das Zeichen :, (auf der Abbildung nicht sichtbar, aber auf dem Ring selbst). Zusammen also 8 Punkte = achtmalige Ringdrehung.

Alfred Jaffé-Petrus, Theologe.

Hierzu schreibt Freiherr H. H. von Veltheim-Ostrau dem genannten Blatt über die Geschichte des Ringes:

„Bestens dankend, bestätige ich Ihnen den fortlaufenden Empfang Ihrer überaus freundlichen Zusendungen der Zuschriften, welche Sie auf die Veröffentlichung in Ihrem geschätzten Blatt vom 5. November 1931, betreffend den sogenannten Zauberring unserer Familie, erhalten haben. Mit größtem Interesse habe nicht nur ich, sondern haben auch viele Familienmitglieder die verschiedenen Ansichten sowohl durchgelesen als auch durchgearbeitet. Nach Prüfung alles bisher Eingelaufenen glauben wir uns für die Lösung des Herrn Geistlichen Jaffé-Petrus aus Königstein a. d. Elbe als der besten und wahrscheinlichsten entscheiden zu dürfen.

Indem ich Ihnen dieselbe anbei zurückreiche, möchte ich anregen, wie schon in unserer Unterredung erwähnt, sie auch wissenschaftlichen Blättern zugänglich zu machen, damit die Diskussion in Fluss gehalten wird und nun die Wissenschaft ihrerseits Stellung zu der Lösung nehmen kann, welche diese bisher in den vergangenen Jahrhunderten nicht nehmen konnte.

Zum Ring selber darf ich meine Ansicht dahin gehend aussprechen, dass ich denselben nicht in seinen gesamten Teilen als aus derselben Zeitepoche stammend ansehe. Mit dem Ring geht es gerade so wie mit dem aus dem Welfenschatz bekannten Veltheim-Kreuz, welches aus einer früheren Zeit stammt und Zutaten des 14. Jahrhunderts hat. Von dem Ring ist bekannt, dass dieser seit bald 1000 Jahren mit unserem Gut Harbke verbunden ist, welches seinerseits urkundlich nachgewiesen auch schon über 800 Jahre in der Familie sich befindet. Ich hoffe, dass, angeregt durch Ihre Veröffentlichung, die Wissenschaft zu dem Alter des Ringes bzw. seiner verschiedenen Bestandteile Stellung nimmt.

Da aus den Zuschriften vielfach der Wunsch laut wurde, etwas mehr über die eigentümlichen Wirkungen und die Geschichte des Ringes zu hören, so erlaube ich mir, Ihnen mitzuteilen, dass, einer alten Tradition zufolge, der Ring ungeteilt, das heißt, ohne dass der Diamant von dem Gold getrennt wird, bei und in unserem Haus Harbke verbleiben soll, um sowohl Harbke, wie der ganzen Familie Glück zu bringen.

Historisch ist bekannt, dass der Ring einem Vorfahren, der Tempelritter war, gehörte, sowie dem Erzbischof von Magdeburg Rudgerus von Veltheim um 1100. Im Grafendiplom meiner Familie, bei der Beschreibung unseres Wappens, wird der Ring als ein Geschenk Kaiser Ottos IV. erwähnt. Rötger IV. von Veltheim unterschrieb als Zeuge das Testament Kaiser Ottos IV. Bei einer Erbteilung um die Wende des 15. Jahrhunderts wurde einmal durch Streitigkeiten der Stein vom Gold getrennt. Daraufhin starb die sehr zahlreiche Familie bis auf vier Augen aus, d. h. bis auf die beiden Besitzer des Goldes und des Steines. Diese Tatsache veranlasste die Besitzer, den Ring wieder zu vereinigen, woraufhin das Geschlecht von Neuem erblühte und sich ausbreitete.

Im 18. Jahrhundert war August Ferdinand von Veltheim der Besitzer von Harbke und somit Besitzer des Ringes. Er war nicht nur Doktor der Weltweisheit, sondern bekam auch für sich und seine Nachkommen wieder die alte Grafenwürde. Sein Sohn glaubte sich im Zeitalter der Aufklärung über die Tradition des Ringes hinwegsetzen zu dürfen, indem er den Ring und das mit ihm verbundene Schicksal dadurch herausforderte, dass er Stein und Gold wieder trennte. Er ließ den Stein in das Diadem seiner Tochter zu ihrer Hochzeit einarbeiten. Tatsächlich ertrank nun diese Tochter am Polterabend im Burggraben Harbkes.

Der Sohn und Folger, der bekannte Karikaturist Graf Hans Veltheim, starb durch Selbstmord. Der andere Folger, Graf Bernhard v. Veltheim, endete auch durch Selbstmord. Dadurch erlosch der gräfliche Zweig meiner Familie. Gold und Stein wurden aber wieder vereint. Bis in die jüngste Zeit des Krieges, der Revolution und der Umwertung der bisherigen Werte hat sich in gewisser Weise, auf die ich natürlich der Nähe der Ereignisse wegen nicht eingehen kann, die an den Ring geknüpfte Legende als nachweisbar wirksam gezeigt."

Wir haben hier einen gut beglaubigten Fall, dass und wie sich die in einem solchen Talisman gebannten Kräfte auswirken und möchten unsererseits den Wunsch an unsere Leser richten, dem Autor Mitteilung zu machen, falls einer von ihnen zur weiteren Aufklärung des Alters des Ringes beitragen kann.

Eine weitere Begebenheit, die sich tatsächlich ereignete, möchte Verfasser hier anschließen. Es handelt sich um ein Amulett, dessen Geschichte 1925 bereits im „Almanach der Magischen Blätter", Leipzig, erzählt wurde, die aber wert ist festgehalten zu werden, zumal derartige Amulette in eine Klasse mit den bekannten und beglaubigten sog. magischen Krankheitsverpflanzungen gehören, wie sie Malret 1921 in der Zeitschrift „Magische Blätter" (jetzt „Die Säule"), Leipzig, geschildert hat.

Diese kleine Erzählung sei überschrieben:

Das Amulett der Zigeuner-Großmutter

Eine wahre Begebenheit

Der frühere Kapitän Christian Jollarz saß wieder einmal in seinem Lehnstuhl und stöhnte.

Seitdem er von einem Sturz einen steifen Arm zurückbehalten hatte, war er Gastwirt geworden und nahm als Eigentümer des Dorfkruges eines dicht an der Ostsee gelegenen pommerschen Dorfes eine geachtete Stellung ein.

Seit fast drei Jahren sitzt er nun so, oft auch die Nacht über, in seinem Sorgenstuhl, krumm gezogen von der bösen Gicht, mit steif gewordenen Gelenken und Gichtknoten an den Fingern und Zehen, geplagt von diesem schauderhaften Podagra und von der noch schmerzhafteren … … Reue und schaut sehnsuchtsvoll nach dem aus, der allein ihm Erlösung von seinen Leiden bringen kann – der aber nicht kommen will.

Ja, die Tag und Nacht an ihm nagende Reue, die ist noch tausendmal schlimmer als die stechenden und ziehenden Schmerzen, die man, wenn sie nicht gar zu arg werden, im Laufe der Jahre in Geduld ertragen lernt; aber die Reue, die lässt ihn nimmer los, immer wieder muss er an die unbegreifliche Torheit denken, die er im Rausch begangen hat, er, der sonst so schweigsame und nicht aus der Ruhe zu bringende *olle Kaptän*, wie er von seinen Gästen genannt wird, weil er eine Zeit lang selbstständig ein Schiff über das Haff geführt hat.

Gerade an solchen Abenden wie der heutige, wenn es draußen stürmt und wettert, wenn der Regen vom Sturm so hart gegen das Fenster gepeitscht wird und man sich am warmen Ofen ganz besonders behaglich und geborgen fühlt, dann gerade überfällt ihn die Erinnerung an seine Torheit immer von Neuem und frisst und frisst an ihm.

An einem solchen Abend und in solcher Stimmung erzählte er auch seinem alten Freund aus der Seemannszeit, als dieser ihn nach vielen Jahren aufsuchte, sein Erlebnis, das ihn innerlich nicht zur Ruhe kommen lässt – sein großes Glück, wie er es nannte, und wie er es sich im Rausch verscherzte. Dieser Freund, mein alter Onkel, Kapitän Wilhelm Laarß, hat mir die Geschichte von Christian Jollarz' Amulett erzählt. Ich gebe sie wieder, wie sie mir im Gedächtnis geblieben ist.

„Es ist nun fast sieben Jahre her“, so begann der „olle Kaptän“, „da saß ich wieder einmal, wie regelmäßig in den letzten Jahren in der Übergangszeit vom Winter zum Frühling, von dem vermaledeiten Podagra geplagt hier im Lehnstuhl in meinem Gastzimmer. Gerade wie heute tobte draußen ein schauerliches Unwetter, sodass ich im stillen jeden Menschen bedauerte, der jetzt kein Dach über seinem Kopfe hatte.

Gäste waren keine mehr da und bei solchem Hundewetter ja auch nicht zu erwarten, sodass *meine Olsche* schon das Haus abschließen und nach oben schlafen gehen wollte. Ich selbst blieb lieber die Nacht über am warmen Ofen in meinem Lehnstuhl sitzen, denn an Schlaf war ja doch nicht zu denken, und im Sitzen fühlte ich mich noch am wohlsten.

Da ging plötzlich die Tür und ein halbwüchsiger Bursche trat zaghaft ins Gastzimmer. Er war ziemlich abgerissen in seiner Kleidung, und als er den triefenden alten Filz abnahm, erkannte ich, dass er nicht aus unserer Gegend stammte. Er machte mit seiner braunen Hautfarbe und den gelockten schwarzen Haaren sofort den Eindruck eines Zigeunerjungen, wie man sie bei diesem umherziehenden Volk oft genug zu sehen bekommt. Der arme Kerl war vollkommen durchnässt, er zitterte vor Kälte und hat in demütigem Ton um eine Unterkunft für die Nacht, wenn es auch im Stall wäre.

Meine sonst sehr gutmütige Frau, die schon mehrmals von umherziehendem Volk bestohlen worden war und besonders einen Zigeuner nicht im Haus haben wollte, wies ihn hart ab, mir aber tat der Bursche in seiner Hilflosigkeit leid und so rief ich meiner Marie zu: ›Bei solchem Sauwetter sollte man doch eigentlich keinen Menschen vor die Tür jagen und wenn's auch ein zerlumpter Zigeuner ist; lass doch den Burschen hierbleiben, Mutter, er ist ja fast noch ein Kind; er mag sich seine nassen Lumpen am Ofen trocknen und kann sich auf die Bank hier legen, solches Volk ist ja nicht verwöhnt.‹

Nach einigem Widerreden gab Mutter denn auch nach und schob dem Jungen sogar noch einen Kanten Brot und ein Stück Speck zu, die er sofort gierig zu verzehren begann, nachdem er in seinem Kauderwelsch immer wieder gedankt hatte, dass er bleiben durfte.

Meine Frau ging kurz darauf mit einem ›Gute Nacht, Krischan‹, hinaus, ich hörte sie die Haustür abschließen und ins obere Stockwerk hinaufsteigen. Nun fragte ich den späten Gast, von wo er käme und was er in unserer Gegend zu dieser Jahreszeit wolle, konnte aber aus seinen Antworten nur so viel heraushören, dass er Zackie heiße, von seiner Truppe, die hier nur durchziehe, im Dunkeln abgekommen sei und dass ihn das Unwetter veranlasst habe, hier für die Nacht um Unterkunft zu betteln, am Morgen werde er seine Leute schon leicht wiederfinden. Dabei fielen ihm vor Müdigkeit die Augen schon fast zu und einige Minuten später lag er ausgestreckt auf der Bank und war fest eingeschlafen.

Ich muss wohl auch etwas eingeduselt sein, plötzlich fuhr ich aus meinem Halbschlummer empor und sah den Jungen vor mir stehen und mir die Hände entgegenstrecken, als ob er sich mit dieser Geste bedanken wolle. Dabei sprach er lebhaft auf mich ein, und soweit ich seine Worte mir zusammenreimen konnte, hatten sie folgenden Sinn: ›Du bist gut, Herr, und du bist doch sehr krank. Zackie kann dir nicht helfen, aber unsere Großer (so nennt man an der Küste die Großmutter) hilft vielen Kranken; sie sammelt die Kräuter im Wald, wenn alles blüht, sie spricht auch mit den Bäumen und nimmt Rinde von ihnen, wenn der große Mond scheint; Zackie muss ihr immer helfen dabei und wird Großer sagen, dass du armen Zackie nicht weggejagt hast. Großer wird dir einen *Zauber* machen, damit du wieder laufen kannst, dann hast du keine Schmerzen mehr; Zackie bringt ihn dir, wenn der Wald wieder grün ist, dann musst du auf Zackie warten.

Er war gerade mit seinem Gerede zu Ende, als ich hörte, wie unsere Magd die Haustüre aufschloss, und ehe ich vor Überraschung etwas erwidern konnte, lief er auf die Stubentür zu und war im nächsten Augenblick auch schon draußen. Als ich mir seine Worte einigermaßen zurechtgedeutet hatte, kam mir diese Rederei zunächst sehr dumm vor. Was schon so ein Zigeunerbengel schwatzt, dachte ich, was versteht der von meiner Gicht, aber unwillkürlich nahm ich mir vor, nicht darüber zu sprechen, schon um mich nicht auslachen zu lassen. So sagte ich auch, als meine Frau später herunterkam, nur: ›Na, der Zigeuner ist mit dem grauenden Tag abgerückt, er schien es sehr eilig zu haben.‹

›Hoffentlich hat er nichts mitgenommen‹, meinte sie, ›solchem Gesindel ist ja nicht zu trauen.‹ Weiter wurde von dem Vorfall nicht mehr gesprochen.

Ich aber musste doch ab und zu an des Burschen Worte denken. Wenn ich es mir auch selbst nicht eingestehen wollte, so im Stillen hoffte ich doch, dass der Bengel sein Versprechen wahr machen möchte und allmählich setzte sich bei mir der Gedanke fest: sollte der Junge wirklich kommen, so bringt er dir auch etwas, was dir hilft. Es waren mir, wenn ich so allein in meinem Sorgenstuhle saß, so manche seltsame Erzählungen, wie ich sie auf meinen Fahrten öfter gehört hatte, wieder ins Gedächtnis gekommen. Erinnerungen an Geschichten von wunderbaren Heilungen, vom Wegzaubern von Krankheiten durch alte Zigeunerweiber bei Menschen und Vieh und dergleichen mehr tauchten wieder in mir auf, kurzum, ich wurde den Gedanken an den Jungen und seine *Großer* nicht mehr los und ertappte mich immer wieder bei dem Wunsche, wenn der Bengel nur kommen möchte, er wird mir sicher eine Medizin bringen, die mir hilft.

Als es Frühling wurde und kein Zigeuner sich blicken ließ, da hatte sich in mir die feste Überzeugung gebildet, wenn er käme, würde ich gesund werden – aber kein schwarzhaariger Zigeunerjunge ließ sich sehen.

Inzwischen wurde es Mai, und ich konnte schon wieder an zwei Stöcken umhergehen, da war er plötzlich da. Eines Abends, als ich allein im Gastzimmer saß, stand er vor mir, ich hatte ihn gar nicht hereinkommen gehört.

Ehe ich ein Wort sprechen konnte, redete er sofort in halblautem Tone auf mich ein: ›Zackie bringt dir den Zauber, Großer schickt ihn dir, du musst ihn um den Hals auf der Brust tragen, dass ihn keiner sehen kann. Großer hat ihn im Wald gemacht, sie hat mit dem großen Mond gesprochen, du wirst ganz gesund werden und nie wieder Schmerzen haben, solange du diesen Zauber trägst. Hier in diesem Beutel ist er‹ – dabei hielt er mir ein kleines braunes Beutelchen hin, so ähnlich, wie sie unsere Soldaten zum Verwahren ihres Geldes um den Hals zu tragen pflegen –, ›aber du darfst niemals nachsehen, was in dem Beutel drin ist, sonst ist der Zauber weg und du wirst wieder krank. Wenn du den Beutel aufmachst, wirst du lange krank bleiben und kein Zauber kann dich wieder gesund machen. So hat Großer gesagt.‹

Nach diesen Worten drückte er mir einen eingewickelten Gegenstand in die Hand und war im nächsten Augenblick zur Tür hinaus, bevor ich irgendetwas fragen oder mich bedanken konnte.

Zunächst stand ich verdutzt da, mit meinem Päckchen in der Hand, dann wickelte ich es aus und fand darin ein einfaches Beutelchen aus braunem Stoff, dessen Inhalt ich nur vermuten konnte. Es fühlte sich an, als ob es mit getrockneten Blättern oder etwas Ähnlichem angefüllt wäre. Zugebunden und verknotet war es mit einer Art Bastknoten, der in eine dicke braune Schnur auslief, deren beide Enden fest mit dem Bast verschlungen waren. Ohne lange zu überlegen, hing ich mir das Ding um und verbarg es unter meinem Hemd. Ich sprach zu niemand davon, die Worte des Burschen hatten durch die geheimnisvolle Art, in der er gesprochen hatte, doch einen unerklärlichen Eindruck auf mich gemacht, und so wusste tatsächlich zunächst kein anderer etwas von meinem Amulett, als was ich dieses auf so geheimnisvolle Weise überbrachte Beutelchen von nun an betrachtete.

Bald aber zeigte es sich, dass es wirklich Zauberkräfte besaß. Schon nach einem Monat konnte ich ganz wie in meiner Jugend umhergehen, meine Schmerzen waren vollständig verschwunden, die Gichtknoten wurden weich und immer kleiner, und als der Sommer vorüber war, fühlte ich mich zum Erstaunen aller meiner Bekannten und nicht zum wenigsten unseres Dorfarztes tatsächlich wie neu geboren. Die Gicht war wie weggezaubert, ich war und blieb vollkommen ohne jeden Anfall und das fast vier Jahre hindurch. –

Außer meiner Frau hatte ich keinem anderen mein Amulett gezeigt, und ich muss es ihr nachsagen, sie hat niemals versucht, mich zum Öffnen des Beutelchens zu verleiten; wir waren beide glücklich und zufrieden, dass ich wieder gesund war und meinen Pflichten als Wirt nachkommen konnte. Es hatte sich aber doch irgendwie im Dorf und darüber hinaus herumgesprochen, dass ich von einem alten Zigeunerweibe ein Heilmittel für meine Gicht bekommen hätte und die abenteuerlichsten Geschichten wurden darüber erzählt. Ich selbst hatte meinen Gästen, von denen mich ja die meisten oft genug krank gesehen hatten, natürlich auch von meinem Amulett erzählt, was mir ja auch nicht verboten werden war, und musste mir manche Hänselei mit der alten Zigeuner-Großmutter, die ich ja gar nicht kannte, anhören. –

Aber wenn in der Welt schon einmal etwas Gutes geschieht, gleich lauert auch schon der Teufel auf den Augenblick, wo er es wieder zunichtemachen kann – und so ging es auch hier.

Meine Gäste und auch Freunde aus der Umgegend, die bei mir einkehrten, versuchten immer wieder hinter das Geheimnis meines Amuletts zu kommen und ließen nicht ab mit Drängen, ihnen zu zeigen, was in dem braunen Beutel enthalten wäre. Einige, die selbst an Gicht litten, machten mir heftige Vorwürfe, ich wüsste am Ende gar, was drinnen sei und wolle es ihnen nur nicht verraten, andere machten sich über die alte Großmutter lustig, vor der ich solche Angst hätte, kurzum, meine lieben Mitmenschen legten es auf alle Arten an, den geheimnisvollen Stoff des Amuletts zu erfahren. Die Menschen können es nun einmal nicht ertragen, dass ein anderer etwas besitzt, was sie nicht auch haben, ihre Neugierde und Missgunst lassen es nicht zu, dass es etwas gibt, das geheim bleiben soll. Und so geschah es, dass ich eines Abends, als ich nicht mehr vollkommen Herr meiner Sinne war, schwach wurde und dem wiederholten Drängen einiger Stammgäste nachgab.

Wir hatten schon tüchtig getrunken, und als ich immer wieder mit meiner Furcht vor der alten Zigeunerin geneckt wurde – da erwischte mich der Teufel – und in einer mir heute noch unbegreiflichen Anwandlung von Eitelkeit und um zu beweisen, dass ich mich vor den Worten eines alten Weibes nicht fürchte, nahm ich mein Amulett vom Hals und schnitt es auf.

Zum allgemeinen Erstaunen fanden wir, als ich seinen Inhalt auf den Tisch schüttete, nichts anderes darin als ein braunes Pulver, untermengt mit zu Staub verkrümelten Resten von vertrockneten Blättern oder Baumrinde – weiter nichts. Wir waren alle sehr enttäuscht und auch sehr verlegen. Ich sammelte schließlich alles wieder in den Beutel und steckte ihn zu mir.

Die übermütige Stimmung war im Augenblick verflogen, und die Gäste machten sich, nachdem ihre Neugier befriedigt war, bald auf den Heimweg. Auch mir war bei der ganzen Prozedur nicht sonderlich wohl zumute, ich war ebenfalls sehr ernüchtert und hatte das Gefühl, eine große Dummheit begangen zu haben. Das Gewissen schlug mir doch, und am nächsten Morgen band ich das Säckchen wieder zu und hing es mir wieder um den Hals.

Meine Strafe sollte bald folgen. Nach einer Woche hatte ich zum ersten Mal wieder rheumatische Schmerzen, und beim nächsten Vollmond bekam ich einen schweren Gichtanfall. Mit ungewöhnlicher Stärke kam nun meine alte Krankheit wieder, jeden Übergang zum Frühling liege ich wochenlang fest und in der ganzen übrigen Zeit kann ich mich nur an zwei Stöcken fortbewegen. Bis heute sind fast drei Jahre seitdem vergangen und es ist keine Besserung zu erzielen gewesen.

Mein altes Leiden ist wieder da und ich weiß auch, dass mir niemand Hilfe bringen kann, ich bin selbst schuld daran.

„Ich muss meine Untreue schwer büßen", so schloss der „alle Kaptän", „wenn bloß der Zigeunerjunge noch mal kommen wollte …"

Bekannte historische Talismane

Wie wir gesehen haben, spielen Talismane nicht nur im Leben des Volkes eine Rolle, auch bei den oberen Zehntausend bis zu den Herrschenden hinauf, haben sie immer sich hoher Beachtung und Wertschätzung erfreut und tun es heute noch. Zunächst sei hier einiger sogenannter historischer Talismane gedacht, über die wir Authentisches wissen.

Napoleon I. besaß einen Ring, der vor vorzeitigem Tod schützen sollte und den er auf seine Nachkommen vererbte. Auch Napoleon III. trug ihn noch, aber dessen Sohn Lulu weigerte sich, ihn seinem auf dem Totenbett ruhenden Vater abzuziehen; abergläubische Gemüter haben das später mit seinem gewaltsamen Ende – er fiel bekanntlich bald darauf unter den Wurfspeeren der Zulus in Afrika – in Zusammenhang bringen wollen.

Dass man sich doch von seinem Talisman nicht leichtsinnig trennen soll, scheint der nachstehende charakteristische Vorfall aus dem Leben Napoleons I. zu bestätigen, von dem in der Biografie des Fürsten Schwarzenberg berichtet wird. Napoleon I. überreichte bei einem Fest der Gemahlin des Fürsten, der damals österreichischer Botschafter an seinem Hof war, einen Skarabäus mit ungefähr folgenden Worten: „Nehmen Sie diesen Talisman, den ich seit Ägypten bei mir getragen habe, er hat seinen Zweck erfüllt, ich brauche ihn nicht mehr." Er erzählte ihr dabei, dass er den Stein während seiner Feldzüge in Ägypten einer königlichen Grabstätte entnommen habe, und dass dieser ihn seitdem auf allen seinen Feldzügen begleitet und beschützt hätte.

Dieser Vorfall ereignete sich bald nach der Taufe seines Sohnes, des Königs von Rom. Napoleon glaubte diesen uralten ägyptischen Käferstein entbehren zu können, nachdem ihm ein Erbe für den selbst gezimmerten Thron geboren und nach seiner eigenen Überzeugung das Werk seines Ehrgeizes dadurch gekrönt war.

Tatsächlich aber wendete sich das Glück von ihm ab, nachdem er sich auf diese leichte Weise von seinem Glücksstein getrennt hatte.

Die Fürstin Schwarzenberg ließ den Skarabäus als Brosche fassen, er soll sich noch heute im Besitz der fürstlichen Familie befinden.

Auch die Herrscher neuerer Zeit verschmähten es nicht, sich dieser Magneten des Glückes zu bedienen. So trug Eduard VII. ein Armband, von dem er sich nie trennte; es stammte von dem unglücklichen Kaiser Maximilian von Mexiko und war erst nach dessen Tode in den Besitz des Königs gelangt.

Königin Mary von England trägt als Talisman am Armband einen kleinen Hund aus Elfenbein, der ihr vor vielen Jahren geschenkt wurde.

Nicolaus II. Von Russland besaß einen Ring mit einem Stück Holz, das vom Kreuze Christi stammen soll. Der Zar würde niemals ohne diesen Ring ausgegangen sein, denn er glaubte durch ihn vor Unheil aller Art behütet zu sein.

Dass der alte Kaiser Wilhelm I. den Lapis Lazuli und die Kornblume besonders hoch schätzte und gern an sich trug, ist bekannt; sein Enkel Wilhelm II. soll, was weniger bekannt ist, in einer kleinen goldenen Kapsel stets ein Stückchen materialisierten Schleiers bei sich tragen, das ihm in einer spiritistischen Sitzung von dem Medium überreicht wurde.

Kaiser Wilhelm besitzt außerdem einen Ring, den er stets bei sich trägt und als seinen Glücksbringer betrachtet. Dieser Ring steht im Mittelpunkt einer eigenartigen Legende. Zur Zeit des Kurfürsten Johann von Brandenburg, eines der ersten Hohenzollern, brach ein Dieb im Schlafzimmer des Fürsten ein und ließ auf seinem Bett einen kleinen, wertlosen Stein zurück, worauf er sich im Dunkel der Nacht entfernte. Man hörte nie wieder etwas von ihm. Der Stein aber wurde aufbewahrt und gehört seit jenem Tage zu den Schätzen des Hauses Hohenzollern.

Der Vater Friedrichs des Großen ließ den Stein in einen Ring fassen und seit damals wurde das Juwel von den verschiedensten aufeinanderfolgenden Monarchen nicht wieder aus der Hand gegeben. Wilhelm II. besitzt noch einen zweiten Ring, der seit Jahrhunderten im Rufe steht, seinen Träger gegen jedes Unheil zu schützen. Dieser Ring stammt aus der Zeit, als die Markgrafen von Nürnberg sich zur Befreiung des Heiligen Grabes aufmachten und Markgraf Ulrich soll es gewesen sein, der sich unter den Mauern Jerusalems nach blutigem Kampf mit einem Sarazenen dieses Ringes bemächtigte, den Kaiser Wilhelm am Mittelfinger der linken Hand trägt. Er ist aus massivem Gold und enthält nur einen quadratischen dunklen Stein. Der Lieblingsstein des Kaisers ist übrigens der Achat, der, wie es heißt, seinem Besitzer langes Leben und Gesundheit sichern soll.

Viel wurde einst von einem Amulett des amerikanischen Präsidenten Theodor Roosevelt gesprochen, das im Mittelpunkt einer Diebstahlsaffäre stand. Roosevelts Talisman war ein kleines Stück Holz, eingefasst in Platin. Er trug dieses Holz stets in seiner Uhr. Mit dem Amulett hatte es seine eigene Bewandtnis.

Roosevelts Großvater soll es einst auf einer Orientreise von einem Fakir erhalten haben, der ihm versicherte, das Amulett sei von der Rinde des heiligen Buddhabaumes im Wald Uruvela abgeschnitten worden. Roosevelt schrieb stets seine Erfolge nicht zuletzt der glückbringenden Macht dieses Talismans zu. Um so größer war sein Schmerz, als der Talisman eines Tages spurlos verschwand.

Mit zahlreichen anderen Juwelen ist nämlich auch Roosevelts Uhr gestohlen worden, in der das Amulett eingeschlossen war, Später konnte der Dieb in der Person eines Dieners von Roosevelt verhaftet werden. Obwohl ein Teil der Beute wieder herbeigeschafft wurde, kamen weder die Uhr noch das Amulett je wieder zum Vorschein.

Der Talisman im Weltkrieg

Es ist eigentlich selbstverständlich, dass der vergangene Weltkrieg ganz besonders dazu führen musste, den Glauben an Talismane in erhöhtem Maße wieder aufleben zu lassen. Wir finden in den Tageszeitungen aus dieser Zeit von Freund und Feind zahlreiche Berichte, die uns zeigen, wie dieser Brauch heute noch bei den kultiviertesten wie bei den wilden Völkern allgemein verbreitet ist.

Die beliebtesten Kriegsamulette waren Plättchen mit eingeprägten Jesus- oder Muttergottesbildnissen, Glücksringe mit Inschriften wie „Durch Kampf zum Sieg“, „Gott schätze dich“, „Kriegsglück“, ferner sog. Kugelsegen, Hufeisen, vierblättrige Kleeblätter (meist von zarter Hand beim Abschied überreicht), und besonders Geschosse oder Granatsplitter, die aus Wunden glücklich entfernt wurden.

Auch die französische Bevölkerung im besetzten Gebiet trug allerlei Talismane, meist Schutzamulette in Gestalt von geweihten Münzen, ebenso die Pariser, die sich unter anderem zwei groteske Wollpüppchen, Ninette und Rintintin genannt, als Schutzheilige auserwählt hatten.

Findige Reporter haben zahlreiche Feldgraue ausgefragt und sich von diesen ihre Erlebnisse erzählen lassen, denen auch wir einiges uns Interessierendes entnehmen können.

Ein Meldereiter berichtet über ein Erlebnis in Polen. Auf einem einsamen Ritt sieht er plötzlich einen russischen Hauptmann aus dem Wald heraustreten. Der Russe, durch das Pferdegetrappel aufmerksam geworden, schießt ihm das Pferd unter dem Leibe weg. Der Deutsche stürzt auf den Hauptmann los und hält ihm seinen Browning unter die Nase. Da hebt jener die Hände hoch und rettet so sein Leben. Aus Dankbarkeit dafür, dass er nicht erschossen wurde, überreicht der Gefangene unaufgefordert dem Deutschen seine Uhr. Später hat unser Feldgrauer unter dem Deckel eine blonde Mädchenlocke gefunden – sie hat sich also in gewissem Sinne als Talisman bewährt.

Ein ungarischer Husar erzählt über die wunderbare Rettung seines Leutnants: Graf v. H. nebst einem Kameraden hatte sich bei einem Erkundungsritt zu weit vorgewagt, und beide verkrochen sich bei heranbrechendem Tag in einer anscheinend leeren Scheune. Sie wurden dort von Russen entdeckt und im Nahkampf schwer verwundet. Der Kamerad wurde, schon am Boden liegend, erstochen, und über ihn selbst beugt sich der Russe bereits nieder, um ihm sein Messer in die Brust zu stoßen.

Da hält ihm der Leutnant mit der linken, unverwundeten Hand das Heiligenbild entgegen, das er, auf einer goldenen Medaille eingraviert, auf der Brust trägt. Der Russe stutzt, hält unwillkürlich im Stoß inne und bekreuzigt sich. In diesem Augenblick ertönt das Hornsignal der heranrückenden Österreicher; sein Gegner lässt mit einem Fluch von dem Offizier ab und sucht sein Heil in der Flucht. Der Leutnant wurde von den vordringenden Kameraden aufgefunden, ohnmächtig vom Blutverlust, das Muttergottesbild krampfhaft in der Hand haltend, und kam unter sorgsamer Pflege mit dem Leben davon – der Talisman, den die Mutter ihm beim Abmarsch umgehangen hatte, hat ihr ihren *Einzigen* erhalten.

Ein anderer *glücklicher Zufall* ereignete sich an der Westfront. Ein Hauptmann verlor auf dem Weg zum Unterstand seinen von ihm als Talisman getragenen Ring. In der Morgendämmerung ging er, um ihn zu suchen, aus dem Unterstand heraus und eine kurze Strecke zurück. In dieser Zeit schlug ein Volltreffer in die Stellung ein, durchschlug die Decke des Unterstandes und tötete alle darin befindlichen Kameraden, er allein war auf diese Weise dem Tod entgangen. Diese und ähnliche Fälle mögen sich zu vielen Hunderten ereignet haben und jeder mag sie sich erklären, wie es seiner Anschauungsweise entspricht; nach unserer okkulten Anschauung ist das Leben des Menschen bis zu einem gewissen Grade schicksalsmäßig vorher bestimmt und jeder muss dann instinktiv in diesem Sinne handeln.

Liebestalismane

Liebestalismane! – Nun, ihre Zahl ist Legion!

Wie könnte es auch anders sein? Wir finden hier neben allen möglichen Zaubermitteln, wie Liebestränken, geheimen Sympathiemitteln, Beschwörungsformeln, auch ein ganzes Arsenal von Liebestalismanen, vom harmlosen vierblättrigen Kleeblatt an bis zum „magischen Venusamulette" je nach Sinn und Art der Trägerin oder des Trägers. Die ersteren bedürfen keiner weiteren Erörterung, da sie allgemein bekannt

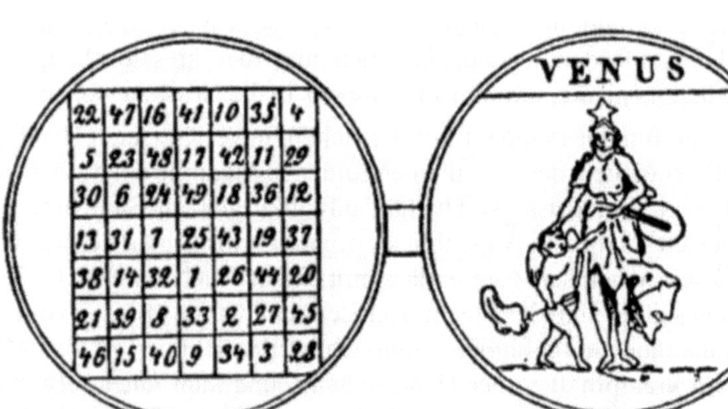

Abbild. 52. Venus-Amulett.

sind, doch dürften nähere Angaben über Venusamulette willkommen sein, da diese zu allen Zeiten sehr begehrt waren.

Lajard beschreibt in „Recherches sur le cult de Venus“ ein solches Venusamulett, das er aus der Levante erhalten hatte. Es stellte einen schönen ovalen Sardonix dar, in dessen oberer Hälfte ein zwischen Sonne und Mond stehender Globus eingraviert war, während sich im unteren Teil das Bild der Cteis sowie der Kopf eines Stieres und einer Kuh, die sich anblicken, umgeben von phönizischen Charakteren, befanden.

Ein anderes Venusamulett, das von Paracelsus stammt, sehen wir in Abbild. 52. Es besteht aus einer runden Kupferplatte, dem der Venus zugeeigneten Metall, und zeigt auf der Vorderseite das Bild der Liebesgöttin mit dem Cupido, auf der Rückseite das magische Zahlenquadrat, dessen zusammengezählte Zahlen auf allen Zeilen, Spalten und Diagonalen stets die Zahl 175 ergeben. Um wirksam zu sein, muss es an einem Freitag, dem Tag der Venus, wenn diese mit Jupiter im Zeichen Fische zusammentrifft, verfertigt und geweiht werden; wer einen solchen Talisman trägt – versichert Paracelsus – wird von den Weibern oder Männern zärtlich geliebt. Er versöhnt die größten Feindschaften, indem er seinen Feind eine Flüssigkeit trinken lässt, in welcher das Amulett vorher gelegen hat, und dieser Feind wird dann sein bester Freund werden. (Nähere Erklärungen über magische Zahlenquadrate geben wir im nächsten Abschnitt.)

Das Liebesamulett der Katharina von Medicis

Das bekannteste historische Liebeszauber–Amulett, das uns im Original erhalten blieb, ist dasjenige der Königin von Frankreich, Katharina von Medicis, das von zahlreichen Gelehrten jener und unserer Zeit untersucht und in der verschiedensten Weise gedeutet worden ist. (Abbild. 53.) Ein zeitgenössischer Gelehrter, der Verwaltungsrat des Museums Francisko Carolinum in Linz, Herr A. M. Pachinger, veröffentlicht in den „Mitteilungen der Bayerischen Numismatisdren Gesellschaft“, München 1913, unter dem Titel: „Ein Talisman der Katharina von Medicis“ eine ausführliche Abhandlung, der wir nachstehende Angaben entnehmen:

Herr Pachinger erwarb aus einer Klostersammlung in Thüringen eine Medaille, die dort als Krankheitsamulett galt. Zwecks genauerer

Abbild. 53. Liebesamulett der Katharina von Medicis.

Feststellung sandte er einen Abguß an Herrn Ernst Tiede in Marienwerder, der durch seine zahlreichen Veröffentlichungen auf astrologisch-theurgischem Gebiete wohlbekannt ist, und bat diesen um eine Erklärung der Medaille. Herr Tiede gab folgende zutreffende Deutung: Es handelt sich wahrscheinlich um ein Weib von hohem Rang, das sich die Liebeszuneigung eines hochadligen Kriegsherren erringen und festigen wollte, wie aus den Figuren und magischen Zeichnungen der Vorderseite zu schließen sei. Auch die Rückseite beweist, dass es sich rein um Liebe handelt; dies zeige sich durch den Namen Hagiel, die „Intelligenz" der Venus sowie durch die daneben befindlichen Zeichen des Charakters derselben und der Venus selbst.

Dass es sich hierbei aber nicht etwa nur um die Liebe des Mädchens zum Mann, sondern vielmehr darum handelt, diese Liebe energisch zu erzwingen, ist durch den Namen „Asmodel", den Dämon des Mondes, der sinnlichen Geschlechtsliebe, angedeutet. (Gewisse astrologische Konstellationen zwischen Venus und Mond erzeugen unersättliche Liebesbegierden beim Mann.) In der hebräischen Mythologie bedeutet Asmodel den König der Dämonen in der wollüstigen Lüsternheit, welchem der Sage nach selbst Salomon unterlegen sei. Ebenso weisen die unter diesen Dämonennamen befindlichen drei Zeichen ♓, ♉, ♈ darauf hin, dass auch hier durch die *Weisheit* der theurgischen Kunst (angedeutet durch das Zeichen ♊ – Haus der Weisheit des Jupiters), die *Liebe* (angedeutet durch

♉ – Haus der Venus), des Kriegsherrn (angedeutet durch ♈ – Haus des Mars) mittels des Dämons Asmodel erzwungen werden sollte. Das Amulett ist in goldhaltiger Bronze durch Feinguß hergestellt und zeigt in den Vertiefungen beider Münzflächen Spuren ehemaliger Feuervergoldung. Der Arbeit nach ist die Medaille in die Mitte des 16. Jahrhunderts zu verlegen. Die abgeschliffenen Erhabenheiten der Münzbilder lassen darauf schl ießen, dass der Talisman längere Zeit getragen wurde.

Herr Pachinger wollte noch weitere Deutungen erlangen, um möglichst die beiden Hauptpersonen des Amulettes festzustellen, und wandte sich zu diesem Zweck durch den Hamburger Arzt Dr. Seligmann an den bekannten Hamburger Gelehrten Prof. Dr. A. Warburg, der folgendes Gutachten abgab:

Es ist ein Liebeszauber-Amulett, das sich dank eines hochinteressanten französischen Buches: „Defrance Eugene, Chaterine de Medicis, ses astrologues et ses magiciens envoûteurs“, Paris 1911, historisch feststellen lässt. Es ist fast identisch mit dem der Katharina von Medicis. Aus verschiedenen Merkmalen scheint hervorzugehen, dass dieses Amulett als Liebeszauber zur Erzielung von Nachkommenschaft (Katharina war bekanntlich jahrelang ohne solche) und vielleicht auch zur Schädigung der gefährlichen Konkurrentin in der Gunst Heinrichs II., der Diana de Poitiers, dienen sollte.

Der Jesuitenpater Ménestrier hat in einer scharfsinnigen Abhandlung in den „Mémoires de Trévaux“ die Behauptung aufgestellt, dass diese Denkmünze nicht eine Medaille, sondern ein Talisman war und dass dieser durch Johann Fernel (gest. 1558), den Leibarzt von Heinrich II., angefertigt werden sei, der von der Königin große Wohltaten empfangen hatte.

Dieser Ansicht stimmt auch der Bibliothekar der Stadt Bayeux zu, ebenso der französische Arzt Dr. Grangér, der im „Paris medical“ vom 16. November 1912 eine ausführliche Abhandlung über dieses Liebesamulett veröffentlicht. Er sagt: „Gewiss sei, dass Katharinas Leibarzt Dr. Fernel dieses Amulett im Jahre 1553 verfertigt habe und dass diese die Geburt ihres vierten Sohnes, welcher drei Jahre auf sich warten ließ, den merkwürdigen Kräften dieses geheimnisvollen Talismans zugeschrieben habe. Über die Auslegung der Medaille kann man sich zwar wundern und muss staunen, dass sich ein berühmter Arzt dazu hergegeben hat, aber man muss sich in die damalige Zeit versetzen. Die Medizin verachtete es damals nicht, sich der Astrologie als der Beherrscherin des Tages zuzuwenden. Astrologiefreundliche Ärzte gab es viele und vielleicht opferte Fernel seine wissenschaftliche Überzeugung dem Geschmack des Tages, er folgte der Mode, um seiner ganz besonders abergläubischen Klientin gefällig zu sein."

Talisman Turc

In dem Werke: Claude du Molinet „Le Cabinet de la Bibliothéque de Sainte Geneviére" Paris 1692 findet sich die Abbildung eines mit „Talisman Turc" bezeichneten Liebestalismans, dessen Entzifferung und Erklärung bisher keinem Gelehrten gelungen war, bis es dem schon mehrfach hier erwähnten deutschen Forscher Dr. Ferdinand Maack glückte, die Hieroglyphen dieses orientalischen problematischen Talismans zu dechiffrieren. Er hat seine Lösung in dem Werke „Talisman Turc", Ein Beitrag zur magisch-quadratischen Dechiffrierung von Liebes- und Krankheits-Amuletten niedergelegt, das 1926 im Verlag Dr. Madaus & Co. in Radeburg (Bez. Dresden) erschienen ist.

Es handelt sich bei diesem geheimnisvollen türkischen Talisman, dessen Abbildung wir hier bringen, zweifellos um eine eigenartige Kombination eines Venus–Jupiter-Liebestalismans, in dem die ja als segens-

Abbild. 54. Talisman Turc.

reich bekannten Kräfte dieser beiden Planeten vereinigt wurden. Dies wurde erzielt durch Einschneiden der beiden Sternen geweihten magischen Quadrate, der Zahl 4 für Jupiter und der Zahl 7 für Venus, in ein Plättchen aus grünem Jade (Nephrit), dessen eigene magische Kräfte hierdurch verstärkt werden sollten.

Keinem der untersuchenden Gelehrten war der Gedanke gekommen, dass die innere Verschmelzung eines der Venus und eines dem Jupiter geweihten magischen Quadrates hier vorliegen könnte, obwohl man Beispiele solcher Art durch figürliche Darstellungen auf alten Amuletten kannte. Was Dr. Maack außer dieser Synthese noch aus dem alten Talisman herausgelesen hat, das möge der Leser in seinem Buche selbst nachlesen, er findet dort noch manche überraschende Aufklärung.

Die Verwendung von Wohlgerüchen (Parfüms)

Eng mit Liebestalismanen verbunden war und ist noch heute die Verwendung von Düften, Parfüms, die unerlässlich erscheinen, wenn Liebe und Liebende in Betracht kommen. Hier gibt es in der Amulettkunde ein ganzes Arsenal von Vorschriften über die Zueignungen der Gerüche zu den einzelnen Planeten und Tierkreiszeichen, die uns teilweise grotesk erscheinen müssen, zumal sie allesamt auf einen heimlichen Antrieb der Geschlechter zueinander hinzielen und *magisch* Liebe hervorrufen wollen, wo die sonstigen Mittel weiblicher Koketterie nicht den gewünschten Erfolg erzielten.

Der Originalität wegen sei hier angeführt, welche Zueignung die alten Magier einschließlich des geheimnisvollen Hermes und des berüchtigten Baptista Porta festgestellt haben.

Den uns schon mehrfach begegneten Tierkreiszeichen waren zugeordnet: Dem Widder (♈) die Myrte, dem Stier (♉) der Bernstein und Safran, den Zwillingen (♊) der Mastix, dem Krebs (♋) der Kampfer, dem Löwen (♌) der Weihrauch, der Jungfrau (♍) das Sandelholz, der Waage (♎) der Harzgummi, dem Skorpion (♏) das Opoponax, dem Schützen (♐) die Aloe, dem Steinbock (♑) das Bilsenkraut, dem Wassermann (♒), die Wolfsmilch und den Fischen (♓) der Thymian.

Den einzelnen Planeten gehörten zu: der Sonne rotes Sandelholz, dem Mond Myrte und Lorbeer, dem Saturn der Mohn, dem Jupiter der

Moschus, dem Mars Aloe und Nieswurz, der Venus Safran, Rosen und Veilchen und dem Merkur Zimmet und Lorbeer. – Soweit die „Alten“.

Moderner mutet ein französischer Schriftsteller an, Pierre Piobb, der in seinem Werke „Formulaire de haute magic“ empfiehlt, dass jede Frau sich nach dem Planeten parfümieren soll, der am stärksten in ihrem Horoskop steht und zwar: für die Sonne Heliotrop, den Mond Veilchen, den Merkur Wacholder, die Venus Verbena, den Mars Erika, den Jupiter Pfefferminze und für Saturn Mohn.

Auch hier zeigt sich deutlich, dass ein Schematisieren nur Verwirrung anrichten kann, und gerade in Bezug auf Parfüms werden sid; keine Vorschriften geben lassen, die lediglich auf dem beherrschenden Planeten aufgebaut sind.

*

Was wissen wir modernen Menschen denn überhaupt vom Geruch? Selbst über sein Zustandekommen gehen die Ansichten auseinander, ja einige Forscher behaupten sogar, dass er bei uns Kulturmenschen mit der Zeit überhaupt verschwinden würde. Schon vor länger als hundert Jahren bezeichnete der Königsberger Philosoph Immanuel Kant den Geruchssinn als den undankbarsten und entbehrlichsten aller Sinne, der es nicht belohne, ihn zu kultivieren oder gar zu verfeinern, um zu genießen … Nicht viele Menschen werden sich trotz allem dieser Meinung Kants anschließen, denn in Wirklichkeit spielt der Geruchssinn durchaus keine untergeordnete Rolle in unserem Dasein und schon gar nicht im Verhältnis der Geschlechter zueinander.

Wir wissen, dass es einen ausgesprochenen Menschengeruch gibt, einen Frauengeruch, den „Parfum de la femme“ und einen Mannesgeruch, „l’odeur de l’homme", wie die französische Literatur, die auf diesem Gebiete besonders eingehende Studien bringt, sie bezeichnet. Es schwingt zwischen Mann und Frau ein unwägbares erotisches Fluidum, das die Anziehung der Geschlechter bedingt. Sympathien und Antipathien von Menschen beruhen in viel stärkerem Maße auf der Geruchsempfindung als wir gewöhnlich annehmen, denn die wechselseitigen sexuellen und seelischen Beziehungen werden entscheidend beeinflusst von der individuellen Einstellung des Empfangenden zum Gebenden, die einen Geruch als angenehm oder unangenehm empfinden lässt. Hieraus erklärt es sich auch, dass der Geruch zahlreicher Menschen bei Ansammlungen, der

Geruch der *Masse Mensch* stets unsympathisch wirkt – vielleicht wurden aus diesem Grund bei den einzelnen Kulten die Räucherungen oder das Rauchopfer eingeführt.

Dass jede Rasse einen besonderen Geruch hat ist bekannt genug; wie der Weiße den Geruch des Negers als direkt unangenehm empfindet, so ist auch dem Neger der Geruch des Weißen denkbar unsympathisch. Dagegen wird von einzelnen geschichtlichen Persönlichkeiten berichtet, dass sie einen besonders wohlgefälligen Duft um sid] verbreiteten. Heinrich IV. von Frankreich ist auf den starken Geruch, den er ausströmte, sehr stolz gewesen, Alexander der Große roch, wie Plutarch berichtet, angenehm nach Veilchen, der Heilige Kajetan duftete nach Orangenblüten, die Heilige Rosa von Viterbo nach Rosen, die Heilige Theresa nach Lilien, Jasmin und Iris, die Heilige Lidwina nach Zimmet und die Heilige Katharina von Ricco duftete gar wie „ein Bukett von Rosen, Lilien, Balsam und Weihrauch". Dieser Heiligengeruch soll übrigens nicht nur in der Fantasie der Gläubigen vorhanden gewesen sein, sondern der Ausdruck einer Neurose, wobei die Haut im Augenblick religiöser Ekstase diese angenehmen Düfte ausströmen soll, Gerüche, die Görres, der sich in seiner Mystik besonders mit den Gerüchen der Heiligen befasst hat, übrigens auch bei hysterisch erregten Frauen bemerkt haben will.

Aber nicht nur von „Heiligen mit natürlichem Wohlgeruch" wird berichtet, wir hören auch, dass die Meisterinnen in den galanten Künsten es sehr gut verstanden, sich mit den auf ihre Persönlichkeit abgestimmten Düften zu umgeben. Diana de Poitiers und Ninon de l'Enclos sollen einen angenehmen und lieblichen natürlichen Duft verbreitet haben, während Aspasia „sich in eine Wolke von Wohlgerüchen hüllte", um Perikles zu fesseln und Katharina von Medicis, deren Liebesamulett wir vorher beschrieben und abgebildet haben, alle Männer durch den Zauber ihres Ambraparfüms gewann. Madame de Pompadour soll jährlich mehr als 500.000 Franken für ihre berühmten Parfüms – Peau d'Espagne, Moschus, Zibet und Ambra – ausgegeben haben, wogegen die elegante Josephine de Beauharnais Napoleons Herz durch eine eigentümliche Mischung von Ambra und Rosenöl die genaue Mischung hielt sie streng geheim – dauernd an sich zu fesseln versuchte. Der französische Schriftsteller Dr. Paul Voivenel will festgestellt haben, dass der berühmte Spanier Don Juan seine fabelhaften Erfolge bei Frauen in der Hauptsache dem angenehmen Duft verdankte, dem ausgesprochenen „odeur de l'homme", den er an sich hatte, und dass der berüchtigte Rasputin einen sehr unangenehm betäubenden Bauerngeruch um sich verbreitete, dem selbst die hohe russische Weiblichkeit nicht widerstehen konnte.

Nach dieser kleinen Abschweifung wollen wir wieder zu unserem eigentlichen Thema zurückkehren.

Die älteste Form, in der Wohlgerüche von Frauen gebraucht wurden, waren die sogenannten „Sachets“, kleine Musselinbeutelchen, die, mit dem entsprechenden Stoff gefüllt, um den Hals getragen wurden, sodass sie zwischen den Brüsten hingen. „Mein Freund ist mir ein Büschel Myrrhen, das zwischen meinen Brüsten hängt“, heißt es schon im „Hohelied Salomonis“, I, 13, in der Schrift, aus der sich noch zahlreiche Belege über den reichlichen Gebrauch von wohlriechenden Salben und Räuchermitteln anführen ließen.

In solche Sachets wurden auch die aus Metall, Holz oder beschriebenem Pergament angefertigten Liebestalismane hineingelegt und zu dem angeführten Zweck getragen.

Heute werden dazu direkt die im Handel zu habenden Parfüms gebraucht, und es ist bestimmt keine leichte Sache für eine Dame, das Parfüm, das ihr in jeder Beziehung gerecht wird, zu finden, denn ein solches muss psychologisch richtig gewählt sein und die ganze Erscheinung und Persönlichkeit muss im Einklang mit dem gewählten Wohlgeruch stehen.

Hören wir einmal, was erfahrene Lebenskünstlerinnen hierzu zu sagen haben, d. h. was sie darüber gesagt oder geschrieben haben, ohne alles zu verraten, was sie aus eigener Erfahrung wussten:

Vor allem rühmt man der Orientalin nach, dass sie die psychologische Bedeutung des Parfüms richtiger einzuschätzen wisse als die Abendländerin; sie wird stets das Parfüm wählen, das sich mit ihrer Wesensart am ungezwungendsten verbindet und sie in eine nur für sie passende reizvolle Atmosphäre hüllt. Dabei wird die Orientalin, entsprechend ihrer ganzen Konstitution, die schwülen Gerüche, wie Nelkenwasser, Rosenöl, Orchideenduft, Moschus, Tuberrosen und deren betäubende Zusammenstellungen wählen, wie sie im ganzen Orient beliebt sind, während die Europäerinnen sogenannte *dünne* Gerüche bevorzugen werden.

Die Französin, die als tonangebend auf diesem Gebiete gilt, ist besonders geschickt in der Auswahl ihres Parfüms. Sie weiß Geranien, Jasmin, Veilchen und Reseda zu schätzen und die Dame der großen Welt wählt für ihre Wäsche, Kleider, Gesicht und Hände besondere Gerüche.

Sie hat den Persönlichkeitswert des Wohlgeruches erkannt, sie weiß, welcher Duft ihr *steht*. Die Hauptsache ist ihr, eine persönliche Note in ihrem Parfüm zu zeigen, denn es ist ihr der Ausdruck ihrer Persönlichkeit, die Sprache ihres Temperaments und muss vornehm abgetönt sein. Ein Zuviel nimmt ihm die Wirkung, sie kennt genau die Grenze, die eine gepflegte Frau innezuhalten hat.

Das junge Mädchen braucht nur ganz wenig Parfüm (Maiglöckchen oder Veilchen) und sollte alle schweren Wohlgerüche wie Juchten, Jasmin, Hyazinthe, die sich nur für reife Frauen eignen, vermeiden.

Die sentimentale Frau nehme Vanillin mit einem Zusatz von Orangenblütenöl, die heitere, körperlich voll entwickelte Dame aber soll den Geruch des Pfirsichs wählen, wogegen die abenteuerlustige Frau unbedingt zum Hyazinthen- oder Jasmingeruch greifen soll. Passend für die überschlanke, nervös-sensible Frau ist der Iris- und Orchideegeruch, für die unverstandene Frau aber spricht am stärksten der Heliotropgeruch mit Bittermandelöl vermischt.

Sportsdamen sollten Kölnisches Wasser wählen, das man mit Klee mischen könnte und der ernstlich berufstätigen Frau, die sich nicht aus Koketterie oder Sehnsucht nach persönlichen Erfolgen, sondern aus Bedürfnis nach Frische und Reinlichkeit parfürmiert, wird geraten, Lavendel mit einem Zusatz von Verbenaöl zu gebrauchen. –

Wie dem auch sei, jede kluge Frau wird bald den Grundton herausfinden, den sie bevorzugen muss, und wird die richtige Mischung durch eigene Erfahrungen vorziehen, sofern sie überhaupt Interesse und Freude daran hat, nicht der Reklame oder irgendeiner Empfehlung zufolge ein Modeparfüm zu gebrauchen, sondern sich mit dem Duft umgeben will, der ihr eine besondere persönliche Note gibt, der nur zu ihr passt.

Als stärkster Liebestalisman – das sei als Schluss dieser Betrachtung verraten – galt den im Revier der Venus am Erfolgreichsten stets „Ambra, in einem goldenen Netzchen zwischen den Brüsten getragen“.

Moderne Talismane und Amulette

Goethe sagt: „Der Aberglaube gehört zum Wesen des Menschen – der Aberglaube ist die Poesie des Lebens.“ Es kann daher auch nicht verwunderlich erscheinen, dass es gewisse Stände gibt, die von jeher als besonders abergläubisch gelten.

Zu diesen gehören vor allem Seeleute, Sportsleute und Schauspieler, bei denen die merkwürdigsten Gegenstände oder lebendige Tiere als Schutzmittel gelten.

Seeleute lieben die Katzen, mögen aber Hunde nicht leiden. Schauspieler haben ihre besonderen Amulette, die sie sich oft von kundiger Hand herstellen lassen und die sie gern auf der bloßen Haut verborgen tragen.

Die Sportsleute, besonders die Aviatiker, sind Freunde der sonderbarsten Talismane. Santos Dumont trug stets ein Medaillon mit dem Bild der heiligen Jungfrau bei sich, das ihm Prinzessin Isabella geschenkt hatte. Ein anderer trägt stets die Schnurrbarthaare eines Tigers bei sich, Graham White hängt stets auf seinem Apparat über seinem Kopf entweder ein rosa Samtpantöffelchen oder eine violette Bandschleife auf, wieder ein anderer nimmt stets ein schwarzes Kätzchen in der Manteltasche mit oder eine kleine Messingfigur, die einen Flieger darstellt, oder eine kleine silberne Maus an einem Kettchen um den Hals – kurz, ihre Amulette sind zahllos, von der primitivsten Form bis zum raffiniertesten Kult, beim Anfänger wie beim Prominenten.

Sehr bewährt hat sich der hier wiedergegebene astrologische Fliegertalisman, den der Verfasser mehrfach in dem für den Träger geeigneten Metall hergestellt hat. „Der Mensch fliegt im Gleichgewicht der Waage (♎) unter den schützenden Strahlen der Sonne (☉).“ (Abbild. 55.)

Nicht minder zahlreich und seltsam sind die Talismane der Automobilisten, als deren Patron Sankt Christophorus gilt, der ja zu dieser Rolle besonders prädestiniert zu sein scheint, wenn man der über ihn in Umlauf befindlichen Legende Glauben schenken will.

Nach dieser war Christophorus ein Riese, der sich in den Kopf gesetzt hatte, allein dem Mächtigsten der Welt zu dienen. Als er bemerkte, dass sich sein Herr vor dem Teufel fürchtete, trat er in Satans Dienste über. Jedoch auch dieser fürchtete sich: vor dem Kruzifix!

Abbild. 55 Astrologischer Fliegertalisman.

Abbild. 56 Christophorus-Autotalisman.

Da erkannte der Riese in Christus seinen Herrn und Meister. Aber er konnte von keinem Priester getauft werden, weil er sich den geforderten Bußübungen nicht unterziehen wollte. So wurde er zunächst damit beschäftigt, Pilger und andere Reisende durch einen schwer zu durchschreitenden Fluss zu tragen.

Und da ließ sich der Heiland einst selbst in Gestalt eines Kindchens von ihm über den Strom bringen, aber seltsamerweise lastete das zarte Körperchen des Kindes so schwer auf dem Nacken des Riesen, dass er sich tief niederbeugen musste und das Wasser einen Augenblick über seinem Kopf zusammenschlug.

So wurde er von dem Heiland selbst getauft und von ihm Christophorus, Christus-träger genannt, auch unter diesem Namen später von der katholischen Kirche heilig gesprochen.

Er galt von jeher als „Beschützer vor unberechenbaren Unfällen" und von ihm ging die Legende, „dass der an diesem Tage nicht sterben werde, der morgens sein Bild anschaue". So wurde er zum Symbol, und wir erkennen in der Sage leicht den Grund für das tiefe Gefühl des Beschütztsein, das von dieser Christophorusgestalt gleichsam ausstrahlt, wenigstens für den, der sich in die Idee hineinzufühlen vermag.

Ein besonderes Vorkommnis trug vor Jahren noch dazu bei, den Glauben an die Schutzkraft Sankt Christophs zu stützen. Die Königin Margherita von Italien erlitt mit ihrem Auto einen schweren Zusammenstoß, blieb aber selbst völlig unverletzt und sie führte ihre Rettung auf die schützende Kraft des Christophorusbildes zurück, das sie in ihrem Wagen mit sich führte. Seitdem wurde dieser Heilige in ganz Italien sozusagen der offizielle Schutzpatron der Automobilisten und von dort kam dieser Glaube auch zu uns.

Freilich blieb seine Herrschaft nicht lange unbestritten, auch er musste andere Götter neben sich dulden, denn vielgestaltig sind die Talismane, die wir in und an den Autos finden.

Eine betriebsame Industrie lieferte orientalische Götter– oder Dämonengestalten von grotesker Hässlichkeit, den Glücksgott *Bibi*, den sogenannten *Touch-Wood* (berühre das Holz!), ein winziges silbernes Figürchen eines Mohrenknaben mit aufgesetztem Ebenholzköpfchen, den der Fahrer vor Beginn jeder Fahrt berühren sollte, ferner Modepuppen und Hampelmänner, die silberne Figur der *Britannia*, ohne welche die Königin von England keine Autofahrt unternimmt, eine Figur der als besondere Schutzpatronin des Motorfahrers geltenden Heiligen Barbara usw.

Verfasser hat unter Berücksichtigung besonderer Konstellationen einige „Christophorus-Plaketten mit den Symbolen der vier Jahreszeiten“ in den für den Fahrer passenden Farben anfertigen lassen und es wurde konstatiert, „dass von einer solchen Plakette eine ganz eigenartige Kraft ausstrahle, die Ruhe und Sicherheitsgefühl schaffe, das durch den täglichen Anblick immer erneuert und verstärkt würde“. (Abbild. 56.)

Der merkwürdige Aberglaube der Rennfahrer ist entschieden der sich auf Katzen beziehende. Vor dem Rennen eine Katze zu überfahren soll Glück bringen. Folgende Fälle werden zum Beweis angeführt: Hemery überfuhr im Training zum Vanderbildt-Rennen 1905 eine Katze und gewann. Wagner überfuhr im Training zum gleichen Rennen 1906 eine Katze und gewann. Robertson überfuhr 1908 eine Katze und gewann. Nazzaro überfuhr im Training zur Coppa Florio eine Katze und gewann. Nazzaro überfuhr im Training zum Grand Prix 1907 eine Katze und gewann. Ist da zu verwundern, dass an so etwas geglaubt wird?

Auch unser „Zeppelin“ hatte auf seiner ersten Fahrt nach Amerika seine glückbringenden Talismane an Bord. Zunächst einen unscheinbaren hölzernen Vogel, den *Glücksvogel*, der dem Höhensteuermann Oberleutnant Pruß und dem Navigationsoffizier v. Schiller gehört, die während des ganzen Krieges immer auf denselben Zeppelinschiffen Dienst getan haben. Sie machten zusammen 300 Fahrten, darunter 30 Angriffsfahrten gegen England, und bestanden acht Gefechte siegreich. Die kleine Schwalbe war das Glückszeichen aller der Zeppeline, die sie steuerten.

Nicht weniger als viermal ist dieser Talisman durch Granatsplitter getroffen, aber immer wieder zusammengeleimt worden.

Das originellste Amulett trug aber zweifellos der Oberingenieur Siegle, der als besonders erfahrener Luftschiffer bekannt ist. Seit vielen Jahren hat er sich bei keiner seiner zahlreichen Fahrten auf Zeppelinluftschiffen von seinem alten grauen Cutaway getrennt und mancher lächelte über ihn, als er das Luftschiff bestieg, angetan mit langer schwarzer Lederhose, brauner Lederkappe und dazu mit seinem im Laufe der Jahre etwas grünlich gewordenen Rock, den er zweifellos erst abgelegt hat, als Z. R. III seinen ruhmvollen Flug glücklich beendet hatte.

Wir haben gesehen, wie verschieden die Einstellungen zu den Talismanen sind, wie sie trotz aller modernen Ansichten nicht auszurotten sind, wie verschieden sie beurteilt werden und wie tief dieser Glaube in der menschlichen Natur verankert ist, deren Tiefen noch längst nicht erforscht sind.

„Sonderbar“, sagt Novalis, „dass das Innere des Menschen bisher nur so dürftig betrachtet und so geistlos behandelt werden ist. Die sogenannte Psychologie gehört auch zu den Larven, die die Stelle im Heiligtum einnehmen, wo echte Götterbilder stehen sollten.“

IX. Talismanische Magie

In meinem Revier
Sind Gelehrte gewesen,
Außer ihrem eigenen Brevier
Konnten sie keines lesen.
(Goethe)

Was ist Magie? Magie ist praktische Metaphysik, d. h. ein inniges Versenken in die Natur, das zum Schauen und Erkennen führen soll. Das Wesen der Dinge und also auch sein eigenes zu erkennen suchen und die gewonnenen Erkenntnisse zum Heil seiner Mitmenschen verwenden, das ist von jeher das Ziel jedes wahren Magiers gewesen. Solange die Menschheit existiert, hat es auch eine magische Wissenschaft gegeben. Es hat immer Menschen gegeben, die sich durch Leistungen unbegreiflicher Art auszeichneten; diese nannte man im Altertum Weise, Magi, woraus später Magier wurde. Damals war die Bezeichnung Magier ein Ehrentitel, heute versteht man darunter meist einen Schwindler, mindestens aber einen Narren.

„Verwirf die Meinung – und du bist gerettet",

sagt der griechische Naturphilosoph Heraklit. Dieser Ausspruch hat gerade in Bezug auf die Magie volle Gültigkeit, denn wer sich nicht zu der Überzeugung bekehren kann, dass es außer unserem grobstofflichen Körper und außer dem, was der Mensch sehen, messen, wägen oder fühlen kann, auch noch ein über unsere Sinne hinausreichendes Etwas geben kann oder geben muss, ein Etwas, das wir nicht ohne Weiteres wahrnehmen können – für den gibt es auch keine Magie.

Und doch waren und sind wir Menschen alle mehr oder weniger Magier; denn wir arbeiten ja alle mit „über unserer Natur stehenden" Kräften. Was macht denn unsere Industrie anderes, wenn sie mit Dampf-, Wasser- oder Elektrizitätskräften arbeitet, also durchgängig mit Kräften, die unserem Organismus weit überlegen sind? Es ist eben jede Kraft so lange eine magische, bis sie von uns erkannt und beherrscht wird, denn sobald wir ihre Gesetze erforscht und sie uns dienstbar gemacht haben, wird sie ein Teil der Physik. Wer vor 50 Jahren drahtlose Telegrafie vorgeführt hätte, wäre in den Augen seiner Mitmenschen ein Magier gewesen, heute, wo dieser Vorgang erkannt ist, hat er nichts geheimnisvolles oder magisches mehr an sich, denn er vollzieht sich nach uns bekannten physikalischen Gesetzen. Was früher als Volksaberglaube verlacht wurde, wie Galvanismus, Hypnotismus, Magnetismus, Wünschelrute, Telegrafie ohne Draht, Radioaktivität und manches andere, ist nunmehr infolge der fortschreitenden Erkenntnisse der naturwissenschaftlichen Forscher Gegenstand ernsthafter Untersuchungen geworden und hat seine Anerkennung gefunden. Das Wort *unmöglich* muss immer mehr einem *wir wissen es noch nicht* weichen, man fängt an, eine *seelische Welt*, ein Hören ohne Ohren, ein Sehen ohne Augen vermittels eines inneren seelischen Sinnes für möglich zu halten. Kants Lehre: „Wir erkennen mit: unseren leiblichen Augen die Dinge nicht, wie sie an sich sind, sondern wie sie uns erscheinen", fängt an sich durchzusetzen, und es geht nicht mehr an, alles *Magische* ungeprüft abzulehnen.

Es sei hier zunächst auf die neue Theorie des Lebens hingewiesen, die Prof. Lakhovsky in seinem bereits auf Seite 91 dieses Buches erwähnten Werke „Das Geheimnis des Lebens" (Kosmische Wellen und vitale Schwingungen) niedergelegt hat. Dieses Werk wäre noch vor zehn Jahren als Fantasieprodukt von der gesamten Wissenschaft abgelehnt werden; heute, wo die Physik sich in einem Zustand der Gärung und Unruhe befindet, da ihr Weltbild, dessen Fundamente sie für absolut sicher hielt, sich als eine Fiktion und nicht als Abbild der Wirklichkeit erwiesen hat, heute wird die Theorie Lakhovskys ernsthaft erörtert.

Lakhovsky sagt: Jede lebende Zelle ist ein kleiner elektrischer Oszillator, der durch die in der Atmosphäre enthaltenen radioelektrischen Wellen in Schwingung gehalten wird. Jede Zelle also schwingt, und solange das dynamische Gleichgewicht der Zellen, die Harmonie dieser Schwingungen, nicht gestört wird, ist der Mensch gesund. Erst wenn eine Gleichgewichtsstörung des Schwingungssystems eintritt, die durch äußere Ursachen erfolgt, fühlt sich der Mensch krank und um wieder gesund zu werden, muss das gestörte Schwingungsgleichgewicht der Zellen wiederhergestellt werden.

Als Mittel hierzu wandte Lakhovsky Schwingungsringe aus Kupfer an, mit denen er bemerkenswerte Resultate, selbst bei Krebskranken, erzielte. Diese Schwingungskreise in Form von Gürteln und Halsbändern sind bei zahlreichen Krankheiten in den verschiedensten Kliniken mit Erfolg angewandt werden und Professor d'Arsonval sowie Professor Attilj, der Krebsforscher und Leiter des Krankenhauses S. Spirito in Rom, haben darüber auf dem radiologischen Kongress in Florenz (Mai 1928) eingehend berichtet.

Was uns hierbei besonders interessiert ist die Verwendung und Wirksamkeit des Kupfers, über dessen abwehrende und Heilkräfte wir bereits im vorigen Abschnitt gesprochen haben. Der Verfasser hat auch selbst Versuche mit Kupferbändern und Ketten angestellt, und zwar in einer Zusammensetzung, die den uns durch die Alchimie überlieferten Gesetzen entspricht. Er fand nicht nur die Richtigkeit der Lakhovskyschen Theorie bestätigt, sondern hat für seine *Ausgleichs-Schwingungsringe* noch weitere Verwendungsmöglichkeiten gefunden, über die später noch an anderer Stelle berichtet werden wird. Einstweilen sei hier nachdrücklich auf das Werk Lakhovskys hingewiesen, das ausführlicher als es hier am Platz wäre, auf die neuesten Erfolge der Strahlenforschung eingeht. Das eine möchten wir aber noch bemerken: Dass unsere Vorfahren bronzene Ringe in mehrfacher offener Spirale und viele Naturvölker Kupferringe als bevorzugten Schmuck trugen, sollte uns jetzt doch nicht mehr so lächerlich und absurd erscheinen, wenn sie auch keine wissenschaftlichen Akademien besaßen, die ihnen solche Gebräuche vorher abstempelten! –

Seit Lord Carnavon und seine Mitarbeiter im November 1922 bei Luxor das Grabmal des ägyptischen Pharao Tutanchamun aufgefunden hatten und er selbst im April 1923 an dem Stich eines giftigen Moskitos starb, taucht in der Presse aller Länder immer wieder das Gerücht über die Möglichkeit einer *Rache des Pharao* auf, das dann durch weitere Todesfälle immer mehr Nahrung fand.

Bevor wir auf das Thema „Rache oder Fluch der Pharaonen?“ näher eingehen, soll vorerst über ähnliche Vorkommnisse aus früherer Zeit gesprochen werden, die uns zeigen, dass schon von jeher ein Unstern über den Erforschern der Geheimnisse des alten Ägypten waltete, der regelmäßig seine Opfer forderte. Dabei sei zunächst eines Mumien kastens gedacht, der zur Mumie einer Priesterin des Amun-Re gehörte.

Die erste Nachricht über ihn veröffentlichte G. W. Russel im Augustheft von „Pearsons Weeckly" 1910 unter der Überschrift:

Der geheimnisvolle Mumienkasten

Vor ungefähr 60 Jahren fanden räubernde Araber in Königsgräbern eine Mumie in dem dazu gehörenden Mumienkasten. Die Mumie ging verloren, der Kasten, auf dem ein weibliches Bildnis von seltsamer bösartiger Schönheit gemalt war, gelangte nach manchen Wanderungen in die Hände eines amerikanischen Kunsthändlers namens Mann, der mit einer Gesellschaft Ägypten bereiste. Mann stellte fest, dass die Mumie einer Priesterin des Amun-Re in Theben zugehört hatte, die um 1600 v. Chr. Gelebt haben musste.

Der Mumienkasten betätigte sich von nun an in wahrhaft teuflischer Weise. Mehrere Reisegefährten Manns kamen bei einem Eisenbahnunglück ums Leben, ein weiterer Reisegenosse starb binnen einem Jahre in Armut, ein anderer wurde erschossen. Der Besitzer des Kastens erfuhr bei seiner Rückkehr nach Kairo, dass er inzwischen fast sein ganzes Vermögen verloren hatte; er selbst starb auch bald darauf.

Als der Mumienkasten in London eintraf, ging er in den Besitz der verheirateten Schwester des Herrn Mann über, die bei London lebte. Von diesem Tage an traf den Haushalt der Dame ein Unglücksfall nach dem anderen. Dort sah auch die bekannte Theosophin H. P. Blawatzky eines Tages den Kasten. Sie konstatierte sofort einen äußerst bösartigen Einfluss in dem Aufbewahrungsraum und riet, den Kasten fortzuschaffen, da er für den Besitzer außerordentlich gefährlich wäre. Die Besitzerin aber lachte darüber, und die Kiste blieb stehen.

Eines Tages nun wurde der Kasten zu einem Fotografen zur Aufnahme gebracht. Dieser schickte am nächsten Tag in höchster Aufregung zur Besitzerin, er hätte den Kasten mit großer Sorgfalt fotografiert und könnte garantieren, dass niemand seine Negative berührt hätte, und doch zeigten die Bilder das Gesicht eines ägyptischen Weibes, das mit dem Ausdruck einer ganz einzigartigen Bosheit vor sich hinstarre. – Kurz nach dem Fotografieren wurde der Fotograf vom Schlag gerührt.

Infolge dieser Unglücksfälle entschloss sich die Besitzerin endlich, den Kasten dem Britischen Museum zu überweisen. Der Träger, der den Kasten ins Museum brachte, starb binnen einer Woche, sein Gehilfe erlitt einen Unfall. Seitdem steht der unheimliche Mumiensarg unter den Königsmumien des Museums und schien seine verderbliche Tätigkeit eingestellt zu haben.

Ein Ägyptologe, B. Fletscher-Robinson, begann eine Geschichte dieser Priesterin zu schreiben, starb aber kurz nach Beginn seiner Nachforschungen plötzlich in jungen Jahren nach ganz kurzer Krankheit.

Hier endet Pearsons Bericht, aber nicht die unheilvolle Tätigkeit des Mumienkastens, denn wir lesen einige Zeit nachher in der „Occult Review", dass er auch den Besuchern des Britischen Museums allerhand Unglück brachte.

Ein Professionist, der sich diese übelwollende Priesterin, die er mit einer Suffragette verglich, genau betrachtete, bekam am nächsten Morgen seine Stellung gekündigt. Sein Sohn zeigte plötzlich Selbstmordgedanken und musste in einem Irrenhaus untergebracht werden. Aber auch das ist noch nicht alles; kurz darauf kam die Nachricht, dass ein ungetreuer Beamter der Baugesellschaft, bei welcher der Professionist sein Geld stehen hatte, mit dessen letzten Ersparnissen durchgegangen war.

Aber die Rache der Priesterin des Amun-Re war immer noch nicht gesättigt!

Hierzu brachte die „Vossische Zeitung" vom 1. Mai 1914 folgenden Bericht:

»Die unheilbringende Mumie. Ein ernster wissenschaftlicher Mitarbeiter sendet uns folgende romantische Darstellung: Man wird sich erinnern, dass vor längerer Zeit in der europäischen Presse von einer ägyptischen Königsmumie im Britischen Museum die Rede war, die jedem, der mit ihr in eine, wenn auch noch so lose, Berührung trat, Unglück und Unheil brachte. In einem längeren Aufsatz der „International Psychic Gazette", der sich mit dieser Mumie beschäftigt, wird nun auf die bisher unbekannte Tatsache hingewiesen, dass der Mumienkasten seiner unheilbringenden Wirkung wegen bereits vor längerer Zeit durch eine Nachbildung ersetzt wurde, während das Original in einem abgelegenen Kellerwinkel des Museums ruhte. Jeder Besucher des Museums wurde durch die vorzügliche Nachbildung getäuscht, bis ein amerikanischer Ägyptologe nach London kam und diese Irreführung des Publikums entdeckte. Da er nicht an eine unheilbringende Wirkung des Mumienkastens glaubte, so machte er der Direktion des Museums Vorwürfe über die bewusste Täuschung, die sie sich mit der wissenschaftlichen Welt erlaube und erbot sich, unter der Bedingung, dass die Nachahmung sofort entfernt werde, den Mumienkasten mit sich nach Amerika zu nehmen, wo man den

Erzählungen ängstlicher und betörter Gemüter weniger leichtgläubig gegenüberstehe. Dem genannten Blatt zufolge wurde der Kasten dem Gelehrten auch tatsächlich ausgehändigt, in eine feste, harmlos aussehende Kiste verpackt und als Bücherkiste aufgegeben. Das Schiff aber, auf welchem der Gelehrte und der Mumienkasten fuhren, war die *Titanic*, und mit dem Untergang dieses Riesenschiffes hat der ägyptische Mumienkasten zum letzten Mal seinen unheilvollen Einfluss auf seine Umgebung ausgeübt.«

In einem ähnlichen Falle handelt es sich um einen´reichen Londoner Archäologen, der die Ausgrabetätigkeit in Ägypten aus Liebhaberei betrieb.

Auch diesem Archäologen war es geglückt, eine Königsmumie zu finden, die er, da die Ausfuhr solcher Mumien verboten ist, in aller Heimlichkeit auf den Weg nach London zu bringen wusste, während er selbst zu weiteren Ausgrabungen nach Abessinien reiste.

Hier wurde er auf einer Elefantenjagd von einem angeschossenen Elefanten getötet und am Ufer eines Flusses begraben. Seine Freunde, die auf die Nachricht von dem Unglücksfall an Ort und Stelle eilten, um die Leiche nach London überführen zu lassen, fanden keine Spur von dem Grab mehr, da inzwischen eine Überschwemmung stattgefunden hatte, bei der die Leiche fortgeschwemmt werden war.

Nach zwei Monaten fanden englische Gelehrte bei der Untersuchung der inzwischen in London eingetroffenen Mumie auf deren Brust eine Inschrift, die besagte: „Wer meinen Körper schändet, wird von wilden Tieren getötet werden, und der Fluss wird als Rächer seine Leiche fortführen.“

Bekannt ist ferner, dass bei den Ausgrabungen, die auf Anordnung Napoleons III. bei Sidon in Syrien stattfanden, ebenfalls eine Königsmumie gefunden wurde, die im Pariser Louvre aufbewahrt wird und die folgende Fluchformel aufwies: „Der Kaiser, der mein Grab verletzt, wird ruhmlos sterben, und die von ihm gepflanzten Bäume werden keine Frucht tragen.“

Inzwischen hat sich ganz vor Kurzem ein weiterer Todesfall ereignet, der ebenfalls auf einem Fluch beruht. Es betrifft den bekannten Ägyptologen Prof. Evelyn White, der vor Jahren ein Geheimzimmer mit koptischen und arabischen Manuskripten in dem Kloster von Wadi-Natroun entdeckte, die er mitnahm, obwohl er von den Mönchen gewarnt wurde, „dass dem Bann verfalle, wer sich an diesen Reliquien vergreife“.

Jetzt hat sich der Gelehrte samt seiner Frau erschossen und in seinen Aufzeichnungen folgendes Bekenntnis hinterlassen: „Ich weiß, dass ein Fluch auf mir ruht, obgleich ich berechtigt war, die Manuskripte mitzunehmen. Die Mönche meinten, dass der Fluch trotzdem seine Kraft behalte. Es erweist sich als wahr.“

Ein weiterer Fall wird aus Illinois gemeldet: Der Millionär Ogden T. MacClurg, ein bekannter Publizist und Sportsmann, ist unter geheimnisvollen Umständen, die an den Tod Lord Carnavons nach der Eröffnung des Grabes Tutanchamuns erinnern, plötzlich gestorben. Mr. Clurg hatte vor kurzem eine Forschungsexpedition nach Zentralamerika unternommen, um die Gräber der alten Maya Fürsten zu untersuchen. Seit seiner Rückkehr litt er an einer seltsamen Krankheit, der kein Arzt beizukommen wusste. Eines Morgens wurde er im Graben der Landstraße sterbend aufgefunden. Es wird nun behauptet, dass die alten Mayapriester, ebenso wie die Ägypter, in den Grabgewölben ein geheimnisvolles Gift ausgesetzt hätten, um eindringende Räuber zu töten und dass Mr. Clurg diesem zum Opfer gefallen sei – oder auch einer geheimen Fluchformel?

Wir wollen uns mit diesen Fällen, die sich bei längeren Nachforschungen sicherlich noch vermehren ließen, begnügen und jetzt über die rätselvollen Schicksale der Menschen berichten, die mit dem Grabmal Tutanchamuns irgendwie in Zusammenhang stehen.

Dass der Entdecker Lord Carnavon im April 1923 durch den Stich einer giftigen Fliege starb, wurde bereits erwähnt; es erging ihm wie vielen Entdeckern, er erlebte die Tragweite seiner Entdeckung nicht, da die endgültige Öffnung und Durchforschung des Königsgrabes auf den Herbst 1923 verschoben werden musste. Vor ihm hat schon der Amerikaner Davis, der vor Jahren an derselben Stelle gearbeitet hatte, plötzlich den Tod gefunden, und jetzt wurde sein vertrauter Freund und Mitarbeiter Prof. Newberry von einer rätselhaften Krankheit befallen, gegen die bisher kein Heilmittel gefunden werden konnte. Außerdem starb in Luxor der Leiter des Louvre Museums, der zum Studium der Ausgrabungen am Grabe Tutanchamuns weilte, ganz plötzlich. Ein weiteres Opfer wurde der englische Arzt, der die Röntgenuntersuchung der Königsmumie vorgenommen hatte, und unmittelbar danach schwer erkrankte.

Dass man nicht ungestraft über solche geheimnisvollen Dinge spotten soll, musste ein Amerikaner, Livingston Poe aus Baltimore, erfahren. Er hatte sich bald nach dem Tode Lord Carnavons nach Ägypten begeben, um das Königsgrab zu besichtigen, und machte sich als aufgeklärter Amerikaner gern über die abergläubischen Leute lustig, die allen Ernstes an die Rachgier der königlichen Mumie glaubten.

Eines Morgens erkrankte er an einer Blutvergiftung, die in ihren Symptomen der bei Lord Carnavon festgestellten Krankheit glich und die auch hier trotz aufopferndster Pflege seinen Tod herbeiführte.

Sieben französische Schriftsteller und Journalisten besuchten das Grabmal, sechs starben während der nächsten zwei Jahre. Als sie den Schleier vom Antlitz Tutanchamuns hoben, sahen sie eine Narbe auf seinem Gesicht – die gleiche Narbe fand man auf dem Gesicht des toten Lord Carnavon. Im Ganzen werden bis jetzt 25 Todesfälle angeführt von Personen, die irgendwie mit diesem Grabmal in Berührung kamen. Von den bei der Eröffnung Anwesenden lebt nur noch Howard Carter, der über ein seltsames Erlebnis berichtet, das auch ihn, der sich rühmt nicht abergläubisch zu sein, erschüttert hat. Er selbst erzählte es dem Journalisten Francis de Croisset: die Heiligkeit dieser Räume, die seit dreißig Jahrhunderten noch nie gewaltsam gestört werden war, rührte mich wunderbar auf … die schwarz und goldene Gestalt des schakalköpfigen Gottes Anubis war, in Linnentücher gewickelt, auf einer Naos, die die Form eines Pylonen hatte, gebettet und so vor den Eingang postiert, dass sie den Eintritt verwehrte. Ihr gegenüber befand sich eine kleine Fackel aus Schilfrohr. Zu Häupten der Fackel las man eine schön gewortete Beschwörung:

„Ich bin es, der dem Sand verwehrt, hier einzudringen –
Ich bin's, der die Vergangenheit auf falsche wege zwingt –
Ich bin der Schutz der Toten –"

„Und es ist Ihnen seit jenen Tagen nichts Unheilvolles begegnet?"

„Nichts", entgegnete er philosophisch, „es sei denn … Eines Tages betrat ich in einer der Straßen der Altstadt von Kairo, in der ich meine Einkäufe machte, einen Kramladen des Souk, und während ich um einen Gegenstand feilschte, der mir entfallen ist, hörte ich ganz plötzlich den Gesang eines Kanarienvogels, und nie zuvor hatte ich einen anderen so herrlich singen hören. Er schluchzte seine Triller wie eine Nachtigall … Ich fragte, ob er verkäuflich sei. Man antwortete mir verneinend. Ich wurde dringlicher. Ich bot ganz lächerliche Preise, viele Pfunde, und endlich erhielt ich meinen Kanarienvogel. Ich besorgte ihm einen schönen geräumigen Käfig und reiste mit meinem neuen Gefährten nach Luxor ab. Er schien ebenso zufrieden wie ich. Nur wenn er schlafen wollte, unterbrach er seinen Gesang. Sowie er wieder erwachte, gefiel er sich darin, zu tirilieren, schmelzende Koloraturen zu flöten, zu pfeifen, leise vor sich hin zu schwätzen, in der bezauberndsten Musik der Welt.

Sie müssen vor allem verstehen, dass dieser Vogel tatsächlich immer nur dann seinen Gesang unterbrach, wenn er Futter nehmen oder schlafen wollte.

Eines Tages jedoch hörte er auf zu singen – an jenem Tage, da es endlich gelungen war, die Ummauerung der Grabkammer einzureißen. Kaum hatte man sie geöffnet, so sah ich mich genötigt, sie wieder verschließen zu lassen, bis die neuen Arbeiter einträfen, die ich bestellt hatte, um den Sarkophag zu entsiegeln. Am Tag, da die Grabkammer aufs Neue verschlossen wurde, fing der Vogel wieder an zu singen.

Dann trafen die Arbeiter ein, öffneten das Grab, entsiegelten den Sarkophag … und an diesem Tage schwieg der Vogel von Neuem. Es ist Ihnen wohl bekannt, dass wir es mit drei Sarkophagen zu tun hatten: zwei von ihnen ließ ich nach Kairo ins Museum schaffen und dann das Grab vermauern. Kaum war es verschlossen, als der Kanarienvogel wieder zu singen begann.

Endlich schritt man zur dritten und letzten Ausgrabung, und die Mumie des Königs selbst wurde gefunden … Zur gleichen Minute … Sie verstehen mich wohl? … zur gleichen Minute, da der Sarkophag geöffnet wurde, schlich sich eine Kobra in mein Haus, glitt in den Käfig und tötete den Vogel …“

„In genau der gleichen Minute?“

„Gewiss, aber das ist noch nicht alles … Sie werden wissen, dass die Kobra, die Uräus, die göttliche Schlange war, die den Helmsturz des Königs überragte und deren Abbild alle Malereien des Grabes schmückt. An jenem Tag aber, da die Mumie des Königs Tutanchamun ans Licht gebracht wurde, hob ich meine Augen zu den Hieroglyphen und las den Namen, mit dem dieses Grab bezeichnet war: Wissen Sie, wie es hieß …? Das Grab des gelben Vogels …“

Trotzdem behauptet Mr. Carter, „ich bin nicht abergläubisch, wenngleich ich, wenn überhaupt jemand, Veranlassung dazu hätte.“ –

Wir haben gesehen, welche wahrhaft erschreckende Kette von Unglücksfällen diesen Ausgrabungen folgte, eine Folge von Begebenheiten, die auch dem ärgsten Skeptiker die Überzeugung aufzwingen muss, dass hier Kräfte am Werk sind, gegen die unser Wissen einfach versagt. Dieser Ansicht ist auch der berühmte englische Forscher Dr. Mardus, der von vornherein fest überzeugt war, dass das Öffnen des Tutanchamun-Grabes Unheil nach sich ziehen würde. „Seit 7000 Jahren besitzen die Ägypter das Geheimnis, ihre Mumien mit einer dynamischen Macht zu schützen“, sagte er, „von der wir nur eine schwache Ahnung haben.“ Seiner Ansicht ist nur beizustimmen.

Wer sich ernsthaft mit dem Studium der Magie der Ägypter befasst hat, der weiß, welch große Rolle der Totenkult dort spielte und wie man bemüht war, die Grabstätten so anzulegen, dass den Toten die ungestörte Ruhe gesichert wurde. Schwere Bannflüche für Grabschänder seitens der Priester waren durchaus üblich, und dass eine königliche Grabstätte mit allen verfügbaren Mitteln geschützt wurde, darf von vornherein als sicher gelten. Nun waren die ägyptischen Priester ja Meister der magischen Wissenschaften und beherrschten als solche unbeschränkt die geistigen Kräfte, die zum Fluch oder Segen werden können. Sie verstanden es sicherlich, einen gewollten Einfluss an einen Gegenstand zu bannen, diesen akkumulatorisch mit einer Fluchwirkung zu laden, die so lange in Kraft bleibt, bis sie sich ausgewirkt hat oder durch eine stärkere Kraft unwirksam gemacht wird. (Anweisungen zu solchen Verfluchungen begegnen wir in der magischen Literatur über den Isiskult, in mittelalterlichen Werken usw. oft genug; sie gehören in das Gebiet der schwarzen Magie, und es kann nicht dringend genug davor gewarnt werden.) Bezüglich der bei den Mumien gefundenen Papyri, die von den Priestern der höchsten Kaste nach ihrem Ritus mit Fluch- und Bannkraft *geladen* wurden, dürfen wir also sehr wohl den *Zufall* unbedenklich ausscheiden und alle eingetretenen Folgen als gewollte Rache für die gestörte Ruhe der Toten ansehen.

Es ist zu hoffen, dass die nächste Zeit auch auf diesem vielumstrittenen Gebiete Aufklärung und reale Beweise erbringen wird, die von unserer Wissenschaft anerkannt werden müssen, die ja begonnen hat, derartige Probleme jetzt ernsthaft zu studieren; für den vorurteilsfreien Okkultisten bedarf hier nichts mehr der Aufklärung, er weiß, dass ein Fluch ebenso wirkt wie ein von geweihter Hand erteilter Segen, er weiß, dass *richtig beten* ebenso segensreiche Kräfte herbeizieht, wie ein in tiefstem Zorn herausgeschleuderter Fluch dämonische heranziehen muss, und kennt die Bedingungen, unter denen er ungestraft eingreifen darf.

*

Wer sich mit Magie praktisch befassen will, der bringe vor allem ein unerschrockenes Herz, einen starken Willen und reine Hände mit. Nur von der edelsten Absicht geleitet, seinen Mitmenschen im besten Sinne dienen zu wollen, darf er dieses Gebiet betreten. Kann er das nicht, so verzichte er lieber von vornherein auf jede derartige Betätigung, er wird nur Enttäuschungen erleben und in die Abhängigkeit von finsteren Mächten, von Schmarotzerwesen des unsichtbaren Teiles dieser Welt geraten, die ihn nie wieder freigeben – „bis seine Seele dabei erstirbt und sein Bewusstsein so im Reiche ewiger Vernichtung dann verschwindet, dem einzigen *Tod*, der dem Menschen wirklich drohen kann“, wie Bô-Yin-Râ in seinem „Buch vom lebendigen Gott“ schreibt, auf das wir hier nachdrücklich“ hinweisen.

Der schon öfters erwähnte Heinrich Cornelius Agrippa v. Nettesheym (1486 bis 1535) war der erste, der es unternahm, ein förmliches System der Magie aufzustellen, das er in seinem Werke „Geheime Philosophie“ (Philosophia occulta) niederlegte.

Er war seiner Zeit weit voraus und erkannte schon damals den Urgrund aller Magie. „Wir dürfen“, schrieb er an den Augustiner Aurelius von Aquapendente, „das Prinzip so großer (magischer) Operationen nicht außer uns suchen, es wohnt ein Geist in uns, der sehr gut vollbringen kann, was immer die Mathematiker, Magier, Alchimisten und Nekromanten Wunderbares und Erstaunliches zu leisten imstande sind.“

„Da die Welt dreifach ist, elementarisch, himmlisch und geistig und da immer die niedere von der höheren regiert wird, so suchen die Magier“, schreibt Agrippa in vorgenanntem Werke, „die Kräfte der Elementarwelt durch die Strahlen und Einflüsse der himmlischen Welt miteinander zu verbinden; sodann verstärken und befestigen sie dies alles vermittels religiöser, heiliger Zeremonien durch die Gewalt der verschiedenen geistigen Wesen.“

Das gleiche finden wir in dem bekannten, aber von vielen nicht verstandenen Ausspruch des Hermes Trismegistos: „Wie oben, so unten“, den Dr. Ferd. Maack, Hamburg, auf den wir noch weiter unten zu sprechen kommen, in seinem bedeutsamen Werke „Die heilige Mathesis“ (Leipzig 1924) ungefähr so erläutert: „Die obere und die untere Welt sind miteinander auf das innigste verbunden, was oben verursacht wird, wirkt sich nach unten aus … und umgekehrt. Die äußere Gestalt ist nur der sichtbare Ausdruck einer inneren unsichtbaren Idee. Der Inhalt bestimmt die Form. Der Geist beherrscht die Materie und umgekehrt. Für die magische Wirkung von unten nach oben bediente man sich nun gewisser äußerlicher Hilfsmittel, welche die Zeichen und Charaktere derjenigen oberen Regionen und höheren Potenzen trugen, die man beeinflussen wollte. Die magnetische Sympathie zwischen Oben und Unten band und bannte die himmlischen Kräfte in diese mit ihnen korrespondierenden irdischen Dinge.“

Solche Hilfsmittel, die bei der Herstellung von Amuletten und Talismanen gebraucht werden, sind außer dem richtigen Grundstoff (Metall, Mineral, Pergament) die sog. Signaturen, Planetensiegel und Pentakel, gewisse Beschwörungsformeln und Räucherungen und die richtige Zeit, d. h. man arbeitet in den für die einzelnen Planeten berechneten Stunden, den sogenannten Planetenstunden.

Diese magischen Formeln, Pentakel, usw., sind aber nicht als fantastische Spielereien anzusehen, sondern entsprechen wirksamen astralen Strömungen. Voraussetzung für ihre Wirkung ist selbstverständlich, dass der Operateur weiß, was er zeichnet, wozu er das Signum gebrauchen will, und dass er es mit starker seelischer Willenskraft formt. Die Beschwörungsformeln und Räucherungen dienen lediglich zur Unterstützung der zu dieser Arbeit benötigten Konzentrationskräfte.

Mit den Planetenstunden verhält es sich so: nach astrologischer Lehre übt jeder Planet *in seiner Stunde*, d. h. zu einer bestimmten Zeit am Tage oder in der Nacht seinen besonderen Einfluss aus. Diese Zeitspanne bezeichnet man als Planetenstunde. Um den genauen Zeitpunkt und die Dauer einer solchen Planetenstunde zu finden, teilt man den Tag, von einem Sonnenaufgang bis zum nächsten gerechnet, in 24 Stunden ein. Von Sonnenaufgang bis Sonnenuntergang reichen die 12 Tages(Planeten-)stunden, von Sonnenuntergang bis zum folgenden Sonnenaufgang die Nacht(Planeten-)stunden.

Da Tag und Nacht je nach Ort und Jahreszeit verschieden lange währen, so ist auch weder die Tages- noch die Nachtplanetenstunde gleich der gewöhnlichen Stunde von sechzig Minuten, sondern größer oder kleiner. Um die Größe der gesuchten Tages- oder Nachtplanetenstunde zu bestimmen, teilt man die festgestellte Tages- bzw. Nachtdauer in 12 gleiche Teile und die Anzahl der Minuten jedes dieser Teile bildet eine Planetenstunde.

Wenn z. B. die Sonne um 6 Uhr früh aufgeht und um 5 Uhr untergeht, so ist die Dauer des Tages 11 Stunden und die der Nacht 13 Stunden, also würde jede Tagesplanetenstunde je 55 Minuten (11 x 60 : 12 = 55) und jede Nachtplanetenstunde 65 Minuten (13 x 60 : 12 = 65) dauern. Der genaue Sonnenaufgang und -untergang kann aus jedem Kalender ersehen werden.

Beifolgende Tabelle zeigt, in welcher Reihenfolge die Planeten die Stunden an den einzelnen Tagen beherrschen und ist folgendermaßen zu lesen:

Am Sonntag beherrscht die erste Tagesplanetenstunde die Sonne, die zweite die Venus, die dritte der Merkur usw., oder die erste Nachtstunde der Jupiter, die zweite der Mars, die dritte die Sonne usw.

Die genaue Feststellung der geeigneten Planetenstunde ist für die Anfertigung von Talismanen unbedingt erforderlich, denn je nach dem Planeten, dessen Einfluss man benutzen will, muss die entsprechende Planetenstunde zur Arbeit gewählt werden. „Ein jegliches hat seine Zeit, und alles Vornehmen unter dem Himmel hat seine Stunde“ (Salomo 3,1), und so soll man diese Zeit auch nutzen und im Leben danach handeln.

Man soll die Sonnenstunde wählen, wenn es sich um die Erlangung einer guten Lebensstellung oder um die Gunst von einflussreichen Leuten handelt, da solche Menschen zu dieser Stunde besonders zugänglich sind. In der Mondstunde kann man Reisen beginnen, Umzüge und dergleichen, alles, was nicht von langer Dauer sein soll. Nichts Wichtiges soll man in der Marsstunde unternehmen, dagegen ist die Merkurstunde günstig für Kauf und Verkauf, Briefschreiben, Unterzeichnung von Verträgen, für den Anfang eines Studiums usw. Die Jupiterstunde ist geeignet zum Leihen oder Verleihen von Geld, ferner um die Gunst von Personen in Amt und Würden zu erlangen, überhaupt um Entschlüsse zu fassen, die uns im Leben vorwärts bringen sollen. Wer in dieser Stunde erkrankt, wird bald wieder genesen, während Erkrankungen in der Saturnstunde meist lange dauern und bösartig verlaufen; überhaupt soll man in dieser Stunde möglichst wenig anfangen, denn alles, was man zu diesem Zeitpunkt unternimmt, geht meist ungünstig aus. Alle Angelegenheiten, die Frauen betreffen, wie Liebe, Heiratsanträge, Eheschließungen soll man in der Venusstunde erledigen, die auch sonst für alle Vergnügungen geeignet ist.

Jeder Planet hat nach Anschauung der Alten eine gute und eine üble Wirkung, eine Intelligenz oder einen Dämon, sein Siegel oder sein Pentakel, seine magische Formel und seine Zahl, aus der sein magisches Zahlenquadrat geformt wird. (An Stelle der Zahlen setzte man auch die diesen entsprechenden hebräischen Buchstaben ein.) Diese Zahlen sind nicht nach unseren Anschauungen einzuschätzen, sondern gelten in der Magie als Ausdruck metaphysischer Kräfte. So gilt, um ein Beispiel zu geben, die Zahl Eins oder die Einheit als göttliches Wesen, als Quelle aller Kraft und Macht (sie wurde auch durch den einfachen hebräischen Buchstaben Jod ausgedrückt), in der geistigen Welt gilt sie als Weltseele, in der himmlischen als Sonne, in der elementarischen als Grundlage und Mittel zur Benutzung aller natürlichen und übernatürlichen Kräfte, usw.

Dr. Alfred Strauß sagt in seinem neuesten Werke: „Die Weltzahl Pi“ (Kabbala und Alchimie in der Cheopspyramide und im Alten Testament), Leipzig 1931, im Kapitel „Kosmische Zahlenlehre als Bild von Evolution und Involution der Seele“: Schwer ist es, unsagbar schwer, dem Erlebnisfremden auch nur eine annähernde Vorstellung davon zu geben, was die „Zahl“ an sich ist. Im Innersten alles geistigen Seins ist sie Substanz, in ihrer Auswirkung bereits als *Meer* der Seelenkräfte Energie, aus der Substanz geformt und nun ihrerseits weiterformend, *differenzierend* in die Ebenen immer größerer Verdichtung …

Ähnlich liegt die Erklärungsmöglichkeit bei den magischen Quadraten und der jedem Planeten zugeordneten Zahl, sowie der Zeichen oder Charaktere, die uns durch die Kabbala übermittelt wurden. Wir möchten sie als astrale Vibrationen bezeichnen, die von den Alten grafisch festgehalten wurden. Man kann diese Schwingungen auch unbekannten Naturkräften zuschreiben, wenn man die Vermittlung von Planetengeistern, Dämonen oder Engeln ablehnen will. Jedenfalls beruhen diese Aufzeichnungen alle auf uralter Tradition, vor Jahrtausenden schon kannten die Chinesen die magischen Quadrate, es heißt auch, dass sie schon dem König Salome bekannt gewesen seien.

Tabelle der Planetenstunden						
Stunden von Sonnenaufgang ab:						
Sonntag	**Montag**	**Dienstag**	**Mittwoch**	**Donnerstag**	**Freitag**	**Samstag**
☉	☽	♂	☿	♃	♀	♄
♀	♄	☉	☽	♂	☿	♃
☿	♃	♀	♄	☉	☽	♂
☽	♂	☿	♃	♀	♄	☉
♄	☉	☽	♂	☿	♃	♀
♃	♀	♄	☉	☽	♂	☿
♂	☿	♃	♀	♄	☉	☽
☉	☽	♂	☿	♃	♀	♄
♀	♄	☉	☽	♂	☿	♃
☿	♃	♀	♄	☉	☽	♂
☽	♂	☿	♃	♀	♄	☉
♄	☉	☽	♂	☿	♃	♀
Stunden von Sonnenuntergang ab:						
♃	♀	♄	☉	☽	♂	☿
♂	☿	♃	♀	♄	☉	☽
☉	☽	♂	☿	♃	♀	♄
♀	♄	☉	☽	♂	☿	♃
☿	♃	♀	♄	☉	☽	♂
☽	♂	☿	♃	♀	♄	☉
♄	☉	☽	♂	☿	♃	♀
♃	♀	♄	☉	☽	♂	☿
♂	☿	♃	♀	♄	☉	☽
☉	☽	♂	☿	♃	♀	♄
♀	♄	☉	☽	♂	☿	♃
☿	♃	♀	♄	☉	☽	♂

Über die Konstruktion dieser magischen Quadrate verweisen wir auf die Werke Dr. Ferdinand Maacks, der sich ein Menschenalter hindurch mit dieser Materie beschäftigt hat und als Autorität auf diesem Gebiete angesehen werden muss.

Nach seiner „Heiligen Mathesis“ ist ein magisches Quadrat ein solches, in dem nicht nur alle Horizontal-, Vertikal– und Diagonalreihen gleiche Summen ergeben, sondern auch die magisch angeordneten Zahlen, verglichen mit der Zahlenlage des zugehörigen natürlichen Quadrats, geometrische Figuren von zentrischer Symmetrie bilden.

Solche magische Quadrate bilden die Grundlage für die dem Uneingeweihten grotesk oder willkürlich erscheinenden Formen der Planetensiegel, Charaktere, Geistersiegel u. dgl., welche sich aus ihren geometrischen Linien und Kurven ableiten lassen.

Die grafischen Charaktere der Planeten, zodiakalen Sternbilder, Fixsterne, Mondstationen, Tag- und Nachtstunden, bzw. die ihrer guten Geister (Intelligenzen) und bösen Dämonen und wahrscheinlich auch die Siegel der Erzväter, der Sephirots, usw., sind also keine willkürlichen Zeichen und Zeichnungen, sondern stellen in ihrer ursprünglichen, von Nachschreibern noch nicht korrumpierten Form mathematische Linien dar, die magischen Quadraten entnommen wurden.

*

Wir können hier nicht näher auf die Konstruktion magischer Quadrate eingehen, es genüge für den Leser, zu wissen, dass die bisher als Fantasieprodukte angesehenen Figuren der Planetensiegel usw. nicht nur aus magischen Quadraten enträtselt werden können, sondern dass auch umgekehrt aus den fertigen Sigillen die Zahlen festzustellen sind, deren Lage und Wert die grafischen Zeichen gefolgt sind. Dieses allgemeine Konstruktionsprinzip erkannt und exakt bewiesen zu haben ist das große Verdienst Dr. Maacks.

Um dem hierüber bisher unorientierten Leser eine Vorstellung von dem Aussehen solcher Siegel zu geben, fügen wir hier einige Abbildungen bei, die wir dem bereits erwähnten Werke Dr. Maacks entnahmen. (Abbild. 57/58.) Außerdem verweisen wir auf die im Literaturverzeichnis angeführten Werke, in denen noch manches recht Bedeutsame und Instruktive über diese Materie zu finden ist.

Nun einige Angaben über die Zahlen und deren Quadrate, die den einzelnen Planeten zugeordnet sind.

Es ist bekannt, dass bereits die Anhänger des berühmten Pythagoras, etwa 500 v. Chr., der Zahl übernatürliche Kräfte zuschrieben. Sie unterschieden männliche und weibliche Zahlen, männlich die ungeraden, weiblich die geraden. Überragende Kräfte hatte die Zahl 4, die sogenannte Tetraktis, denn die Summe der Zahlen von 1 bis 4 ergibt 10 und 10 ist der erste Abschluss des alten Zahlensystems gewesen.

Abbild. 57.
Sonnen–Siegel

Abbild. 58.
Jupiter–Siegel

Wie sich dann die jüdische Kabbala, indem sie jedem Buchstaben einen Zahlenwert gab und geheimnisvollen Zusammenhänge von Buchstaben und Zahlen mit den Planeten konstruierte, im Mittelalter ausbreitete und sich aus griechischen und deutschen Buchstaben ähnliche Werte ergaben, alles das aufzuführen würde unseren Rahmen überschreiten; wir verweisen aber unsere Leser auf das Werk „Deutsche Cabbala“ (Zahlenmagie der Namen) von Dr. Alfred Strauß, Leipzig 1929, in dem sie den Schlüssel zu diesen anscheinend unlösbaren Verbindungen finden, und zwar in einer Form, die nicht etwa neue theoretische Probleme aufstellt, sondern die an praktischen Beispielen überraschend klar macht, dass man solche Buchstaben- und Zahlenmagie im täglichen Leben sich nutzbar machen kann. –

Nun wollen wir sehen, welche Zahlen bzw. Zahlenquadrate den einzelnen Planeten geweiht waren.

Das kleinste Quadrat ist das neunfeldrige Quadrat aus der Zahl Drei, in dem die Zahlen von 1 bis 9 so angeordnet sind, dass jede Waagerechte, jede Senkrechte und jede Diagonale bei der Addition ihrer drei Zahlen die Summe 15 ergibt und die Gesamtsumme 45.

Dieses Quadrat ist dem Saturn geweiht und soll auf dem Siegelring Salomos eingraviert gewesen sein. Wenn man diese Tafel bei günstigem Saturnstunde auf eine bleierne Platte graviert, so soll sie ihrem Besitzer Sicherheit und Macht und seinen Gesuchen bei Obrigkeiten Erfolg verleihen (Abbild. 59).

4	9	2
3	5	7
8	1	6

Abbild. 59. Saturn-Quadrat

Dem Jupiter weihte man das Quadrat aus vier Reihen, die die Summe von 34, im ganzen 136, ausmachen. Wenn man diese Tafel zu der Zeit, wo Jupiter mächtig ist und herrscht, in seiner Planetenstunde auf eine silberne Platte graviert, so soll sie Gewinn und Reichtum, Frieden und Eintracht bringen (Abb. 60).

4	14	15	1
9	7	6	12
5	11	10	8
16	2	3	13

Abbild. 60. Jupiter-Quadrat

Es folgt die Tafel des Mars. Sie besteht aus dem Quadrat der Fünf und umfasst 25 Zahlen, davon in jeder Reihe fünf, die zusammen 65 ausmachen, während die Summe aller Zahlen 325 beträgt. Bei günstigem Stande des Mars auf eine eiserne Platte oder ein Schwert graviert, bringt diese Tafel ihrem Besitzer Erfolg bei Gericht und Gesuchen und verschafft ihm den Sieg über seine Feinde (Abbild. 61).

Die Tafel der Sonne besteht aus dem Quadrat der Sechs und enthält 36 Zahlen, die 111 ausmachen und deren Gesamtsumme 666 beträgt (siehe Abbild. 62). Auf eine goldene Platte bei günstigem Stande der Sonne eingraviert, macht sie den, der sie bei sich trägt, liebenswürdig und angenehm und verleiht ihm Ruhm, indem sie ihn auf die höchste Stufe des ihm zustehenden Glückes erhebt.

Die Tafel der Venus (siehe Abbild. 42) besteht aus der mit sich selbst multiplizierten Zahl 7, jede Reihe beträgt 175 und die Summe aller Zahlen 1225.

Das dem Merkur zugehörende Quadrat entsteht aus der mit sich selbst multiplizierten 8, die Summe jeder Reihe beträgt 260, alle zusammen 2080.

Das dem Mond geweihte Quadrat besteht aus der 9 und hat 81 Zahlen, deren jede Reihe 369 und deren Gesamtsumme 3321 ergibt.

11	24	7	20	3
4	12	25	8	16
17	5	13	21	9
10	18	1	14	22
23	6	19	2	15

Abbild. 61. Mars-Quadrat

6	32	3	34	35	1
7	11	27	28	8	30
24	14	16	15	23	19
13	20	22	21	17	18
25	29	10	9	26	12
36	5	33	4	2	31

Abbild. 63. Sonnen–Quadrat

Wir bringen im Anschluss hieran die Abbildungen einiger alter überlieferter Amulette, zunächst ein Mond-Amulett, bei dem anstelle der Zahlen die gleichwertigen hebräischen Buchstaben eingesetzt sind (Abbild. 63).

Dieses zeigt auf der einen Seite die Mondgöttin, einen Halbmond in der rechten Hand haltend, während die linke einen Stab umfasst. Neben dem rechten Fuß liegt ein Krebs als Sinnbild des Tierkreiszeichens, dessen Beherrscher der Mond ist. Die Rückseite zeigt das dem Mond zugehörige Zahlenquadrat mit hebräischen Buchstaben. Material: Feinsilber.

Es folgt ein Sonnen-Amulett (Abbild. 64). Auf der einen Seite sehen wir die Sonne, symbolisiert als König mit Krone und Zepter, zu seinen Füßen den *Löwen*, dessen Haus die Sonne nach astrologischen

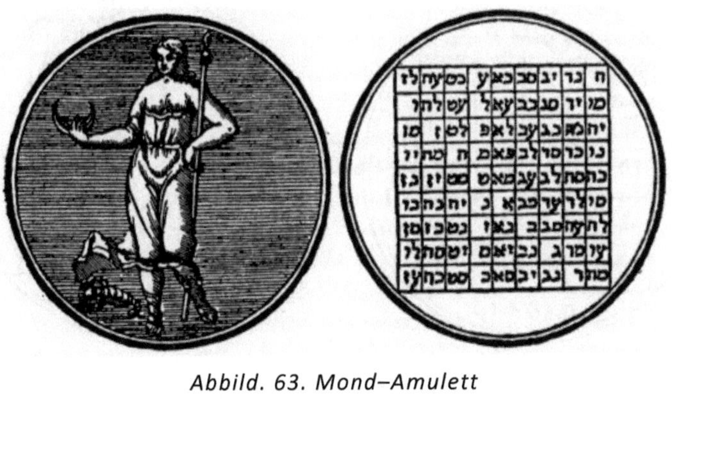

Abbild. 63. Mond–Amulett

Abbild. 64. Sonnen-Amulett.

Lehren beherrscht. Neben dem König steht das astrologische Zeichen für Widder (♈) in dessen 19. Grad die Sonne ihre *Erhöhung* hat, sowie das Zeichen des *Spirits*, rechts das der Intelligenz der Sonne.

Die Rückseite zeigt das magische Zahlenquadrat der Sonne; ein solches Amulett muss aus reinem Gold an einem Sonntag in der Sonnenstunde bei günstigem Sonnenstand gefertigt werden.

Auf dem Mars-Amulett (Abbild. 65) sehen wir den Mars als Kriegsgott in voller Rüstung mit Schild und Schwert auf einem mit zwei Pferden bespannten, reich verzierten Wagen, dessen Rad das symbolische Sonnenrad bildet; darunter steht der Name des Engels des Mars, Samael; auf der Rückseite, auf der im magischen Quadrat ebenfalls anstelle der Zahlen die entsprechenden hebräischen Buchstaben eingesetzt sind, steht

Abbild. 65. Mars-Amulett

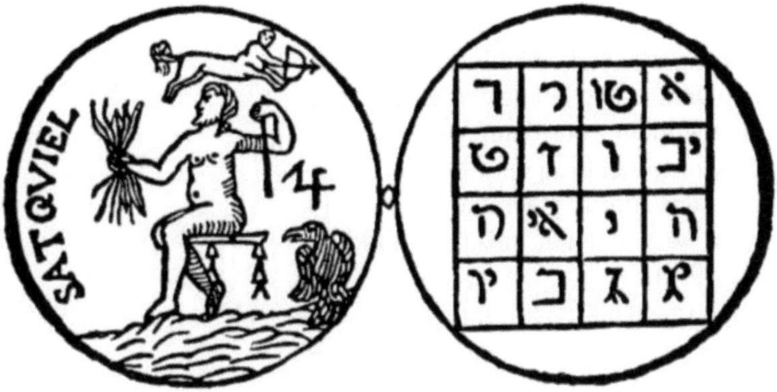

Abbild. 66. Jupiter-Talisman

oben über dem Quadrat das astrologische Zeichen für Mars, rechts und links die Zeichen der beiden Häuser, die Mars beherrscht, das Widderzeichen und das Bild des Skorpions.

Der Jupiter-Talisman (Abbild 66) zeigt den Gott Jupiter mit einem Bündel Blitze in der rechten Hand, umgeben von Bildern des Tierkreiszeichens Schütze, seines Hauses und des ihm geweihten Adlers. Außerdem sehen wir dort noch den Namen des Jupiter-Engels Satquiel und das astrologische Zeichen (♃) für Jupiter. Zahlenwerte wiederum in hebräischen Buchstaben.

Abbild. 67. Venus-Amulett

Das in Abbildung 67 wiedergegebene Venus-Amulett soll besonders wirksam zur Erregung von Gegenliebe sein – wenn es an einem Freitag aus reinem Kupfer unter der richtigen Gestirnkonstellation mit Venuskräutern geweiht und unter Anrufung der guten Venus-Intelligenz genau nach magischen Vorschriften angefertigt wird. (Auf der Rückseite muss das magische Quadrat der Venus aus der Zahl 7 eingraviert sein, wie auf unserer Abbildung auf Seite 199.)

Glück im Spiel, besonders im Hasardspiel, soll der in Abbildung 68 gezeigte Jupiter-Talisman bringen, welchen wir in einem alten kabbalistischen Werke fanden. Er muss angefertigt werden, wenn Jupiter im guten

Aspekt zur Venus steht und sich nicht in Opposition zum Merkur befindet, und zwar an einem Donnerstag bei *bestimmtem* Wetter zur Jupiterstunde – nur dann soll er unfehlbar Glück im Spiel bringen. (Auf der Rückseite muss das Jupiterquadrat aus der Zahl 4 eingraviert sein, wie auf unserer Abbildung auf Seite 199.)

Abbild. 68. Jupiter-Talisman

Für Kaufleute wertvoll sind die in Abbildung 69 und 70 wiedergegebenen Merkur-Pentakel, von denen nach Angabe eines berühmten Kabbalisten das erstere sich als glückbringend im Handel, das letztere als erfolgbringend für reisende Geschäftsleute bewährt haben soll. (Bei beiden auf der Rückseite das Merkurquadrat aus der Zahl 8 einzugravieren!)

Um den Lesern auch einige rein-magische Amulette des berühmten Paracelsus zu zeigen, drucken wir aus seinem jetzt sehr geschätzten Werke „Archidoxis magicae“ ein solches gegen Kopfschmerz und Epilepsie („wie solches für Jakob Seizen, den Hofrat des Prinzen von Salzburg, gefertigt wurde“ (Abbild. 71) und ein anderes „zur Stärkung des Augenlichtes“ (Abbild. 72) hier ab.

Paracelsus gibt die genauen Vorschriften zur Herstellung dieser Amulette an, die Max Retschlag 1921 in der Zeitsdrrift „Magische Blätter“ in deutscher Übersetzung wiedergibt.

Abbild. 69. Merkur-Pentakel

Abbild. 70. Merkur-Pentakel

Abbild. 71. Amulett gegen Kopfschmerz usw. (nach Paracelsus)

Gleichfalls von Paracelsus stammen die Siegel gegen Auszehrung (Abbild. 73) und gegen den Stein und Sand der Nieren (Abbild. 74).

Das erste muss aus Gold, Kupfer, Silber und Zinn, das zweite aus Gold, Zinn, Silber und Blei, jeweils zur rechten Stunde und unter der passenden Gestirnkonstellation gefertigt werden.

Paracelsus ist jetzt, nachdem er jahrhundertelang als Scharlatan hingestellt wurde, von unseren Zunftgelehrten *entdeckt* worden und wird eifrig studiert, sodass zu hoffen ist, dass auch seine „Archidoxis magicae" bald vollkommen in deutscher Übersetzung vorliegen wird.

Bisher brachte nur Franz Spunda in seinem vorzüglichem Buch: „Paracelsus", das 1925 in Wien erschien, einige Auszüge, die, wie das ganze Buch in klarer Sprache abgefasst, als mustergültig anzusehen sind. In Paris ist bereits 1909 eine Ausgabe in französischer Sprache erschienen unter dem Titel: „Les sept livres de l'archidoxe magique", auf die wir hiermit hinweisen möchten. –

*

Hiermit wollen wir die Betrachtungen und Wiedergaben dieser bisher stets mit dem Schein zauberischer Geheimnisse umgebenen, in Wirklichkeit aber nur durch noch nicht genügend erforschte Naturkräfte wirksamen Helfer abschließen und zur Schilderung der sachgemäßen Herstellung derselben übergehen.

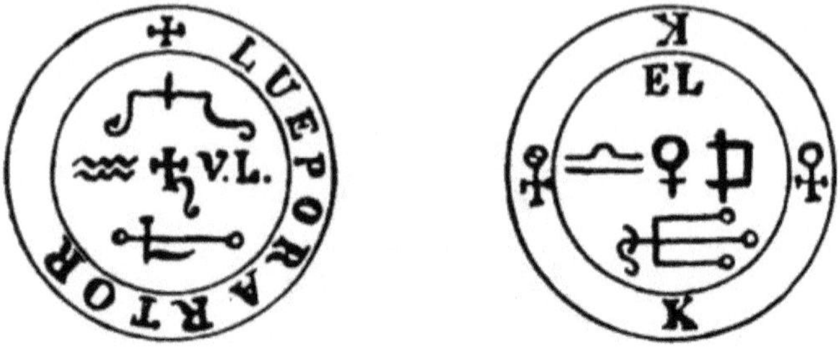

Abbild. 72. Amulett zur Stärkung des Augenlichtes (nach Paracelsus)

Der vorurteilsfreie Leser, der uns bis hierher geduldig gefolgt ist, wird nun vielleicht schon von manchem Aberglauben befreit sein und wissen, dass es sich hier um keine schwarze Magie handelt, sondern um die Dienstbarmachung gewisser planetarischer Hilfskräfte, die uns Bewohnern dieses Planeten zur Verfügung stehen. Es steht jedem frei, sie zu benutzen oder abzulehnen.

„Den Stoff sieht jedermann vor sich“, sagt Goethe, „den Inhalt findet nur der, der etwas hinzuzutun hat, und die Form ist ein Geheimnis den meisten.“

Abbild. 73. Amulett gegen Auszehrung (nach Paracelsus)

Abbild. 74. Amulett gegen Stein und Sand der Nieren (nach Paracelsus).

X. Sachgemäße Herstellung von Amuletten. – Die richtigen astrologischen Konstellationen. – Räuchermittel

Wir haben gesehen, dass zur schulgerechten Herstellung eines Talismanes eingehende Kenntnisse auf den verschiedensten Gebieten der okkulten Wissenschaften erforderlich sind. Es handelt sich hier nicht um liebhaberische Spielereien; diese kann man bei jedem Juwelier oder im Bijouterieladen kaufen.

Die alten Forscher auf diesem Gebiete haben uns genaue Anweisungen hinterlassen, wie gearbeitet werden muss und haben immer wieder darauf hingewiesen, dass größte Akkuratesse und genauestes Befolgen ihrer Vorschriften unumgängliche Voraussetzungen für den Erfolg sind. Wenn uns auch manches an ihren Anweisungen grotesk erscheinen mag, so wussten gerade sie ganz genau, weshalb sie diese Dinge mit einem geheimnisvollen Nimbus umgaben, sie wollten „die Perlen nicht vor die Säue werfen" und gaben nur in verhüllter Form, was sie zu geben hatten, wohl wissend, dass der wirklich Befähigte erkennen würde, was als Kern und was als Beiwerk gewertet werden sollte.

„Arbeite in einem ruhigen, nach Osten gelegenen Raum", lehrten sie, „in dem du ungestört bleibst. Dieser Raum soll möglichst schmucklos hergerichtet sein, damit deine Gedanken nicht unnötig abgelenkt werden. Sitze mit dem Gesicht nach Osten gewandt", heißt es weiter, „und wenn du aufsiehst, soll dein Blick auf eine selbst gefertigte Zeichnung des Siegels Salomos fallen, die du dir gegenüber an der Wand befestigen musst."

An Einrichtungsgegenständen und Instrumenten sollen vorhanden sein ein fester Tisch, ein Stuhl, eine eiserne oder bronzene Schale für die Räucherungen, mehrere Schmelztiegel für das zu erhitzende Metall, eine Vorrichtung zum Schmelzen, kleine irdene Schalen zum Ablöschen des glühenden Metalles und eine Waschgelegenheit, wenn möglich fließendes Wasser (Wasserleitung). Zum Gravieren dienen einfache Gravierstichel, die nur zu dieser Arbeit benutzt werden dürfen. Ferner benötigt man einen Zirkel, ein Lineal, Reißfeder und verschiedene farbige Tuschen zum Ausführen der Zeichnungen.

Eine große Schwierigkeit wird für den Ungeübten anfänglich das Gravieren sein, doch lernt man bei einiger Übung bald soviel von dieser Kunst, wie man für unsere Zwecke braucht. Man übt sich am besten, zunächst in recht weichem Metall zu gravieren, z. B. Blei, und geht dann zu den härteren, wie Zink, Kupfer usw., über. Wer mit dem Gravieren nicht zurecht kommen kann und sich anders nicht zu helfen weiß, aber selbst arbeiten will, benutze feines weißes Lammleder oder echtes Pergament, die vorher entsprechend präpariert werden müssen, und zeichne dann mit farbiger Tusche, je nach der Farbe des Planeten, die talismanischen Figuren darauf. Man arbeite nur an dem entsprechenden Tage, und zwar in der ersten passenden Planetenstunde nach Sonnenaufgang.

Eine weitere Bedingung ist, dass, wenn Metall infrage kommt, dieses in seiner Stunde geschmolzen wird, es muss in Fluss geraten und durch den Schmelzprozess erregt werden, da es in diesem Zustand die Eigenschaften seines Sternes stärker anzieht als in der trägen Ruhe. Sobald es durchgeglüht ist, wird es in die entsprechende Form gegossen und ist, nachdem es sich abgekühlt hat, zur Aufnahme der Zeichnung fertig.

Der betreffende Planet muss sich in guter Stellung am Himmel befinden, in dem richtigen Tierkreiszeichen und frei von bösen Bestrahlungen sein.

Wir führen hierunter noch die günstigen Stellungen der einzelnen Planeten auf. Wann diese vorhanden sind, kann man aus den Gestirnständen, die für jedes Jahr veröffentlicht werden, leicht ersehen. Wer sich diese nicht selbst heraussuchen kann, muss sich an einen gewissenhaften Astrologen wenden.

Sobald der Talisman fertig ist, wird er in ein seidenes Tuch eingeschlagen und ohne ihn den Blicken anderer auszusetzen, seinem Zwecke zugeführt. Am besten trägt man ihn an einer seidenen Schnur oder an einem Kettchen verborgen auf der Brust, sodass er die Haut berührt, dann erst hat man das wahrhaft beglückende Gefühl, einen geheimen Helfer bei sich zu haben.

Und dann heißt es: *Schweigen*! Nicht prahlen mit seinem „Akkumulator fluidischer Kräfte“, er ist ein Schatz, den man im geheimen hüten muss und nicht den neidischen Blicken anderer aussetzen darf, wenn er nicht seine Kraft verlieren soll.

Wisse, wage, wolle und schweige – lehrten die alten Magi, die Weisen ihrer Zeit, und wussten sehr wohl, warum sie dies taten, sie, die wahren Priester, die es Jahrtausende hindurch verstanden, die Könige und das Volk zu beherrschen.

Die richtigen astrologischen Konstellationen

Hierbei ist folgendes zu beachten:

Um einen Sonnentalisman herzustellen, der zu Ehren und Reichtümern verhelfen soll, wähle man einen Sonntag mit einem günstigen Sonnenstand oder einen Donnerstag mit einem günstigen Jupiterstand.

Die Sonne steht hierzu am besten im Zeichen Löwe, worin sie sich jedes Jahr ungefähr vom 20. Juli bis 20. August befindet. Sie muss gute Aspekte von Jupiter und Mond empfangen, darf aber zu letzterem nicht in Konjunktion stehen. Man kann die Sonne auch benutzen, wenn sie im Zeichen Widder steht, in dem sie sich etwa vom 21. März bis 20. April jedes Jahres befindet, und zwar ist der günstigste Zeitpunkt, wenn sie vom 15. zum 20. Grad dieses Zeichens fortschreitet.

Wenn man den Jupiter benutzen will, so muss er sich im Zeichen Krebs oder Fische befinden und in gutem Aspekt zu Venus und Mond stehen, frei von ungünstigen Strahlen der Sonne, des Saturn, Uranus, Mars und Merkur.

Für Wetten und Glück im Spiel ist Jupiter besonders günstig, wenn er an einem Donnerstag früh bei Sonnenaufgang im Zeichen Fische steht.

Zu einem Talisman für Glück im Reisen wähle man den Einfluss des Mondes, wenn dieser im Zunehmen begriffen ist und in der Mitte des Zeichens Krebs im Sextil- oder Trigonalschein zum Jupiter steht. Um fördernd auf die Gesundheit zu wirken, muss er 20 Grad Stier oder Steinbock, in günstigem Aspekt zum Jupiter stehen.

Für Liebestalismane wirkt der Mond dann besonders stark, wenn er zunehmend ist und sich in Zusammenkunft mit den Fixsternen Kastor oder Pollux im Zeichen Steinbock aufhält und von den Übeltätern Mars und Saturn keinerlei Strahlen empfängt.

Mond im Zeichen Fische, in gutem Aspekt zu Jupiter, Venus und Merkur ist die günstigste Konstellation für Glück im Spiel. In diesem Zeichen befindet sich der Mond jeden Monat, und es ist leicht, eine günstige Konstellation für Mondtalismane zu finden, die stets an einem Montag in der ersten Stunde nach Sonnenaufgang verfertigt werden sollen.

Marstalismane müssen am Dienstagmorgen in der Marsstunde angefertigt werden, wenn dieser im Zeichen Widder steht und gute Aspekte von Merkur, Sonne und Mond empfängt, frei von den Strahlen aller anderen.

Venus muss für Freundschaft im Zeichen Waage, für Liebe im Zeichen Stier, für Fruchtbarkeit im Zeichen Fische stehen, gut zu Merkur, Jupiter und Mond, frei von den Strahlen des Saturn und Mars. Bei Liebesverhältnissen soll sie möglichst einen Sextil- oder Trigonalschein von Uranus empfangen, die besonders großen Einfluss auf das weibliche Herz ausüben. Venustalismane müssen am Freitag in der Venusstunde, möglichst im Frühjahr, angefertigt werden.

Sollen Merkurstrahlungen benutzt werden, so muss dieser im Zeichen Zwillinge oder Jungfrau in gutem Schein zu Venus, Jupiter und Mond sich befinden und frei von ungünstigen Mars- und Saturnstrahlen sein. Außerdem ist darauf zu achten, dass er möglichst weit von der Sonne entfernt ist. Zur Anfertigung benutze man an einem Mittwoch die erste Stunde nach Sonnenaufgang.

Der Übeltäter Saturn ist zu wenig Dingen gut. Wer ihn benutzen will, wähle seinen Stand im Zeichen Waage oder Wassermann, was vom März 1932 bis Januar 1935 der Fall ist. Es ist nötig, für Saturn möglichst viel gute Aspekte auszusuchen, vor allem darf er nicht durch Mars und Uranus verunglimpft sein, außerdem muss der Mond auf alle Fälle günstig für den Zweck stehen, zu dem man den Saturntalisman benutzen will. Seine Anfertigung hat an einem Sonnabend früh in der Satumstunde zu erfolgen.

*

Um nachteilig zu wirken, müssen die Planeten in den ihrer Natur entgegengesetzten Zeichen stehen und Saturn und Mars müssen sie schlecht bestrahlen. So wirkt Saturn ungünstig im Krebs, Widder und Fische, Jupiter in Steinbock und Jungfrau, Mars im Skorpion, Waage und

Krebs, die Sonne im Wassermann und Waage, Venus im Widder, Skorpion und Steinbock, Merkur in Fische, Schütze und Krebs und Mond unter gewissen Aspekten im Steinbock und Skorpion, doch sollen hier keine Anweisungen zu unlauteren Zwecken gegeben werden, da dies zur *Schwarzen* Magie führt.

Zu beachten ist ferner, dass jeder Talisman in der Planetenstunde, in der mit seiner Herstellung begonnen wurde, auch beendet werden muss; wenn also beispielsweise mit der Anfertigung eines Sonnentalismans an einem Sonntag in der ersten Stunde nach Sonnenaufgang, d. h. in der von der Sonne beherrschten Stunde, begonnen wurde und er konnte bis zur Beendigung dieser Stunde nicht fertiggestellt werden, so muss man mit der Arbeit am nächsten Sonntag zur gleich günstigen Sonnenstunde fortfahren.

Räuchermittel

Wie jedem Planeten Mineralien, Zahlen und Farben zugeteilt sind, so sind ihm auch gewisse Pflanzen unterstellt, die zu Räucherungen Verwendung finden können.

Am Sonntag, dem Tag der Sonne, räuchert man mit Aloeholz, Myrrhen, Lorbeer, Safran, Rosmarin oder rotem Sandelholz.

Montags benutzt man Gartenmohn, weiße Rosen, Kampfer, Salbei, Kümmel oder Bitterklee.

Dienstags verwendet man Ginster, Nieswurz, blauen Fingerhut, rote Rosen oder Walddisteln.

Mittwoch ist der Tag Merkurs, dieser verlangt Schwefel, Fenchel, Thymian oder Wacholder.

Donnerstag, Jupitertag, erfordert Lawendel, Ambra, Heidekraut, Ölbaum oder Krauseminze.

Freitag, Venustag, verlangt Moschus, Sandelholz, Tulpen, Rosen oder Eisenkraut.

Sonnabends, Saturntag, soll man nehmen: Alaunwurzel, Nieswurz oder Bilsenkraut gemischt mit Myrrhen.

*

Wer unseren Ausführungen bis hierher gefolgt ist, wird die Überzeugung gewonnen haben, dass als magische Amulette oder Talismane nur solche angesehen werden können, die auf der Grundlage des Horoskopes nach den Vorschriften der Alten hergestellt und in jedem einzelnen Falle genau auf die Persönlichkeit ihres Trägers abgestimmt wurden.

Solche wirksame Helfer können niemals schablonenhaft oder als Massenartikel fabriziert werden, denen bestenfalls ein gewisser suggestiver Einfluss zugebilligt werden könnte – sie sind dann lediglich als Bijouterieartikel zu werten und haben nichts mit der alten wahren Magie zu tun.

Der Hersteller muss ein lebenserfahrener, abgeklärter Mensch sein, der nicht nur astrologische Berechnungen aufstellen kann, sondern der sich auch das *Fühlenkönnen der Dinge* angeeignet hat und sich durch eigenes Forschen und intensives Arbeiten *an sich selbst* dazu erzogen hat, solche Arbeiten ritualgemäß auszuführen. Diesen Weg zu sich selbst muss sich jeder allein suchen und ihn unter Einsetzung seiner ganzen Willenskraft, unbeirrt durch verlockende Seitenwege, gehen, selbst und allein gehen. Diese Arbeit kann auch kein anderer für ihn tun und keiner kann sich hier etwas erschleichen, jeder muss sich hier selbst voll einsetzen, sonst wird er niemals zu dem Erfühlen von kosmischen Schwingungen in sich gelangen, ohne das er auch keine Kräfte in einen Gegenstand bannen kann.

Wer dieses Gebiet lediglich in der Sucht nach materiellem Gewinn betritt, der wird gar bald merken, mit welchen Kräften er sich eingelassen hat und wie diese mit ihm spielen, wo er glaubte, der Lenker zu sein. Der ehrliche Wille, einzelnen seiner Mitmenschen und damit dem gesamten Menschheitsorganismus zu dienen, das muss die Triebfeder zu solchen Forschungen und Arbeiten sein, nur dann wird auch dem in diesem Sinne Schaffenden der Ausgleich in der ihm gerechten Form zuteilwerden.

Die landläufige Ansicht, dass der Glaube allein das Wirksame eines Amulettes ausmache, ist nicht aufrechtzuerhalten, wenigstens soweit man unter Glaube lediglich ein *Fürwahrhalten* versteht. Glaube als Kraft, als erfühlende Kraft ist nötig, um die Kräfte, die durch den geschulten Verfertiger in ein Amulett hineingelegt wurden, lösen und in sich wirksam machen zu können.

Wer Glauben in diesem Sinne nicht aufbringen kann, wer nicht davon durchdrungen ist, dass zwischen uns Menschen und den im Kosmos schaffenden Kräften ein ursächlicher Zusammenhang, ein feines fluidisches Band existiert, der darf auch nicht erwarten, dass die unsichtbaren Kraftstrahlen eines Amulettes auf ihn und sein Tun und Lassen wirken werden.

Nur aus dieser Verbundenheit heraus lassen sich die scheinbar ans Wunderbare grenzenden Wirkungen mancher von Kundigen angefertigter oder gestifteter Amulette, Heiligenbilder, Reliquien usw. erklären, die wahrhaft Gläubigen Trost und Heilung brachten und dann als unbegreifliche Wunder bezeichnet wurden, weil „das Wunder des Glaubens liebstes Kind ist".

Nichts Zauberisches oder Schwarzmagisches vonseiten des Verfertigers liegt hier vor, es handelt sich nur um die Fähigkeit, sich der im Kosmos vorhandenen Kräfte bedienen zu lernen und diese in dem entsprechenden Träger gleichsam in Gestalt eines *Akkumulators fluidischer Kräfte* aufzuspeichern, der dann in gewollter Weise in Tätigkeit treten wird, wenn ihm die Sympathie entgegenstrahlt, deren er zur Auslösung der in ihn hineingebannten Impulse bedarf.

Wer solche Helfer sachgemäß herzustellen unternimmt, der sollte das Unvollkommene in sich selbst zu möglichster Vollkommenheit entwickelt haben. Dies kann er jedoch nur, wenn er erkannt hat, dass in ihm alle die Kräfte verborgen sind, die scheinbar Wunderbares bewirken und dass in ihm die Hölle und der Himmel sind, nach dem sich jede Menschenseele letzten Endes doch sehnt.

Die Dirne und der Narr. An der Halskette trägt sie einen Haifischzahn, die sog. Natternzunge. Holzschnitt aus dem 16.Jh.

Bibliographie

Adrian, K.: „Gegen Tod und Teufel. Schätze des Naturglaubens unseres Alpenvolkes." Salzburg 1934

Agrippa, H. C.: „De occulta philosophia libri tres." Coloniae 1533

Agrippa von Nettesheym: Magische Werke. 5 Bände, Berlin 1916

Ahrens, W.: Über magische Quadrate. Anzahlbestimmungen. Vorkommen auf Amuletten. Leipzig, Berlin 1914

–, Die magischen Zahlenquadrate in der Geschichte des Aberglaubens. Leipzig 1915

–, Hebräische Amulette mit magischen Zahlenquadraten. Berlin 1916

Arpe, P. F.: De prodigiosis naturae et artis operibus Talismanes et Amuleta dictis. Hamburg 1717

Basilius, V.: Von den natürlichen und übernatürlichen Dingen. Auch von der ersten Tinkturwurzel und Geiste der Metallen und Mineralien treulich eröffnet durch Fratrem Basilium Valentinum und nunmehr im Druck publiciret durch Jobannes Tölden. Leipzig 1624

Baumer,]. W.: Naturgeschichte aller Edelsteine; wie auch der Erden und Steine; so bisher zur Arznei sind gebraucht worden. Wien 1774

Beer, R. R.: Das Einhorn. Fabelwelt und Wirklichkeit. München 1972

Belin, A.: Traite des talismanes ou figures astrales. Paris 1688

Bellermann: Versuche einer Erklärung einiger morgenländischer Talismane. Erfurt 1817

Bellucci, G.: Amuleti italiani antichi e contemporanei. Cataloge descritivo. Contributo alla storia della medicina. Perugia 1898

Blumler, M. F.: Amuletorum histiarn eorunque censuram publico examini, submittit sub praesidio DN. M. Augusti Nathanaulis Huberni. Halae Magdeburgicae 1710

Bonner, C.: Studies in magical amulets, chiefly graeco-egyptians (Studies Univ. of Michigan, Hum Ser. 49). Notwood, Mass 1950

De Boot, A. B.: Gemmarium et lapidum historia. Lugdunum Batavorurn 1636

Bouisson, M.: La Magie, ses grands rites, son histoire. Paris 1958

Brauneck, M.: Religiöse Volkskunst. Köln 1978

Brückner, W.: Bilderzauber. In: Handbuch zur deutschen Rechtsgeschichte (1965) 428ff. Bildnisstrafe, ebda., 424 ff.

Budge, E. A. W.: Amulets and superstitions. London 1930

Care, G.: Bewitchingjewelry. London 1976

Chalon, j.: Fetiches, idoles et amuletts (en Belgique) G. Servais

1920–1922, 2 Bände

Clarence, E. W.: Sympathie, Mumia, Amulette, okkulte Kräfte der Edelsteine und Metalle. Einleitung und Historisches von G. W. Surya. Berlin 1927

Diefenbach, J.: Der Zauberglaube des sechszehnten]ahrhunderts nach den Katechismen Dr. Martin Luthers und des P. Canisius. Mainz 1900

Dorn, G.: De summis naturae miysteriis libri tres: Medicina coelestis sive de signis Zodiaci et maysteriis eorum, quatuor comprehensa tractatulis = Bücher I–IV der archidoxis magica Basel, Perna 1570, deutsch Basel 1571

Dornseiff, F.: Das Alphabet in Mystik und Magie. Leipzig–Berlin 1922

Douglas, N.: Tibetan Tantric charms and amulets. New York 1978

Dundes, A.: The Evil Eye. A folklore casebook. New York 1981

Eckstein, F. und Waszink,]. H.: Amulett, in: Reallexikon für Antike und Christentum. 1 coll. 897–411

Eliade, M.: Schmiede und Alchemisten. Stuttgart 1960

Elworthy, F. T.: The evil eye. An account of this ancient and widespread custom. London 1985

Emele,].: Über Amulette. Mainz 1827

Endres, F. C./Schimmel, A.: Das Mysterium der Zahl. Zahlensymbolik im Kulturvergleich. Köln 1984

Evans,j.z Magicaljewels of the Middle Ages and the Renaisance particularly in England. Oxford 1922

Fehrle, F.: Zauber und Segen. jena 1926

Frazer,j. G.: The Golden Bough. A Study in magic and religion. 12 Bde., = Ausgabe London 1913–1918

Freudenthal, H.: Das Feuer im deutschen Glauben und Brauch. Berlin/Leipzig 1931

Gräbner, K.: Bilder der Wunderkunst und des Aberglaubens. Mit Berücksichtigung der sogenannten Zauberbücher von Albertus Magnus, Dr. Faust, Paracelsus, Trittheim, Agrippa u.a. m. Weimar 1834

Gruschoff, G.: Abhandlung von den Fingern, deren Verichtung und symbolische Bedeutung. 1756

Gundel, W.: Sternglaube, Sternreligion und Sternorakel. Leipzig 1933

Gaffarelli,].: Curiositates inauditae. Hamburg 1676

Geschichte der talismanischen Kunst, Germanien 1792

Giles, C.: Bewitchingjewelry. London 1976

Hain, M.: Amulett, in: Lexikon für Theologie und Kirche

Hammer-Purgstall: Fundgrube des Orients. Wien 1813

Hansmann, L./Kriss-Rettenbeck, L.: Amulett und Talisman. Erscheinungsform und Geschichte. München 1977

Hartlaub, G. F.: Der Stein der Weisen. Wesen und Bildwelt der Alchemie. München 1959

Hauschild, Th.: Der böse Blick. Ideengeschichtliche und sozialpsychologische Untersuchungen. 2. überarb. Auflage. Berlin-DDR 1982

Hiebner, j.: Mysterium sigillorum, herbarum et lapidum, oder Vollkommene Cur und Heilung aller Krankheiten, Schäden und Leibes- auch Gemüt-Beschwerung. Erfurti 1651, 1653, 1696

Hildebrand, W.: Magia naturalis. Kunst und Wunderbuch darinnen begriffen wunderbare Secreta, Geheimnüsse und Kunststücke auß vieler alter und neuer Bücher. Erfurt 1611/12

Isle de L.: Des Talismanes ou figure faites sous certaines constellationes. Paris 1616

Jacobs, P. L.: Curiosites des sciences occultes. Paris 1904

Jungbauer, G.: Deutsche Volksmedizin. Ein Grundriß. Berlin] Leipzig 1934

Kilibansky, R., Panofsky, E., Saxel, F.: Saturn und Melancholy. London 1964

Knuf, A. und j.: Amulette und Talismane. Symbole des magischen Alltags. Köln 1984

Kozminski, I.: The magic and science of jewel and stones. New York 1922

Krause, C. Chr.: De amuletis medicis cogitata nonnulla auctoritate gratiosae facult. medicae pro loco in eadem obtinendo defendet Carolus Christianus Krause responsuro Carola Christiano Wagner. Leipzig 1758

Kriss-Rettenbeck, L.: Bilder und Zeichen religiösen Volksglaubens. München 1963

Kropatschek, G.: De amuletorum apud antiquos usu capita duo. Diss. Greifswald 1907

Kuhn, K. G.: The magic of jewels and charms. Philadelphia–London 1915

–, The curiouse lore of precious stones. Philadelphia–London 1914

Kurtzahn, E. T.: Die Runen als Heilszeichen und Schicksalslose, Oldesloe 1925

Lenorrnant, F.: Magie und Wahrsagekunst der Chaläer. Berlin 1920

Lilienblad, G. P.: De amuletis Hebraeorum. Upsalae 1695

Loescher, V. E.: De talismanibus vel signis quae nummi vel gemmae exhibent superstitiosis. Wittenberg 1697

Lorenz, M.: Okkulte Bedeutung der Edelsteine. Leipzig

Maloney, C. (Hg.): The evil eye. New York 1976

Mannhart, W.: Zauberglaube und Geheimnisse im Spiegel der jahrhunderte. Leipzig 1897

Marques-Riviere, j.: Amulettes, talismans et pentacles dans les traditions orientales et occidentales. Paris 1938

Meanley, A.: Anglo-Saxon amulets and curing stones. Oxford 1981

Mely, H.: Les lapidaires de l'antiquite et du Moyen Age. 1896–1902

Nicols, T.: Edelstein–Büchlein. Hamburg 1675

Pachinger, A. M.: Glaube und Aberglaube im Steinreich. München 1912

Pachinger-Villiers: Amulette und Talismane. Berlin 1927

Paracelsus: Archidoxa Philippi Theophrasti Paracelsi Bombast des hocherfahrenen und berühmtesten Philosophi und beider Artzney Doctori Von Heymlichkeiten der Natur Zehen Bücher. Item 1. De tinctura Physiocorurn. II. De occulta Philosophia. Straßburg, Theodosius Rihel 1570

Pavitt, K. und T. W.: The book of talismans, amulets and zodical gems. London 1922. Reprint New York 1970

Petrie, W. M. F.: Amulets. Illustrated by the Egyptian Collection in University College London. London 1914

Petzhold, A.: Beiträge zur Naturgeschichte des Diamanten. Leipzig 1842

Raphael: The art of talisrnanic Magic. London 1888

Rau, W.: Edelsteinkunde. Leipzig 1923

Reichelt,j.: De amuletis Argentorati 1671. Exercitatio de amule- tis aenis figuris illustrata. Argentorati 1676

Reitzenstein, R.: Die hellenistischen Mystienreligionen. Darmstadt 1956

Rosenzweig, A.: Das Auge in Bibel und Talmud. Berlin 1892

Schire, T.: Hebrew amulets. Their deciphrement and interpretation. London 1966

Seligmann, S.: Der böse Blick und Verwandtes. Ein Beitrag zur Geschichte des Aberglaubens aller Zeiten und Völker. 2 Bde. Berlin 1910

– Die Zauberkraft des Auges und Berufen. Ein Kapitel aus der Geschichte des Aberglaubens. Hamburg 1922

– Die magischen Heil- und Schutzmittel aus der unbelebten Natur mit besonderer Berücksichtigung der Mittel gegen den bösen Blick. Eine Geschichte des Amulettwesens, Stuttgart 1927

Spiesberger, K.: Magneten des Glücks. Magie der Amulette, Talismane und Edelsteine. Berlin 1971

Theodore, S.: Hebrew Amulets, their Decipherment and Interpretation. London 1966

Thomas, K.: Religion and the decline of magic. Studies in popular beliefs in Sixteenth- and Seventeenth-Century England. Harmondsworth 1978

Thomas, W. und Pavitt, K.: The Book of Talismans, Amulets and Zodiacal Gems. New York 1970

Villiers, E. und Pachinger, A. M.: Amulette und Talismane und andere geheime Dinge. München 1927

Wiedemann, A.: Über babylonische Talismane. Stuttgart 1881

Winckelmann, J..: Das Geheimnis der Talismane und Amulette. Freiburg 1955

Wittich, E.: Liebesbrauch und Liebesamulette der Zigeuner, in: Schweizerisches Archiv für Volkskunde 18, 1914, S. 25 ff.